MATERIALIEN ZUM AUSLÄNDISCHEN UND INTERNATIONALEN PRIVATRECHT

HERAUSGEGEBEN VOM MAX-PLANCK-INSTITUT FÜR AUSLÄNDISCHES UND INTERNATIONALES PRIVATRECHT

Direktor: Professor Dr. Konrad Zweigert

9/I

DIE MATERIELLE GÜLTIGKEIT VON KAUFVERTRÄGEN

Ein rechtsvergleichender Bericht

Erstattet im Auftrag des UNIDROIT

vom

Max-Planck-Institut
für ausländisches und internationales Privatrecht
in Hamburg

Direktor: Prof. Dr. Konrad Zweigert

BAND I:

Abhandlung

1968

WALTER DE GRUYTER & CO.
BERLIN

J.C.B. MOHR (PAUL SIEBECK)
TÜBINGEN

Gedruckt mit Unterstützung
der Deutschen Forschungsgemeinschaft

Printed in Germany
Druck: Buchdruckerei Eugen Göbel, Tübingen
Einband: Großbuchbinderei Heinr. Koch, Tübingen

Vorwort

Den hiermit der Öffentlichkeit übergebenen rechtsvergleichenden Bericht hat das Max-Planck-Institut unter der Leitung meines Vorgängers, Professor Hans Dölle, im Frühjahr 1963 dem „Internationalen Institut für die Vereinheitlichung des Privatrechts" in Rom erstattet. Auf der Grundlage des in dem Bericht zusammengefaßten Materials soll ein Komitee des Römischen Instituts beraten, ob, und gegebenenfalls wie, ein internationales Abkommen über das Thema dieses Werks entworfen werden kann. Ein solcher Entwurf würde das „Einheitliche Gesetz über den internationalen Kauf beweglicher Sachen" sowie das „Einheitliche Gesetz über den Abschluß internationaler Kaufverträge über bewegliche Sachen" zu ergänzen haben, die beide im April 1964 von einer Staatenkonferenz im Haag beschlossen und zur Zeichnung sowie Ratifikation aufgelegt worden sind. Die Beratungen im zuständigen Komitee des Römischen Instituts haben erst vor kurzem begonnen und werden voraussichtlich noch längere Zeit andauern.

Bei der Vorbereitung des Berichts stellte sich heraus, daß – abgesehen von wenigen Arbeiten zu Einzelfragen – der Gegenstand noch nicht zusammenfassend rechtsvergleichend untersucht worden ist. Aus diesem Grunde wird der Bericht, geringfügig überarbeitet, hiermit veröffentlicht.

Die Anlage des Werks ist durch seinen ursprünglichen Zweck geprägt. Daraus ergibt sich einmal die Auswahl der behandelten Ungültigkeitsgründe; sie wurden in Hinblick auf das Einheitliche Kaufgesetz und das Einheitliche Vertragsabschlußgesetz in Besprechungen mit dem Generalsekretär des Römischen Instituts, Staatsrat Mario Matteucci, festgelegt.

Auch die in diesem Bericht berücksichtigten Rechtsordnungen sind im Einvernehmen mit dem Generalsekretär des Römischen Instituts ausgewählt worden. Dabei war der Gesichtspunkt wegleitend, die wirtschaftlich bedeutsamsten Staaten der westlichen Welt zu erfassen, die zugleich die großen Rechtskreise repräsentieren. Aus dem romanischen Rechtskreis fiel die Wahl auf Frankreich, Italien, die Niederlande und Spanien, aus dem anglo-amerikanischen Rechtskreis auf England und die Vereinigten Staaten von Amerika, aus dem deutschen

Rechtskreis auf Deutschland, Österreich und die Schweiz. Ferner sind die skandinavischen Länder nach Möglichkeit einbezogen worden.

Der Zweck dieses Berichts hat auch seinen Stil und seinen Umfang bestimmt. Es kam vor allem darauf an, ein möglichst getreues Abbild des gegenwärtigen Zustandes der verglichenen Rechtsordnungen zu vermitteln. Auf kritische rechtsvergleichende Bemerkungen oder auf Anregungen für eine Rechtsvereinheitlichung war hingegen im allgemeinen zu verzichten. Aber auch bei der Wiedergabe des positiven Rechts mußten letzte wissenschaftliche Gründlichkeit und Vollständigkeit hintangesetzt werden. Während Gesetzesnormen nach Möglichkeit vollständig wiedergegeben sind, mußten die Belege aus Rechtsprechung und Schrifttum auf die wichtigsten Anführungen beschränkt werden. Ebenso verbot es sich, jedem einzelnen Rechtssatz bis in die letzten Verzweigungen nachzugehen, wenn sie die Gesamtwirkung der Norm bei ihrer Anwendung auf Kaufverträge nicht wesentlich berühren können.

Der Bericht ist Ende 1962 abgeschlossen worden. Wesentliche neue Entwicklungen sind jedoch nachgetragen. Insbesondere sind die endgültigen Texte des Einheitlichen Kaufgesetzes und des Einheitlichen Vertragsabschlußgesetzes in der Form berücksichtigt, die sie auf der Haager Kaufrechtskonferenz im April 1964 erhalten haben.

Um die zitierten Gesetzestexte dem Leser an die Hand zu geben, sind sie, nach Ländern geordnet, im zweiten Band zusammengestellt.

Durch Länderberichte haben mehrere Referenten des Instituts wertvolle Vorarbeit für dieses Werk geleistet, nämlich Fräulein Assessor (jetzt Amtsgerichtsrätin) Genzmer sowie die Herren Dr. Brauns, Assessor Einmahl und Professor Dr. Luther. An den Vorarbeiten waren ferner beteiligt die Herren Dr. Beemelmans, Privatdozent (jetzt Professor) Dr. Henrich, Professor Dr. Korkisch und Assessor Rau. Für Aufbau und Inhalt des rechtsvergleichenden Berichts ist Herr Dr. Drobnig verantwortlich.

Hamburg, im August 1967

Konrad Zweigert

Inhalt

Teil 1

Wirkungen der mangelhaften Geschäftsfähigkeit

Teil 2

Voraussetzungen und Wirkungen von Willensmängeln

Teil 3

Rechtswidrigkeit; Sittenwidrigkeit; anfängliche Unmöglichkeit

Teil 4

Objekt; causa; consideration

Abgekürzt zitierte Rechtsquellen

amerik. UCC	= Amerikanischer Uniform Commercial Code, 1958
amerik. USA	= Amerikanischer Uniform Sale of Goods Act, 1906 (von 37 Staaten der USA angenommen, jedoch durch den UCC überholt)
Avant-projet cc	= Vorentwurf eines französischen Code civil, Buch I, Buch IV (1955)
California cc	= Civil Code of California von 1872
dän. Minderjährigengesetz	= Dänisches Gesetz über Minderjährigkeit und Vormundschaft vom 30. 6. 1922
deut. BGB	= Deutsches Bürgerliches Gesetzbuch von 1896
engl. SGA 1893	= Englischer Sale of Goods Act, 1893
Entwurf Meijers	= Niederländischer Entwurf eines neuen bürgerlichen Gesetzbuches (Buch 1—4) von 1954, Buch 6 von 1961
franz. cc	= Französischer Code civil von 1804
ital. cc	= Italienischer Codice civile von 1942
Louisiana cc	= Louisiana Civil Code von 1870
nied. BW	= Niederländisches Burgerlijk Wetboek von 1837
norw. Minderjährigengesetz	= Norwegisches Gesetz über Vormundschaft und über Minderjährige vom 22. 4. 1927
öst. ABGB	= Österreichisches Allgemeines Bürgerliches Gesetzbuch von 1811
schwed. Elterngesetz	= Schwedisches Elterngesetz vom 10. 6. 1949
schweiz. OR	= Schweizerisches Obligationenrecht von 1911
schweiz. ZGB	= Schweizer Zivilgesetzbuch von 1907
skand. Kaufgesetze	= Dänisches Gesetz über den Kauf vom 6. 4. 1906 Isländisches Gesetz über den Kauf vom 11. 7. 1911 Norwegisches Gesetz über den Kauf vom 24. 5. 1907 Schwedisches Gesetz über Kauf und Tausch von Fahrnis vom 20. 6. 1905
skand. Vertragsgesetze	= Dänisches Gesetz über Verträge und Rechtsgeschäfte auf dem Gebiet des Vermögensrechts vom 8. 5. 1917 Finnisches Gesetz über Rechtsgeschäfte auf dem Gebiet des Vermögensrechts vom 13. 6. 1929 Norwegisches Gesetz über den Abschluß von Verträgen, über die Vollmacht und über ungültige Willenserklärung vom 31. 5. 1918 Schwedisches Gesetz über Verträge und andere Rechtsgeschäfte auf dem Gebiete des Vermögensrechts vom 11. 6. 1915
span. cc	= Spanischer Código civil von 1889
span. c. com.	= Spanischer Código de comercio von 1885
ungar. ZGB	= Ungarisches Zivilgesetzbuch von 1959

Abgekürzt zitierte Literatur

Almén-Eklund, Lagen om avtal och andra rättshandling ar på förmögenhetsrättens område av den 11. Juni 1915 (6. Aufl. 1954).
Almén-Neubecker, Das skandinavische Kaufrecht, 3 Bde. (1922).
Anson-Guest, Principles of the English Law of Contracts (21. Aufl. 1959).
Aranzadi, Repertorio de Jurisprudencia
Asser-Rutten, Handleiding tot de beoefening van het Nederlandsch Burgerlijk Recht III, Verbintenissenrecht 2 (2. Aufl. 1954).
Atiyah, The Sale of Goods (1957).
Benjamin, A Treatise on the Law of Sale of Personal Property (8. Aufl. 1950).
Borell y Soler, Derecho civil español I, III (1955).
van Brakel, Leerboek van het Nederlandse Verbintenissenrecht I (3. Aufl. 1948), II (2. Aufl. um 1950).
Castán Tobeñas, Derecho civil español, común y foral I/2 (8. Aufl.), III (9. Aufl. 1958), IV (9. Aufl. 1961).
Cheshire-Fifoot, The Law of Contract (5. Aufl. 1960).
Chitty, On Contracts, 2 Bde. (22. Aufl. 1961).
Clemente de Diego, Instituciones de derecho civil I, II (1959).
Colin-Capitant, Julliot de la Morandière, Traité de droit civil (1957—59).
Corbin, On Contracts I (1950), III (2. Aufl. 1960), IV (1951), V (1951), VI (2. Aufl. 1962), VI A (2. Aufl. 1962).
Egger, (Zürcher) Kommentar zum Schweizerischen Zivilgesetzbuch I (2. Aufl. 1930) und II/3 (2. Aufl. 1948).
Ehrenzweig, System des österreichischen allgemeinen Privatrechts I (2. Aufl. 1951), II/1 (2. Aufl. 1928).
Enneccerus-Nipperdey, Allgemeiner Teil des Bürgerlichen Rechts (15. Aufl. 1959).
Espín Cánovas, Manual de Derecho civil español I/2 (1954 ff.).
Gmür-Becker, (Berner) Kommentar zum Schweizerischen Zivilgesetzbuch VI/1 (2. Aufl. 1941).
Gmür-Kaufmann, (Berner) Kommentar zum Schweizerischen Zivilgesetzbuch II/3 (2. Aufl. 1924).
Greco-Cottino, Commentario del Codice Civile, herausgegeben von Scialoja-Branca: Della Vendita (1962).
Guhl, Schweizerisches Obligationenrecht (5. Aufl. 1956).
Hofman-van Opstall, Het Nederlands Verbintenissenrecht, Algemene Leer, 2 Bde. (8. Aufl. 1959).
Hofman, Het Nederlandsch Verbintenissenrecht II (2. Aufl. 1942).
Kamphuisen, Dwaling bij obligatoire overeenkomsten (1961).
Klang-Gschnitzer, H. Klang, Kommentar zum Allgemeinen Bürgerlichen Gesetzbuch (2. Aufl. 1951 ff.).
Manresa, Comentarios al Código civil español VIII/2 (Art. 1214–1314) (5. Aufl. 1950).

Mazeaud, Leçons de droit civil I (2. Aufl. 1959).
Messineo, Dottrina generale del contratto (3. Aufl. 1952).
Mirabelli, Dei contratti in generale, Commentario IV/2 (1958).
Oser-Schönenberger, (Zürcher) Kommentar zum Schweizerischen Zivilgesetzbuch V/1 (2. Aufl. 1929).
Pitlo, Het Verbintenissenrecht naar het Nederlands Burgerlijk Wetboek (5. Aufl. 1957).
Planiol-Ripert, Traité pratique de droit civil français VI/1 (2. Aufl. 1952), X (2. Aufl. 1956).
Pomeroy, Equity Jurisprudence (5. Aufl. 1941).
Puig Brutau, Anmerkungen zu Enneccerus-Kipp-Wolff, Tratado de derecho civil (2. Aufl. 1950–54) I/1 und 2 (Übersetzung der 13. dt. Auflage), II/1 und 2 (Übersetzung der 11. dt. Auflage).
Puig Peña, Tratado de Derecho civil español I/2 (1958).
Rabel, Das Recht des Warenkaufs I (1936), II (1958).
Schmitthoff, The Sale of Goods (1951).
v. *Seth-Karlgren*, Das Zivilrecht der nordischen Länder I: Schweden und Finnland, 1: Allgemeiner Teil (1933).
Soergel-Siebert, Bürgerliches Gesetzbuch I (9. Aufl. 1959).
Staudinger-Coing, Kommentar zum Bürgerlichen Gesetzbuch I (11. Aufl. 1957).
Staudinger-Weber, Kommentar zum Bürgerlichen Gesetzbuch II/1/b (11. Aufl. 1961).
Treitel, The Law of Contract (1962).
Ussing, Aftaler paa formuerettens omraade (3. Aufl. 1950).
Williston, A Treatise on the Law of Contracts I (3. Aufl. 1957), II (3. Aufl. 1959), V (2. Aufl. 1937), VI (2. Aufl. 1938).

Teil 1

Wirkungen der mangelhaften Geschäftsfähigkeit

VORBEMERKUNGEN

1. Dieser Bericht soll nur auf die Wirkungen und nicht auch auf die Voraussetzungen einer mangelhaften Geschäftsfähigkeit eingehen. Diese Beschränkung des Themas schien offenbar deswegen geboten, weil eine Vereinheitlichung der Voraussetzungen mangelhafter Geschäftsfähigkeit den Bereich der Nebenfragen des Kaufrechts überschreiten würde, vielmehr in das Personenrecht gehört.

Die Teilung nach Voraussetzungen und Wirkungen wirft jedoch für die geplante einheitliche Regelung wie für diesen Bericht das doppelte Problem auf, wie die Grenze zu ziehen und ob die Teilung überhaupt ratsam ist.

Während zur Frage der Ratsamkeit der Teilung erst in den Schlußfolgerungen zu diesem Teil des Berichtes Stellung genommen werden kann (siehe unten S. 34), sind an dieser Stelle einige Bemerkungen zum Problem der Grenzziehung erforderlich.

Für die Abgrenzung der Wirkungen von den Voraussetzungen mangelhafter Geschäftsfähigkeit bieten sich eine kleine und eine große Lösung an. Diese Wahlmöglichkeit beruht darauf, daß viele Rechtsordnungen neben bestimmten natürlichen oder rechtlichen Voraussetzungen, die in der *Person* des nicht voll Geschäftsfähigen gegeben sein müssen, noch zusätzliche Erfordernisse aufstellen, ehe die Unwirksamkeit eines von der Schutzperson abgeschlossenen Kaufvertrages angenommen wird (z. B. ein Schaden des nicht voll Geschäftsfähigen, böser Glaube des Vertragsgegners etc.).

a) Die kleine Lösung zieht den Wirkungen mangelhafter Geschäftsfähigkeit enge Grenzen. Sie zählt daher alle Erfordernisse – sowohl diejenigen in der Person des nicht voll Geschäftsfähigen wie diejenigen außerhalb seiner Person – zu den Voraussetzungen. Der Bereich der Wirkungen mangelhafter Geschäftsfähigkeit beginnt daher erst dort, wo eine Rechtsordnung bestimmt, ein bestimmter Kaufvertrag sei wegen der Gründe X, Y und Z unwirksam.

Diese Lösung hat den Vorzug, einfach zu sein; die Aufgabe der Rechtsvereinheitlichung beschränkt sich nämlich darauf – und das ist noch schwierig genug –, die Unwirksamkeit einheitlich auszugestalten.

b) Die große Lösung versteht dagegen den Begriff der Wirkungen mangelhafter Geschäftsfähigkeit weiter: Er umfaßt alle Rechtsfolgen, welche eine bestimmte Rechtsordnung daran knüpft, daß das Kaufgeschäft einer Person infolge bestimmter in ihr liegender natürlicher oder rechtlicher Umstände nicht voll wirksam ist. Zusätzliche Erfordernisse wie ein Schaden der Schutzperson oder der böse Glaube des Vertragsgegners erscheinen demnach nur als Qualifikation der Wirkungen.

Für diese Lösung spricht, daß sie die Voraussetzungen der mangelhaften Geschäftsfähigkeit auf einen relativ einheitlichen Tatbestand zurückführt, nämlich auf den in verschiedener Weise für rechtlich erheblich erklärten natürlichen Zustand der Schutzperson; das entspricht zugleich dem primären Sprachsinn des Begriffs „Voraussetzungen mangelhafter Geschäftsfähigkeit". Für diese Lösung spricht außerdem, daß sie den Bereich der nicht zu vereinheitlichenden Nebenfragen des Kaufrechts eng auf die Umstände beschränkt, die in der Schutzperson als solcher liegen, während alle Umstände außerhalb dieser Person mehr zum Vertrags- als zum Personenrecht gezogen werden. Endlich spricht auch für diese große Lösung, daß die noch zu erörternden Verschiedenheiten bei den nationalen Ausgestaltungen der Unwirksamkeit des Kaufvertrages eines mangelhaft Geschäftsfähigen durch die Einbeziehung oder den Ausschluß derjenigen Umstände verursacht sein könnten, die außerhalb der Schutzperson liegen; die große Lösung bietet also die Chance, die Vereinheitlichung zu erleichtern.

Für die einheitliche Regelung dürfte nach allem die große Lösung grundsätzlich den Vorzug verdienen. Da sie jedenfalls ernsthaft in Erwägung zu ziehen ist, mußte dieser Bericht sie selbstverständlich wählen.

2. Ein weiteres Problem, das sich aus der Trennung der Wirkungen von den Voraussetzungen ergibt – und zwar unabhängig von der Wahl der kleinen oder der großen Lösung –, sei hier lediglich angedeutet: Muß die Konvention die (kollisionsrechtliche) Frage lösen, welche nationale Rechtsordnung darüber bestimmt, ob eine Person die Voraussetzung mangelhafter Geschäftsfähigkeit erfüllt? Oder genügt es, die Lösung dieser Vorfrage für die Anwendung der Konvention den internationalen Privatrechten der Vertragsstaaten zu überlassen?

3. Schwierigkeiten bereitet ferner der Begriff der mangelhaften Geschäftsfähigkeit (capacité).

a) Theoretisch und praktisch nicht sehr erheblich ist es allerdings, daß im deutschen Recht unter capacité (capacity) sowohl die Rechts- als auch die Geschäftsfähigkeit (etwa: capacité de jouissance und capacité d'exercice) verstanden wird. Die Fälle fehlender Rechtsfähigkeit sind heute selten; auch ist es grundsätzlich gleichgültig, unter welcher Bezeichnung im einzelnen eine Rechtsordnung einer Person die volle Geschäftsfähigkeit abspricht.

b) Diese Frage könnte jedoch Bedeutung erlangen, soweit es sich um die Rechtsfähigkeit von juristischen Personen handelt. Bekanntlich sind Rechtsgeschäfte, die deren Zweck (object, objet) überschreiten, nach anglo-amerikanischem Recht und teilweise auch nach französischem Recht „ultra vires" und daher in verschiedenem Grade unwirksam. Diese Frage hängt bis zu einem gewissen Grade mit derjenigen der Vertretungsbefugnis für juristische Personen zusammen. Aus diesem Grunde erschien es nicht opportun, sie in dieser Studie zu behandeln.

c) Eine letzte Schwierigkeit liegt in der Abgrenzung der mangelhaften Geschäftsfähigkeit von den Veräußerungsverboten (indisponibilité réelle) und von der fehlenden Verfügungsbefugnis (défaut de pouvoir).

Mangelhafte Geschäftsfähigkeit und Veräußerungsverbote unterscheiden jedenfalls das deutsche und das französische Recht offenbar danach, ob bestimmte Unwirksamkeitsgründe mit einer Person allgemein verbunden sind oder nur mit einer bestimmten Sache oder Sachgesamtheit. Die Grenze kann jedoch im Einzelfall – wie zuzugeben ist – nicht immer scharf gezogen werden.

Der Unterschied zwischen mangelnder Geschäftsfähigkeit und fehlender Verfügungsbefugnis ist noch zweifelhafter, da beide Unfähigkeiten in einigen Rechtsordnungen dieselbe Folge haben, daß nämlich ein Vertrag des Unfähigen genehmigt werden muß, um wirksam zu sein. Verschieden sind dagegen die Motive für beide Unfähigkeiten: Mangelhafte Geschäftsfähigkeit wird dann angenommen, wenn eine bestimmte natürliche Person wegen ihres Alters, Geschlechts oder Geisteszustandes im Rechtsverkehr geschützt werden soll.

Da trotz dieser Erwägungen Zweifel über die zutreffende Einordnung bleiben werden, seien im folgenden die wichtigsten Fälle aufgezählt, um klarzustellen, wo dieser Bericht die Grenzlinie der mangelhaften Geschäftsfähigkeit gesehen hat:

(aa) Zur mangelhaften Geschäftsfähigkeit wurden gezählt:

(1) die Unfähigkeit Minderjähriger;

(2) die Unfähigkeit volljähriger natürlicher Personen, die geistig nicht voll zurechnungsfähig sind; nicht berücksichtigt sind jedoch die Sonderregeln, die in einigen Ländern für nicht formell ent-

mündigte Insassen von Heilanstalten gelten; denn diese Personen spielen im Geschäftsverkehr keine Rolle;

(3) etwaige Unfähigkeit von Ehefrauen.

(bb) Dagegen wurden ausgeschlossen:

(1) Kaufverbote für öffentliche Verwalter, Verwalter fremden Vermögens und Mandatare hinsichtlich des von ihnen verwalteten Vermögens nach Art der Artt. 472, 1596 f. franz. cc, 1459 span. cc, 1471 ital. cc.;

(2) das Verfügungsverbot, das für den Gemeinschuldner hinsichtlich der Konkursmasse besteht;

(3) alle Genehmigungserfordernisse, die nicht auf dem Schutzbedürfnis einer natürlichen Person wegen ihres Alters, Geschlechts oder Geisteszustandes beruhen. Hierzu soll trotz ihres engen Zusammhanges mit dem Schutz Minderjähriger z. B. auch die Bestimmung des deutschen Rechts gezählt werden, wonach der gesetzliche Vertreter eines Minderjährigen seine Zustimmung zu wirtschaftlich besonders bedeutsamen Rechtsgeschäften eines Minderjährigen nur mit Genehmigung des Vormundschaftsgerichts geben kann (§§ 1821 f. BGB).

4. In zeitlicher Beziehung wird von der gewissermaßen normalen Gestaltung ausgegangen, daß der Mangel der Geschäftsfähigkeit bei Eintritt in die Vertragsverhandlungen gegeben war, so daß also bereits der Abschluß des Kaufvertrages mit diesem Mangel behaftet war. Dagegen sind nicht berücksichtigt die Sonderfälle, in denen der Mangel der Geschäftsfähigkeit erst während der Vertragsverhandlungen (nach Abgabe eines Angebots oder einer Annahme) oder gar erst nach Abschluß des Vertrages eintritt.

A. Systematische Übersicht über die Wirkungen

Da es die Hauptaufgabe dieses Berichtes ist, einen objektiven Überblick über die Lösungen der untersuchten nationalen Rechtsordnungen zu geben, wird der Darstellung der verschiedenen nationalen Ausgestaltungen der Folgen einer mangelhaften Geschäftsfähigkeit der breiteste Raum gewidmet. Diese Darstellung ist nicht nach nationalen Gesichtspunkten geordnet, sondern nach sachlichen, rechtssystematischen Kriterien, da die verschiedenen Rechtsordnungen bei aller Mannigfaltigkeit im einzelnen nur eine beschränkte Zahl von Grundlösungen verwenden.

Dieser Übersicht schließen sich zwei kurze und notwendig subjektiv gefärbte Abschnitte an; der erste leitet aus der Übersicht eine rechtsvergleichende Wertung ab (B), der letzte folgert hieraus einige Vorschläge für eine einheitliche Regelung (C).

I. Bestand des Kaufvertrages

Die Beteiligung einer nicht voll geschäftsfähigen Person zeitigt ihre wichtigsten Folgen für den Bestand des von ihr abgeschlossenen Kaufvertrages. Auf die Frage, inwieweit der Bestand dieses Vertrages durch die mangelhafte Geschäftsfähigkeit einer Partei berührt wird, ist daher zunächst einzugehen, bevor andere Folgen, die entweder bei Gültigkeit des Kaufvertrages oder bei seiner Nichtigkeit bzw. Vernichtung eintreten, erörtert werden.

Alle untersuchten Rechtsordnungen stimmen darin überein, daß durch die Beteiligung eines nicht voll Geschäftsfähigen der Bestand des von ihm abgeschlossenen Kaufvertrages berührt wird. Die Ausgestaltung dieser Folge der mangelhaften Geschäftsfähigkeit auf die Wirksamkeit des Vertrages nimmt – nach der Stärke des Eingriffs in den Vertrag geordnet – die folgenden fünf Formen an:

1. Absolute Nichtigkeit

Absolute Nichtigkeit ist eine Nichtigkeit, die zwingend und unheilbar ist und für beide Vertragsparteien gilt. Eine absolute Nichtigkeit in diesem Sinne sehen folgende Rechtsordnungen vor:

England: Der Kaufvertrag eines Geisteskranken, dessen Krankheit gerichtlich festgestellt ist (In re Walker, [1905] 1 Ch. 160; Cheshire-Fifoot 354), soweit der Vertrag nicht „necessaries" betrifft; s. 2 (1) SGA 1893. – Ferner der Kaufvertrag eines Minderjährigen (bis 21 Jahre), soweit der Vertrag nicht „necessaries" betrifft; s. 1 Infants Relief Act, 1874. Jedoch ist der Charakter dieser Nichtigkeit zweifelhaft; für absolute Nichtigkeit Anson-Guest 175; Treitel 358 ff.; dagegen für relative Nichtigkeit die wohl überwiegende Auffassung; Cheshire-Fifoot 342; Atiyah, The Infants Relief Act, 1874 – A Reply: L. Q. Rev. 74 (1958) 97 ff., 99 ff.; Chitty I nos. 374, 375, 408, 413.

Soweit der Vertrag jedoch schon von einer oder von beiden Parteien erfüllt worden ist, zieht das englische Recht aus der Nichtigkeit nicht alle Konsequenzen; siehe Abschnitt III (unten S. 26 f.).

Deutschland: Der Kaufvertrag eines Geschäftsunfähigen (Kind bis 7 Jahre; wegen Geisteskrankheit Entmündigter; Personen, die sich in einem die freie Willensbestimmung ausschließenden Zustand krankhafter Störung der Geistestätigkeit befinden) und der eines Bewußtlosen sowie einer vorübergehend geistig gestörten Person; §§ 104, 105 BGB; ähnlich *Österreich* §§ 865 Satz 1 ABGB, 3 Entmündigungs-Ordnung v. 28. 6. 1916.

Schweiz: Der Kaufvertrag einer urteilsunfähigen Person; Art. 18 ZGB. Urteilsunfähig ist, wer nicht vernunftgemäß handeln kann; Art. 16 ZGB. Die Urteilsunfähigkeit ist eine Art Generalklausel; ihre Anwendung wird einerseits durch ein bestimmtes Alter nicht ausgeschlossen und andererseits durch eine Entmündigung nicht notwendig herbeigeführt, sondern jeweils nach den Umständen des Falles und dem geistigen Zustand der Schutzperson bestimmt; Egger, Art. 16 ZGB Anm. 12.

Spanien: Der Kaufvertrag eines völlig Geschäftsunfähigen (kleines Kind; offensichtlich Geistesgestörter); Borrel y Soler I 148, 360; Espín Cánovas 376; Puig Peña 171 Anm. 8.

USA: In Abweichung von den weitgehend befolgten Grundsätzen des amerikanischen Common Law (unten S. 11 ff.) ist ein Kaufvertrag nach dem Recht einiger Einzelstaaten in bestimmten Fällen absolut nichtig:

a) *Minderjährige*

District of Columbia and Maryland: Kaufverträge Minderjähriger, soweit sie offensichtlich dem Kinde schaden; McGreal v. Taylor, 167 U.S. 688 (1897); Mutual Life Ins. Co. of N.Y. v. Schiavone, 71 F. 2d 980 (D. C. App. 1934); Crown Cork & Seal Co., Inc. v. Fankhanel, 49 F. S. 611 (D. C. 1943).

California, North and South Dakota, Oklahoma: Kaufverträge eines Minderjährigen unter 18 Jahren über den Verkauf von Sachen, die sich nicht in seinem unmittelbaren Besitz befinden; s. 33 California cc; s. 14–1009 North Dakota Rev. Code 1960; Tit. 15 s. 17 Oklahoma Stat. 1961; s. 43.0103 South Dakota Code 1939.

b) *Geistesgestörte,* die nicht formell entmündigt sind:

Noch nicht erfüllte Verträge; Wells v. Wells, 150 N. E. 361 (Ind. 1926); Cundall v. Haswell, 23 R. I. 508, 51 A. 426 (1902).

Erfüllte Verträge; Tit. 9 ss. 41, 42, 43 Alabama Code 1940; Metropolitan Life Ins. Co. v. Bramlett, 224 Ala. 473, 140 So. 752 (1932).

Erfüllte Verträge, soweit der Geistesgestörte „entirely without understanding" war; s. 38 California cc; s. 32–106 Idaho Code 1948; s. 64–110 Montana Rev. Code 1947; s. 14.0101 North Dakota Century Code 1960; Tit. 15 s. 22 Oklahoma Stat. 1961; s. 30.0801 South Dakota Code 1939.

c) *Entmündigte*

S. 40 California cc; s. 45–73 Connecticut Gen.Stat. 1958; Tit. 12 s. 3914 (f) Delaware Code 1953; s. 21–507 District of Columbia Code

1961. New York: Carter v. Beckwith, 128 N.Y. 312, 28 N. E. 582 (1891); s. 2111.04 Ohio Rev. Code 1964; Tit. 50 s. 3511 Pennsylvania Stat. 1958. Michigan: Acacia Mut. Life Ins. Co. v. Jago, 280 Mich. 360, 273 N. W. 599 (1937); ebenso kraft gesetzlicher Regelung fast alle anderen Staaten der USA, vgl. Mich. L. Rev. 57 (1959) 1117 f.

2. *Schwebende Unwirksamkeit*

Der Vertrag bindet beide Parteien, ist aber bis zur Genehmigung durch den gesetzlichen Vertreter der Schutzperson noch nicht wirksam, so daß seine Erfüllung nicht verlangt werden kann. Wird die Genehmigung erteilt, so ist der Vertrag für beide Teile rückwirkend von Anfang an wirksam; wird sie nicht erteilt oder versagt, so ist der Vertrag rückwirkend von Anfang an für beide Teile nichtig.

a) Der Grundsatz

Die schwebende Unwirksamkeit wird vom deutschen, österreichischen und schweizerischen Recht sowie den skandinavischen Rechtsordnungen ausgesprochen, und zwar für folgende Fälle:

Schweiz: Der Kaufvertrag eines urteilsfähigen Minderjährigen (bis 20 Jahre) und eines urteilsfähigen Entmündigten; Artt. 19 I, 280 I, 410 ZGB.

Deutschland: Der Kaufvertrag eines beschränkt Geschäftsfähigen (Minderjähriger zwischen 7 und 21 Jahren; wegen Geistesschwäche, Verschwendung oder Trunksucht Entmündigter); § 108 I BGB. Ähnlich *Österreich;* §§ 865 Satz 2 ABGB, 4 I Entmündigungsordnung v. 28. 6. 1916.

Skandinavien: Die auf Grund gemeinsamer Beratungen erlassenen Vorschriften der skandinavischen Staaten gehen offenbar ebenfalls, ohne dies auszusprechen, von der schwebenden Unwirksamkeit des Kaufvertrages eines Minderjährigen (bis 21 Jahren) aus (siehe unten c).

b) Die Zustimmung

Die Zustimmung ist, solange der Mangel der Geschäftsfähigkeit besteht, von dem gesetzlichen Vertreter der Schutzperson zu erklären. Die Zustimmung des gesetzlichen Vertreters kann nach *deutschem* Recht gegenüber dem beschränkt Geschäftsfähigen oder gegenüber dessen Vertragspartner erklärt werden; im ersten Fall hat es die Schutzperson in der Hand, ob sie den Vertrag durch Mitteilung der Zustimmung an den Vertragspartner wirksam machen will; § 108 II BGB. Hat die Schutzperson ihre volle Geschäftsfähigkeit wiedererlangt, so kann nur noch sie selbst die Zustimmung geben; § 108 III BGB.

c) Wirksamkeit durch Erfüllung

Die Wirksamkeit des schwebend unwirksamen Vertrages kann in *Skandinavien* außer durch Zustimmung des gesetzlichen Vertreters auch durch gültige Erfüllung seitens des nicht voll Geschäftsfähigen herbeigeführt werden; Kap. 8 § 6 I 1 des schwed. Elterngesetzes; § 43 I 1 des dän. Minderjährigengesetzes; § 36 I 1 des norweg. Minderjährigengesetzes.

d) Rechte des Vertragspartners

Alle untersuchten Rechtsordnungen, die die schwebende Unwirksamkeit für gewisse Kaufverträge vorsehen, geben dem Vertragspartner der Schutzperson eine Möglichkeit, den Schwebezustand zu beenden. Dem Vertragspartner wird das Recht gegeben, sich Gewißheit über die Erteilung oder die Nichterteilung der Genehmigung zu verschaffen, oder ihm wird ein Widerrufsrecht zugebilligt.

Den ersten Weg eröffnen das *deutsche, österreichische* und das *schweizerische* Recht: Der Vertragspartner kann den gesetzlichen Vertreter zur Erklärung über die Genehmigung auffordern. Die Frist für die Erklärung durch den gesetzlichen Vertreter ist in Deutschland durch das Gesetz auf zwei Wochen bestimmt; in Österreich und in der Schweiz muß der Vertragspartner selbst eine angemessene Frist für diese Erklärung setzen oder (in der Schweiz) durch ein Gericht festsetzen lassen. Wird die Genehmigung vom gesetzlichen Vertreter nicht innerhalb dieser Frist erteilt, so gilt sie als versagt; § 108 II BGB; Klang-Gschnitzer, Anm. II zu § 865 ABGB; damit steht die anfängliche Nichtigkeit des Vertrages fest, und der Vertragspartner ist frei; so ausdrücklich Art. 410 II ZGB; dasselbe gilt für das deutsche und österreichische Recht.

Einen unmittelbaren Weg zur Beendigung des schwebenden Zustandes, allerdings – im Unterschied zum ersten Weg – ohne die Chance einer Genehmigung des Vertrages, kennen die *skandinavischen* Rechte als einzige Abhilfe und stellt das *deutsche* Recht neben der Fristsetzung zur Wahl. Der Vertragspartner kann den Vertrag bis zur Genehmigung durch den gesetzlichen Vertreter widerrufen, und zwar durch Erklärung gegenüber dem Minderjährigen (so Skandinavien) oder auch gegenüber dem gesetzlichen Vertreter der Schutzperson (Deutschland).

Das Recht zum Widerruf ist jedoch nach diesen Rechtsordnungen beschränkt, wenn der Vertragspartner die beiden tatsächlichen Voraussetzungen für die Unwirksamkeit des Vertrages kannte, nämlich die mangelhafte Geschäftsfähigkeit der Schutzperson und das Fehlen der Einwilligung ihres gesetzlichen Vertreters.

In Deutschland entfällt in diesem Fall das Recht zum Widerruf völlig, in Skandinavien ist der Widerruf erst nach Ablauf einer Frist zulässig, die für die Erteilung der Genehmigung im Vertrag etwa vorgesehen war oder dafür angemessen ist; der gesetzliche Vertreter kann also während dieser Frist die Wirksamkeit des Vortrages herbeiführen.

In Deutschland kann der Vertragspartner den Vertrag auch dann nicht widerrufen, wenn er die mangelhafte Geschäftsfähigkeit der Schutzperson kannte und diese nicht etwa die Einwilligung ihres gegesetzlichen Vertreters vorgetäuscht hatte; § 109 BGB; Kap. 9 § 6 schwed. Elterngesetz; § 43 dän. Minderjährigengesetz; im Ergebnis § 36 norweg. Minderjährigengesetz.

3. Relative Nichtigkeit

Relativ ist eine Nichtigkeit, auf die sich nur die Schutzperson berufen kann, während der Vertragspartner an den Vertrag gebunden ist.

Es ist freilich sehr zweifelhaft, ob neben der Anfechtbarkeit (unten 4) für einen selbständigen Begriff der relativen Nichtigkeit Raum ist. In *Frankreich, Österreich* und offenbar auch in den *USA* werden relative Nichtigkeit und Anfechtbarkeit eines Vertrages gleichgesetzt; Mazeaud I no. 1249; Livre IV Artt. 52 ff. Avant-projet cc; Ehrenzweig I 234; Williston II 79. In England und Deutschland dagegen wird teilweise versucht, zwischen beiden Begriffen zu unterscheiden: in *Deutschland* mit der Begründung, daß die Anfechtung im Gegensatz zur relativen Nichtigkeit eine absolute, d. h. für beide Vertragsteile wirkende Nichtigkeit herbeiführe; Staudinger-Coing, Einleitung vor § 104 BGB, Anm. 36, 39. Damit wird jedoch offensichtlich nur an die in diesem Zusammenhang nicht interessierende relative Unwirksamkeit des deutschen Rechts gedacht, die nicht der hier gemeinten relativen Nichtigkeit gleichgesetzt werden darf. In *England* wird teilweise zwischen Anfechtung und relativer Nichtigkeit deswegen unterschieden, weil die Bestätigung nur bei einem anfechtbaren, nicht aber bei einem relativ nichtigen Vertrag zulässig sei; Cheshire-Fifoot 344; Atiyah, L. Q. Rev. 74 (1958) 97, 100; dagegen Treitel, ibid. 104, 105. Auch diese Erwägung ist nicht sehr überzeugend, weil die relative Nichtigkeit eines Vertrages, auf die sich die Schutzperson *nicht* beruft, praktisch wohl dieselbe Wirkung wie eine Bestätigung des Vertrages hat.

Trotz dieser Bedenken gegen einen selbständigen Begriff der relativen Nichtigkeit seien die wichtigeren Normen und Vertreter dieser Ansicht hier angeführt.

a) Der Grundsatz

Die Folge der relativen Nichtigkeit wird nur von wenigen Rechtsordnungen angeordnet:

USA: Der Vertrag eines Entmündigten; Ch. 3 s. 278 Illinois Rev. Stat. 1959.

England: Eine relative Nichtigkeit wird von der Mehrheit der englischen Rechtslehre angenommen für den Kaufvertrag eines Geisteskranken oder Minderjährigen, soweit er nicht „necessaries" betrifft (oben S. 5). Relativ nichtig ist auch der Kaufvertrag eines Geisteskranken, dessen Krankheit nicht gerichtlich festgestellt ist, oder eines Betrunkenen, wenn der Vertragsgegner die Geisteskrankheit oder Trunkenheit kannte (Lord Esher, M.R., in Imperial Loan Co. v. Stone, [1892] 1 Q.B. 599, 601), soweit der Vertrag nicht „necessaries" betrifft; s. 2 (1) SGA, 1893.

Aber der Minderjährige, der sich nicht auf die Nichtigkeit des Vertrages beruft, kann im Einklang mit den allgemeinen Regeln des englischen Rechts nicht Erfüllung verlangen (Lumley v. Ravenscroft, [1895] 1 Q.B. 683), sondern lediglich Schadensersatz.

b) Rechte des Vertragspartners

Louisiana spricht ausdrücklich aus, daß der Vertragspartner den gesetzlichen Vertreter der Schutzperson oder, falls diese wieder geschäftsfähig ist, auch diese selbst auffordern kann, sich über die Bestätigung des Vertrages oder die Berufung auf seine Nichtigkeit zu erklären, Art. 1794 cc. Diese Möglichkeit, die Ungewißheit über den Bestand des Vertrages zu beseitigen, ist allerdings insofern unvollkommen, als der zur Erklärung Aufgeforderte nicht antworten muß und diese Unterlassung keine Folgen hat.

c) Die *Bestätigung* des relativ nichtigen Vertrages eines Minderjährigen ist auch nach Erreichen der Volljährigkeit in *England* ausgeschlossen; s. 2 Infants Relief Act, 1874. Aber auch dieses Verbot soll nur dem Vertragspartner gegenüber wirksam sein; Cheshire-Fifoot 345.

4. Anfechtbarkeit

Der Kaufvertrag des nicht voll Geschäftsfähigen ist gültig, kann aber angefochten werden; durch diese Anfechtung wird der Vertrag von Anfang an nichtig.

a) Der Grundsatz

Diesem System der Anfechtbarkeit folgt die Mehrheit der untersuchten Rechtsordnungen, namentlich (mit wenigen Ausnahmen für

Sondergebiete, siehe oben S. 6 f.) die *USA* sowie die romanischen Länder *Frankreich, Italien, Spanien* und die *Niederlande,* soweit der Vertrag nicht in die oben unter (1) – (3) aufgeführten Kategorien fällt und daher von Anfang an unwirksam ist; Artt. 1304, 1124 franz. cc; 1482, 1366 BW; 1425 ital. cc; 1300, 1263 span. cc. *USA:* Minderjährige: ss. 34, 35 California cc; Georgia: Clemons v. Olshine, 54 Ga. App. 240, 187 S.E. 711 (1936); Hood v. Duren, 33 Ga. App. 203, 125 S.E. 787 C.A. 1924); Illinois: Swiney v. Womack, 343 Ill. 278, 175 N.E. 419 (1931); Iowa, Code 1962, s. 599. 2; Artt. 1791, 2221 Louisiana cc; Massachusetts: Mansfield v. Gordon, 144 Mass. 168, 10 N.E. 773 (1887); Rothberg v. Schmiedeskamp, 134 N.E. 2d 544 (Mass. 1955); Michigan: Brown v. Wood, 293 Mich. 148, 291 N.W. 255, 127 ALR 1436 (1940); s. 64–106 Montana Rev. Codes 1947; New Jersey: La Rosa v. Nichols, 92 N.J. Law 375, 105 A. 2010 (1918); New York: Beardsley v. Hotchkiss, 96 N.Y. 201 (1884); Joseph v. Schatzkin, 259 N.Y. 241, 181 N.E. 464 (1932); North Carolina: Carolina Tel. & Telegr. Co., Inc. v. Johnson, 168 F. 2d 489, 493, 3 ALR 2d 870 (C.C.A. 4th 1948); Texas: Walker v. Stokes Bros. & Co., 262 S.W. 158 (Tex. Civ. App. 1924). Geistesgestörte, die nicht entmündigt sind: s. 20–206 Georgia Code 1964; Artt. 1788 (2), 1789 Louisiana cc und Vance v. Ellerbe, 150 La. 388, 90 So. 735 (1922); Maryland: Safe Deposit & Trust Co. of Baltimore v. Tait, 54 F. 2d 383 (D.C. Md. 1931); Michigan: Anderson v. Nelson, Olson & Nelson, 248 Mich. 160, 226 N.W. 830 (1929); New York: Smith v. Ryan, 191 N.Y. 452, 84 N.E. 402 (1908); Missouri: Rubenstein v. Dr. Pepper Co., 228 F. 2d 528 (C.A. 8th 1955).

Nur für den Fall, daß die insane person „not entirely without understanding" ist: s. 39 California cc; s. 32–107 Idaho Code 1948; s. 64–111 Montana Rev. Code 1947; s. 14–0102 North Dakota Century Code 1960;Tit. 15 s. 23 Oklahoma Stat. 1961; s. 30.0802 South Dakota Code 1939. Entmündigte: Massachusetts: Gurnett & Co. v. Poirier, 69 F. 2d 733 (1934); Kentucky: Fannin v. Conn, 311 Ky. 690, 225 S.W. 2d 102 (1949).

b) Anfechtungsrecht

Die Anfechtbarkeit ist der relativen Nichtigkeit dadurch angenähert, daß das Recht zur Anfechtung im allgemeinen (siehe jedoch unten S. 20 f.) ausschließlich der Schutzperson oder ihrem gesetzlichen Vertreter vorbehalten, es dagegen dem Vertragsgegner versagt wird; Artt. 1125 II *franz.* cc; 1367 II *nied.* BW; 1441 I *ital.* cc; 1302 Satz 2 *span.* cc;*England:* Chitty I nos. 429, 438; Cheshire-Fifoot 354; *USA:* Minderjährige: Mansfield v. Gordon, 144 Mass. 168, 10 N.E. 773 (1887); Welch v. King, 279 Mass. 445, 181 N.E. 846 (1932); Holmes v. Rice, 45 Mich. 142, 7 N.W. 772 (1881); De Vito v. City of Mechanicville, 251 App. Div. 514,

297 N.Y.S. 935 (1937); New Departure Mfg. Co. v. Rockwell-Drake Corp., 287 F. 328 (C.C.A. 2nd 1922); Art. 1791 Louisiana cc. Das Anfechtungsrecht wird hier jedoch grundsätzlich nur dem beschränkt Geschäftsfähigen zugebilligt; ss. 34, 35 California cc; Quality Motors, Inc. v. Hays, 216 Ark. 264, 225 S.W. 2 d 326 (1949); seinem gesetzlichen Vertreter dagegen nur in Ausnahmefällen, wenn der Vertrag für die Schutzperson nachteilig war; Ohio Amusement v. Marks, 15 N.E. 2d 175 (Ohio C.A. 1937); Crockett Motor Co. v. Thompson, 6 S.W. 2d 834 (Ariz. 1928). Geistesgestörte: Atwell v. Jenkins, 163 Mass. 362, 40 N.E. 178 (1895); Fannin v. Conn, 311 Ky. 690, 225 S.W. 2d 102 (1949).

c) Anfechtungsgründe

(aa) Der *Mangel voller Geschäftsfähigkeit allein* ist Anfechtungsgrund: bei Kaufverträgen Minderjähriger und Entmündigter in *Italien* (sowohl bei interdetti wie bei inabilitati) und *Spanien;* Artt. 1425 I, II; 1441 I ital. cc; 1482 I BW; 1301 I span. cc.

Bei Kaufverträgen eines Entmündigten (sowohl bei interdiction wie bei Bestellung eines conseil judiciaire) in *Frankreich;* Art. 502 cc, vgl. Cass. civ. 4. 11. 1901, S. 1903. 1. 273; 4. 6. 1935, D.H. 1935. 427; 12. 3. 1954, D. 1954 Somm. 49; Livre I Artt. 736, 746 Avant-projet cc; in den *USA* in Massachusetts und Kentucky; Gurnett & Co. v. Poirier, 69 F. 2d 733 (C.C.A. 1st 1934); Fannin v. Conn, 311 Ky. 690, 225 S.W. 2d 102 (1949).

Bei Kaufverträgen, die ein später Entmündigter vor der Entmündigung (interdiction) geschlossen hat, wenn der Entmündigungsgrund bei Vertragsschluß *offensichtlich* schon gegeben war, in *Frankreich* und den *Niederlanden;* Artt. 503 franz. cc; 501 BW. Frankreich will an dieser Sondervorschrift festhalten (Livre I Art. 737 Avant-projet cc). Der Entwurf Meijers hat sie dagegen nicht übernommen; er ersetzt sie durch die allgemeine Regel, nach der Verträge eines nicht entmündigten Geisteskranken anfechtbar sind, wenn der Vertragspartner die Krankheit kannte oder kennen mußte; Artt. 3.2.2, 3.2.3 Entwurf Meijers. Bei Kaufverträgen, die ein später unter conseil judiciaire gestellter Geistesschwacher zur Umgehung der Mitwirkung des conseil abgeschlossen hat, in *Frankreich;* analog Art. 503 cc, Cass. req. 15. 6. 1903, D. 1904. 1. 129.

Bei Kaufverträgen einer geistesgestörten Person, die nicht entmündigt ist, in *Frankreich* und einigen wenigen Staaten der *USA;* vgl. Cass. civ. 17. 10. 1955, J.C.P. 1956. II. 9226; Colin-Capitant II no. 682; Mazeaud I no. 1361; Livre I Art. 728 Avant-projet cc. Massachusetts: Hermanson v. Seppala, 272 Mass. 197, 172 N.E. 87 (1930); Mississippi: Woolbert v. Lee Lumber Co., 151 Miss. 56, 117 So. 354 (1928); Arkansas: First Nat. Bank of Rogers v. Tribble, 155 Ark. 264, 244 S.W. 33 (1922).

Bei Kaufverträgen Minderjähriger: *USA*, siehe oben S. 11 sowie für Louisiana, Artt. 2222, 1866 cc.

(bb) Einige Rechtsordnungen gestatten allgemein oder in bestimmten Sonderfällen eine Anfechtung nur dann, wenn neben dem Mangel voller Geschäftsfähigkeit ein *weiterer Grund* vorliegt.

In vielen Einzelstaaten der *USA* wird einer geistesgestörten, aber nicht entmündigten Person (im Gegensatz zu Minderjährigen) die Anfechtung ihres Vertrages nur unter strengen Voraussetzungen gestattet. Diese von der Rechtsprechung entwickelten Voraussetzungen haben freilich keine festumrissene Gestalt angenommen, so daß ihre Wiedergabe schwierig ist. Die Rechtsprechung verknüpft die Anfechtung mit der Rückabwicklung des angefochtenen Vertrages in der Form, daß die Anfechtung des Geistesgestörten von seiner Fähigkeit zur vollen Rückerstattung der vom Vertragspartner erbrachten Gegenleistung abhängig gemacht wird, wenn diese Gegenleistung fair und der Vertragspartner selbst gutgläubig gewesen war; New York: Smith v. Ryan, 191 N.Y. 452, 84 N.E. 402 (1908); California: More v. Calkins, 85 Cal. 177, 24 P. 729 (1890); Illinois: Merry v. Bergfeld, 264 Ill. 84, 105 N.E. 758 (1914); New Jersey: Miller v. Barber, 73 N.J. Law 38, 62 A. 276 (1905); Pennsylvania: Mulholland v. Sterling Motor Truck Co., 309 Pa. 590, 164 A. 597 (1933); Ohio: Pichel v. Fair Store Co., 29 Ohio App. 322, 163 N.E. 511 (1928); Georgia: Carr v. Sparks, 213 Ga. 606, 100 S.E. 2d 583 (1957). Die Gegenleistung ist allerdings nur unfair, wenn das Gleichgewicht zwischen der Leistung der Schutzperson und der Gegenleistung des Vertragspartners so erheblich gestört ist, daß darin der böse Glaube des Vertragspartners zum Ausdruck kommt; Tubbs v. Hiliard, 104 Colo. 164, 89 P. 2d 535 (1939); Hale v. Kobbert, 109 Iowa 128, 80 N.W. 308 (1889); Clark v. Lopez, 75 Miss. 732, 23 So. 648 (1898); Fecht v. Freeman, 251 Ill. 84, 95 N.E. 1043 (1911). Unerheblich ist, ob der Geistesgestörte daran schuld ist, daß er die Gegenleistung des Vertragspartners diesem nicht mehr zurückgeben kann; Georgia Power Co. v. Roper, 201 Ga. 760, 41 S.E. 2d 226 (1947); Edwards v. Miller, 102 Okla. 189, 228 P. 1105 (1924); Atlanta Banking and Savings Co. v. Johnson, 179 Ga. 313, 175 S. E. 904 (1934).

Die Rückerstattung der Gegenleistung entfällt dagegen als Voraussetzung für die Anfechtung des Vertrages, wenn die Gegenleistung nicht fair war oder wenn der Vertragspartner die Geistesstörung kannte oder aus Fahrlässigkeit nicht kannte; Walsh v. Stock Yards Trust & Savings Bank, 340 Ill. 57, 172 N.E. 25 (1930); Brannon v. Hayes, 190 Ind. 420, 130 N.E. 803 (1921).

Michigan und Kentucky schließen offenbar sogar selbst bei Rückerstattung der Gegenleistung die Anfechtung aus, wenn der Vertrag fair war und der Geschäftspartner die Geistesstörung nicht erkannt hatte; Aninos v. Petronleas, 314 Mich. 536, 22 N.W. 2d 879 (1946), siehe aber Anderson v. Nelson, Olsen & Nelson, 248 Mich. 160, 226 N.W. 830 (1929); Everett v. Downing, 298 Ky. 195, 182 S.W. 2d 232 (1944); vgl. Note, Mich. L. Rev. 57 (1959) 1082.

Einige Staaten im Westen der USA machen auch die Anfechtung des Vertrages eines Minderjährigen über 18 Jahre von der Rückgabe der Gegenleistung oder ihres Wertes abhängig; s. 35 California cc; s. 32–1003 Idaho Code 1948; s. 14–1011 North Dakota Century Code 1960; s. 43–0105 South Dakota Code 1939; Tit. 15 s. 19 Oklahoma Stat. 1961. Iowa, Kansas und Utah erfordern die Rückgabe nur, soweit die Schutzperson nach Erreichen der Volljährigkeit die Gegenleistung im Besitz gehabt hatte; s. 599.2 Iowa Code 1962; s. 38–102 Kansas Gen. Stat. 1964; s. 15–2–2 Utah Code 1953.

Einige europäische Rechtsordnungen verlangen als Anfechtungsgrund neben dem Mangel voller Geschäftsfähigkeit einen bestimmten weiteren Grund. Eine lésion der Schutzperson verlangt *Frankreich* bei dem Kaufvertrag eines Minderjährigen; Art. 1305 cc, Livre I Art. 617 Avant-projet cc. Die lésion muß ein im Kaufvertrag liegender wirtschaftlicher Nachteil sein. Die lésion liegt nicht schon darin, daß der Kaufvertrag dem Minderjährigen nicht ausschließlich einen rechtlichen Vorteil bringt (vgl. § 107 BGB); sie wird auch nicht durch einen auf force majeure beruhenden Umstand hergestellt; Art. 1306 cc. Bezeichnend ist die Definition von Mazeaud I no. 1309: „préjudice d'ordre économique résultant de la disproportion entre les prestations du contrat."

Bösen Glauben des Vertragspartners verlangen die *Niederlande, Italien* und *England* bei dem Kaufvertrag eines Geisteskranken oder Bewußtlosen, der nicht formell entmündigt ist, und (in England) eines Betrunkenen: HR 11. 12. 1959, N.J. 1960 no. 230; Artt. 3.2.2, 3.2.3 Entwurf Meijers; Artt. 1425 II, 428 ital. cc; England: Chitty I nos. 429, 438; Cheshire-Fifoot 534 f.; ähnlich auch Art. 503 franz. cc für Verträge eines später Entmündigten; siehe oben (aa). Nach der Auslegung, die die italienische Bestimmung in der Rechtsprechung gefunden hat, ist – ähnlich wie in dem oben beschriebenen amerikanischen Common Law – ein schwerer Schaden der Schutzperson ein Indiz für den bösen Glauben des Vertragspartners, Cass. 31. 12. 1946, Rep. Foro it. 1946 s. v. inabilitazione e interdizione n. 19–21; Cass. 21. 4. 1951, Giur. compl. Cass. civ. 1951. II. 149 und 1092 mit Anm. von Rescigno, Pregiudizio e malafede nei contratti dell'incapace non dichiarato; Betti, Teoria generale del negozio giuridico, 2. Aufl. 1952, S. 223 f.; Mirabelli, Art. 1425 Anm. 4. Nach Art. 3.2.2 Absatz 2 des Entwurfes Meijers soll ein „Nachteil" der Schutzperson lediglich die Vermutung begründen, der Kranke habe unter dem Einfluß seiner Störung kontrahiert.

d) Anfechtungsfrist

(aa) Eine *starre* Anfechtungsfrist findet sich nur in denjenigen Rechtsordnungen, in denen die Anfechtung gesetzlich geregelt ist. Dabei ist zu unterscheiden zwischen der selbständigen Geltendmachung des Anfechtungsrechts durch die Schutzperson und ihrer Berufung auf dieses Recht im Wege der Einrede gegen einen Anspruch des Vertragspartners.

Die Frist für die selbständige Geltendmachung des Anfechtungsrechts läuft in den romanischen Rechten grundsätzlich von der Erlangung der vollen Geschäftsfähigkeit an; sie beträgt in *Spanien* 4 Jahre (Art. 1301 cc), in *Italien* und den *Niederlanden* 5 Jahre (Artt. 1442 I, II cc; 1490 BW) und in *Frankreich* 10 Jahre (Art. 1304 I, III cc); hier soll sie jedoch auf 5 Jahre verkürzt werden; Livre IV Art. 62 II Avant-projet cc. Bei Geisteskranken und Bewußtlosen, die nicht entmündigt sind (also in Fällen der incapacité naturelle, bei denen auch die Wiedererlangung der vollen Geschäftsfähigkeit nicht formell festgestellt wird), läuft die Frist in *Italien* ab Vertragsschluß; Art. 1442 I, III cc.

Keine Frist gilt für eine Berufung auf das Anfechtungsrecht im Wege der Einrede; insoweit ist das Anfechtungsrecht der Schutzperson zeitlich nicht befristet; *Frankreich:* Cass. req. 1. 7. 1925, D.H. 1925, 515; 21. 6. 1880, D.P. 1881. 1. 108; Livre IV Art. 65 Avant-projet cc; Artt. 1442 IV *ital.* cc; 1490 III *nied.* BW. Anders *Spanien:* T.S. 24. 6. 1894; Puig Peña I/2, 698 f.; Puig Brutau I 390.

In den *Niederlanden* will der „Entwurf Meijers" zwar die Unverjährbarkeit der Einrede mangelhafter Geschäftsfähigkeit beibehalten (Art. 3.2.17.3), begrenzt aber dafür die Frist für die selbständige *gerichtliche* Geltendmachung der Anfechtung erheblich. Im Interesse des Verkehrsschutzes soll sie in Zukunft nur noch ein Jahr betragen, gerechnet von dem Zeitpunkt, in dem der gesetzliche Vertreter Kenntnis von dem Kaufvertrag erhält; fehlt ein gesetzlicher Vertreter, so soll die Frist von der Erlangung der Geschäftsfähigkeit an laufen (Art. 3.2. 17.1 sowie die Begründung dazu). Das außergerichtliche Anfechtungsrecht soll dagegen nicht befristet werden.

(bb) Relativ vage ist demgegenüber die Rechtsprechung zur Anfechtungsfrist in den *USA*. Hier wird nur der Ausgangspunkt allgemein anerkannt: Die Frist beginnt erst mit Erlangung der vollen Geschäftsfähigkeit zu laufen.

Hat die Schutzperson den Vertrag bereits erfüllt (executed contract), so verlangt North Dakota die Anfechtung binnen eines Jahres;

In re Campbell's Guardianship, 56 N.D. 60, 215 N.W. 913 (1927); Illinois, New Jersey und Florida wenden dagegen die allgemeine Verjährungsfrist an; Mourant v. Pullman Trust & Savings Bank, 314 Ill. App. 567, 41 N.E. 2d 1007 (1942); Mott v. Iossa, 181 A. 689 (N.J. Ch. 1935); Putnal v. Walker, 55 So. 844 (Fla. 1911). In den meisten Staaten der USA wird eine „reasonable time" für die Anfechtung angesetzt; s. 35 California cc sowie die entsprechenden Bestimmungen einiger Staaten im Nordwesten (siehe oben S. 14); s. 599.2 Iowa Code 1962; New York: Beardsley v. Hotchkiss, 96 N.Y. 201 (1884); Pennsylvania: Campbell v. Sears, Roebuck & Co., Inc., 307 Pa. 365, 161 A. 310 (1932); Massachusetts: Del Santo v. Bristol County Stadium, Inc., 273 F. 2d 605 (C.A. 1st 1960); Illinois: Dixon Nat. Bank of Dixon v. Neal, 5 Ill. 2d 328, 125 N.E. 2d 463 (1955); Vermont: Spencer v. Lyman Falls Power Co., 109 Vt. 294, 196 A. 276 (1938). Was darunter zu verstehen ist, richtet sich nach den Umständen des Einzelfalles, z. B. nach der Art des Vertrages und seinem Zweck, sowie der Intelligenz des Kindes. Die Anfechtungsfrist kann danach Tage, aber unter Umständen auch Jahre betragen: der Durchschnitt liegt bei einigen Monaten.

Hat die Schutzperson den Vertrag noch nicht erfüllt (executory contract), so verlangen zwar einige Staaten ebenfalls eine Anfechtung innerhalb einer „reasonable time"; für California, die ihm folgenden Staaten im Nordwesten und Iowa, Kansas und Utah gelten die oben S. 14 erwähnten gesetzlichen Bestimmungen; Entscheidungen in West Virginia, Texas und Ohio, siehe Craig v. Van Bebber, 18 Am. St. Rep. 672, wiedergegeben in 262 S.E. 159; State ex rel. Myers v. Hodge, 129 W.Va. 820, 42 S.E. 2d 23 (1947); Robinson v. Roquemore, 2 S.W. 2d 873 (Tex. Civ. App. 1928); McKenzie v. Tellis, 47 N.E. 2d 253 (Ohio App. 1942). Entscheidungen in anderen Staaten leugnen dagegen, daß in diesem Fall das Anfechtungsrecht der Schutzperson durch Fristablauf überhaupt verloren gehen soll, zumindest soweit es als Einrede gegenüber der Erfüllungsklage des Vertragspartners geltend gemacht wird; Washington Street Garage v. Maloy, 230 App. Div. 266, 243 N.Y.S. 467 (1930); vgl. Sternlieb v. Normandie Nat. Sec. Corp., 263 N.Y. 245, 188 N.E. 726 (1934); Majaika v. Jamison, 115 N.J. Law 358, 180 A. 402 (1935); Clemmer v. Price, 125 S.W. 604 (Tex. Civ. App. 1910). Wieder andere Staaten gewähren der Schutzperson das Anfechtungsrecht nur, wenn sie die Gegenleistung des Vertragspartners noch nicht erhalten hat; Ohio: Cassella v. Tiberio, 150 Ohio St. 27, 80 N.E. 2d 426 (1948); Massachusetts: J. G. Pierce Co. v. Wallace, 251 Mass. 383, 146 N.E. 658 (1925); Georgia: Wickham v. Torley, 136 Ga. 594, 71 S.E. 881 (1911); Texas: Walker v. Stokes Bros. & Co., 262 S.W. 158 (Tex. Civ. App. 1924).

e) Form der Anfechtung

In den romanischen Rechtsordnungen muß die Anfechtung durch Klage erfolgen; siehe Artt. 1304 *franz.* cc; 1441, 1442 *ital.* cc; 1301 *span.* cc; *Niederlande:* die herrschende, aber nicht unbestrittene Meinung, Hofmann-van Opstall I 327; II 405; Pitlo 212 ff.; Asser-Rutten II 415; van Brakel I 244 ff. Anders in einem arbeitsrechtlichen Fall, HR 18. 12. 1953, N.J. 1954 no. 65, und allgemein Eggens, Weekblad voor Privaatrecht, Notarisambt en Registratie (WPNR) no. 3637 f.

In den *USA* kann die Anfechtung dagegen außergerichtlich erfolgen. Es genügt jedes Verhalten, aus dem sich eindeutig die endgültige Absicht ergibt, nicht mehr an dem Vertrag festzuhalten; Del Santo v. Bristol County Stadium, Inc., 273 F. 2d 605 (C.A. 1st 1960); Campbell v. Sears, Roebuck & Co., Inc., 307 Pa. 365, 161 A. 310 (1932); Spencer v. Collins, 156 Cal. 298, 104 P. 320 (1909).

Einen Mittelweg werden die *Niederlande* bei der Reform ihres bürgerlichen Rechts gehen. Grundsätzlich soll auch die außergerichtliche Anfechtung zugelassen werden; Art. 3.2.13 Entwurf Meijers. Ist der anfechtbare Kaufvertrag jedoch bereits ganz oder teilweise erfüllt, so ist eine außergerichtliche Anfechtung nur wirksam, wenn der Vertragspartner nicht widerspricht; Art. 3.2.14 Absatz 2.

f) Ausschluß der Anfechtung

Einige Rechtsordnungen schließen das Anfechtungsrecht wegen eines bestimmten Verhaltens der Schutzperson aus. Gesondert zu behandeln ist die Bestätigung des Vertrages durch die Schutzperson und der von ihr verschuldete Untergang der Kaufsache (unten Buchstaben g und h). An dieser Stelle ist nur das Verhalten der Schutzperson bei Vertragsabschluß gemeint, allerdings nur insoweit, als dadurch das Entstehen eines Anfechtungsrechts überhaupt berührt wird; auf andere Folgen des Verhaltens der Schutzperson, insbesondere eine Pflicht zum Schadensersatz ist später einzugehen (siehe unten III).

Die bloße Behauptung der Schutzperson, voll geschäftsfähig zu sein, reicht allerdings allgemein nicht aus, um das Anfechtungsrecht auszuschließen; der gute Glaube des Vertragspartners an die volle Geschäftsfähigkeit der Schutzperson wird also grundsätzlich nicht geschützt; für Minderjährige: Art. 1307 *franz.* cc; nach Livre IV Art. 72 II des Avant-projet cc soll diese Bestimmung auf alle Fälle mangelnder Geschäftsfähigkeit ausgedehnt werden; Art. 1426 *ital.* cc; *Niederlande:* HR 1. 3. 1935, N.J. 1935 S. 833. Bei *arglistiger* Vorspiegelung der vollen Geschäftsfähigkeit durch die Schutzperson, insbesondere bei arglistiger Täuschung über das Alter eines Minderjährigen, schließen dagegen einige Rechtsordnungen die Anfechtung entweder unmittelbar aus (Art. 1426 *ital.* cc) oder halten die Schutzperson im Wege des Schadensersatzes an dem Vertrag fest; *Frankreich:* Cass. req. 15. 11. 1898, D. 1899. 1. 439; 21. 3. 1899, D. 1899. 1. 192; Livre IV Art. 72 I Satz 2 Avant-projet cc. In den *Niederlanden* dagegen führt die Schadensersatzpflicht eines Minderjährigen in einem solchen Falle nicht zum Verlust seines Anfechtungsrechts, HR 1. 3. 1935, N.J. 1935 S. 833.

In *Frankreich* ist entschieden worden, daß keine Arglist in der Benutzung der im Handelsverkehr üblichen Mittel liege; Dijon 29. 1. 1923, D.P. 1923. 2. 15, Benutzung eines eigenen Briefkopfs etc.

In den *USA* sind die Ansichten über den Einfluß einer Täuschungshandlung Minderjähriger auf ihr Anfechtungsrecht geteilt. Die Rechtsprechung ist überwiegend der Auffassung, daß ein Minderjähriger durch falsche Angaben über sein Alter das Anfechtungsrecht nicht einbüßt; Myers v. Hurley Motor Co., 273 U.S. 16 (1927); New York: Sternlieb v. Normandie Nat. Sec. Co., 263 N.Y. 245, 188 N.E. 726 (1934); Intern. Textbook v. Connelly, 206 N.Y. 188, 99 N.E. 722 (1912); Illinois: Pelham v. Howard Motors Inc., 20 Ill. App. 2d 528, 156 N.E. 2d 597 (1959); California: Williams v. Shettler Co., 98 Cal. App. 282, 276 P. 1065 (1929); Massachusetts: Del Santo v. Bristol County Stadium Co., 273 F. 2d 605 (C.A. 2nd 1960); ebenso die Staaten Arkansas, Ohio, Minnesota, Maine, vgl. 90 ALR 1443. Andere Staaten dagegen schließen in diesem Falle das Anfechtungsrecht aus; New Jersey: La Rosa v. Nichols, 29 N.J. Law 375, 105 A. 201 (1918); Kentucky: Pinnacle Motor Co. v. Daugherty, 231 Ky. 626, 21 S.W. 2d 1001 (1929); Tennessee: Tuck v. Payne, 159 Tenn. 192, 17 S.W. 2d 8 (1929); Georgia: Hodd v. Duren, 33 Ga. App. 203, 125 S.E. 787 (1924). Fünf Staaten haben ihr Recht in diesem Sinne gesetzlich festgelegt (s. 599.3 Iowa Code 1962; s. 38–103 Kansas Gen. Stat. 1964; s. 15–2–3 Utah Code 1953; Washington: s. 26.28.040 Washington Rev. Code Ann. 1952; s. 27 A 1403 Michigan Stat. 1962), wobei Michigan zum Ausschluß des Anfechtungsrechts eine falsche Altersangabe in einem besonderen Schriftstück verlangt. In New York wurde jedoch ein entsprechender Vorschlag der Law Revision Commission im Jahre 1938 abgelehnt. In Equity, also insbesondere bei Klagen auf Erfüllung (specific performance), untersagt die Mehrzahl der Gerichte dem Minderjährigen, sich auf seine beschränkte Geschäftsfähigkeit zu berufen; Illinois: Lewis v. Van Cleve, 302 Ill. 413, 134 N.E. 804 (1922); Florida: Putnal v. Walker, 55 So. 844 (1911); Mossler Acceptance Co. v. Perlman, 47 So. 2d 296 (1950); Texas: Evans v. Henry, 230 S.W. 2d 620 (Civ. App. 1950); Virginia: Stallard v. Sutherland, 108 S.E. 568 (1921); Annotations 6 ALR 447, 18 ALR 520, 90 ALR 1441.

g) Bestätigung des Vertrages

Das Anfechtungsrecht wird nach allen Rechtsordnungen ausgeschlossen, wenn die Schutzperson den anfechtbaren Vertrag bestätigt hat.

(aa) *Voraussetzungen.* Die Bestätigung muß in der Regel nach Wegfall des Mangels der Geschäftsfähigkeit und in Kenntnis dieses Anfechtungsgrundes erfolgen; *Frankreich:* Artt. 1311, 1338 cc, Cass. civ. 1. 6. 1953, Bull. cass. 1953. I. 145; Livre IV Art. 55 II Avant-projet cc; *Italien:* Art. 1444 cc; *Niederlande:* Artt. 1492, 1929 BW; *Spanien:* Artt. 1311, 1312 cc; *England:* Matthews v. Baxter (1873), L.R. 8 Ex. 132; in einigen Einzelstaaten der *USA,* z. B. New Jersey und New York: Mandell v. Passaic Nat. Bank & Trust Co., 18 N.J. Misc. 455, 14 A. 2d 523 (1940); Farnum v. O'Neill, 141 Misc. 555, 252 N.Y.S. 900 (1931); Lawrence v. Morris, 167 App. Div. 186, 152 N.Y.S. 777 (1915).

In anderen Staaten der *USA* ist es jedoch bestritten, ob die Schutzperson bei Bestätigung ihr Anfechtungsrecht kennen muß, siehe z. B. die widersprechenden Entscheidungen in Illinois Swiney v. Womack, 343 Ill. 278, 175 N.E. 419 (1931) und Shepherd v. Shepherd, 408 Ill. 364, 97 N.E. 2d 273 (1951). Keine Kenntnis verlangt z. B. Pennsylvania; Campbell v. Sears, Roebuck & Co., Inc., 307 Pa. 365, 161 A. 310 (1932).

(bb) *Form.* Schriftform für die Bestätigung verlangen einige Einzelstaaten der *USA:* s. 371.010 (2) Kentucky Rev. Stat. 1963; Tit. 33 s. 52 (1) Maine Rev. Stat. 1964; s. 271 Mississippi Code Ann. 1942; s. 25:1–6 New Jersey Rev. Stat. 1937; s. 11–2 (2) Virginia Code 1950; s. 11–152 South Carolina Code 1962. Die Berufung auf den Mangel der Schriftform kann jedoch der Schutzperson im Einzelfall wegen estoppel verwehrt werden; Jones v. Godwin, 187 S.C. 510, 198 S.E. 36 (1938); Whitman v. Allen, 123 Me. 1, 121 A. 160 (1923).

Einige Gesetze bestimmen, daß eine Bestätigung auch *stillschweigend* erklärt werden könne, insbesondere durch Erfüllung des anfechtbaren Vertrages; Art. 1338 II *franz.* cc; Art. 1444 II *ital.* cc; Art. 1929 II *nied.* BW, oder ganz allgemein durch jeden Akt der Schutzperson, in dem notwendig ihr Verzicht auf das Anfechtungsrecht liege, Art. 1311 *span.* cc. Auch nach *amerikanischem* Common Law – also abgesehen von den Staaten, die gesetzlich die Schriftform erfordern – kann die Bestätigung stillschweigend erklärt werden; Lee v. Thompson, 124 Fla. 494, 168 So. 848 (1936); Welch v. King, 279 Mass. 445, 181 N.E. 846 (1932); Campbell v. Sears, Roebuck & Co., Inc., 307 Pa. 365, 161 A. 310 (1932). Verlangt wird hier eine eindeutige Bestätigung, nicht bloß eine Anerkennung des Vertrages; vor allem bei einem von der Schutzperson noch nicht erfüllten Vertrag werden an die Bestätigung erhebliche Anforderungen gestellt; Lee v. Thompson, 124 Fla. 494, 168 So. 848 (1936). Zahlungen bedeuten nicht notwendig eine Bestätigung des Vertrages – International Textbook Co. v. Connelly, 206 N.Y. 188, 99 N.E. 722 (1912); Hook v. Harmon Nat. Real Estate Co., 250 App. Div. 689, 297 N.Y.S. 79 (1936); Canto v. Farinola, 129 N.Y.S. 2d 595 (S.C. 1954); Annot., 59 ALR 281, 5 ALR 2d 40; vgl. s. 431.060

Missouri Rev Stat. 1949 –, wohl aber die Annahme der Gegenleistung oder eines Teils davon; Crown Cork & Seal Co., Inc. v. Fankhanel, 49 F.S. 611 (Me. 1943).

h) Untergang der Kaufsache

Einige Rechtsordnungen in den *anglo-amerikanischen* Ländern machen das Anfechtungsrecht in gewissen Fällen davon abhängig, daß die Schutzperson noch in der Lage sein muß, die Kaufsache an den Vertragspartner zurückzugeben (siehe S. 13 f.). Auf das Verschulden der Schutzperson an einem Untergang der Kaufsache soll es dabei nicht ankommen.

In wesentlich abgeschwächter Form findet sich derselbe Gedanke in *Spanien.* Hier ist das Anfechtungsrecht der Schutzperson ausgeschlossen, wenn diese nach Erlangung der vollen Geschäftsfähigkeit den Untergang der Kaufsache *schuldhaft* herbeigeführt hat; Art. 1314 cc.

i) Rechte des Vertragspartners

(aa) Die meisten Rechtsordnungen, welche der Schutzperson die Anfechtung ihres Vertrages ermöglichen, geben dem Vertragspartner kein Mittel in die Hand, um die *Ungewißheit* über die Ausübung des Anfechtungsrechts *zu beenden.* Eine Ausnahme bildet *Louisiana.* Hier kann der Vertragspartner den gesetzlichen Vertreter der Schutzperson oder, falls diese wieder geschäftsfähig ist, auch diese selbst auffordern, sich über die Bestätigung des Vertrages oder die Berufung auf seine Nichtigkeit zu erklären; Art. 1794 cc. Es ist allerdings nicht gesagt, welche Folge eintritt, wenn der zur Erklärung Aufgeforderte schweigt.

Ein ähnliches Recht geben neue Gesetzesentwürfe dem Vertragspartner. Nach dem *Entwurf Meijers* kann der Vertragspartner, sobald die Schutzperson oder ihr gesetzlicher Vertreter das Recht zur Anfechtung hat, diese Personen zur Erklärung über die Bestätigung oder Anfechtung des Vertrages auffordern; läuft die vom Vertragspartner selbst gesetzte angemessene Frist für die Erklärung ab, so erlischt das Anfechtungsrecht der Schutzperson; Art. 3.2.18 Absatz 2.

Nach dem Vorentwurf des *franz.* cc kann der Vertragspartner unter ausdrücklicher Mitteilung des Nichtigkeitsgrundes die zur Anfechtung Berechtigten auffordern, sich innerhalb von 3 Monaten zur Anfechtung oder Bestätigung des Vertrages zu äußern; bei Ablauf dieser Frist erlischt das Anfechtungsrecht; Livre IV Art. 61 Avant-projet cc.

(bb) In *England* und in den *USA* wird entgegen der Regel, daß grundsätzlich nur die Schutzperson den Vertrag anfechten kann, offenbar auch dem Vertragspartner in besonderen Fällen ein solches Recht zuerkannt. Nach Treitel 369 ff. und Williston II § 245 kann der Vertragspartner, der durch unrichtige Angaben eines Minderjährigen über dessen Alter getäuscht worden ist, den Vertrag wegen fraud anfechten. Gerichtliche Entscheidungen, in denen dieses Anfechtungsrecht ausgesprochen worden ist, finden sich jedoch selten; siehe jedoch Lemprière v. Lange (1879), 12 Ch. D. 675; Neff v. Landis, 110 Pa. St. 204, 1 A. 177 (1885). Für die Richtigkeit dieser Auffassung spricht, daß die amerikanische Rechtsprechung dem Vertragspartner eines Minderjährigen, der über sein Alter getäuscht hat, einen Schadensersatzanspruch wegen fraud gewährt (siehe unten S. 28 f.); denn dieser Schadensersatzanspruch ist an strengere Voraussetzungen geknüpft als das Anfechtungsrecht.

5. *Gültigkeit*

Soweit einige Rechtsordnungen allgemein oder unter bestimmten Umständen den Vertrag einer nicht voll geschäftsfähigen Person für grundsätzlich gültig erklären, geben sie der Schutzperson doch gewisse Rechte auf Herabsetzung der eigenen Leistung.

a) Grundsatz

Grundsätzlich wirksam sind nach englischem und nordamerikanischem Common Law wie Gesetzesrecht die Kaufverträge einer nicht voll geschäftsfähigen Person über „necessaries"; *England:* s. 2 SGA, s. 1 Infants Relief Act, 1874; *USA:* s. 2 USA; dieselbe Regel gilt auch in Louisiana, das den Uniform Sales Act nicht angenommen hat; Art. 1785 II cc.

Auch das *ungarische* Recht, dessen Ähnlichkeiten mit dem englischen schon öfter beobachtet worden sind, hat eine ähnliche Regel für Verträge des täglichen Lebens ohne größere Bedeutung kürzlich eingeführt; Art. 18 II ZGB 1959.

In *Frankreich* hat ein nicht voll Geschäftsfähiger die Wahl, ob er einen Kaufvertrag bei Vorliegen einer lésion anfechten will oder ob er es bei dem Bestand des Vertrages belassen und lediglich den im folgenden Abschnitt II dargestellten Herabsetzungsanspruch (action en réduction) geltend machen will.

b) Voraussetzungen

„Necessaries" definiert s. 2 des *amerik.* USA: „goods suitable to the condition in life of such infant or other person, and to his actual requirement at the time of delivery"; fast ebenso s. 2 (2) des *engl.* SGA 1893. Der Kreis der „necessaries" richtet sich also in einem konkreten Fall völlig nach der Person und der sozialen Stellung des nicht voll Geschäftsfähigen. In *England* hat man zu den „necessaries" beispielsweise gezählt das Lehrbuch eines Studenten, möglicherweise einen goldenen Ring und eine goldene Uhrkette, nicht dagegen (selbst für eine sehr vermögende Person) Juwelen; Ryder v. Wombwell (1868), L.R. 4 Ex. 32; Peters v. Fleming (1840), 6 M. & W. 42, 151 E.R. 314.

In den *USA* wird der Begriff der „necessaries" etwas enger ausgelegt. Zunächst werden Verträge, bei denen der Vertragspartner die Sache noch nicht geliefert hat, stets für anfechtbar gehalten; Gregory v. Lee, 64 Conn. 407, 30 A. 53 (1894); Peacock Military College v. Hughes, 225 S.W. 221 (Tex. Civ. App. 1920); International Textbook Co. v. McKone, 133 Wis. 200, 113 N.W. 438 (1907). Sodann wird vermutet, daß die Bedürfnisse eines Minderjährigen, der von seinen Eltern oder von anderen Personen unterhalten wird, entweder überhaupt erfüllt sind – Intern. Textbook Co. v. Connelly, 206 N.Y. 188, 99 N.E. 722 (1912); Hollander Co. v. Porter, 267 Mass. 378, 166 N.E. 724 (1929); Westrate v. Schipper, 284 Mich. 383, 279 N.W. 870 (1938); Williston II § 244 N. 13; in Louisiana gilt die Regel in diesem Fall überhaupt nicht; Art. 1785 II cc – oder von ihnen mit Hilfe des von der Schutzperson abgeschlossenen Vertrages erfüllt werden, so daß dieser als in ihrem Namen abgeschlossen gilt; Westrate v. Schipper, 284 Mich. 383, 279 N.W. 870 (1938); vgl. auch Boynton v. Wedgewood, 346 Mich. 393, 78 N.W. 2d 134 (1956); Williston II § 244; einschränkend Aubel v. Sosso, 72 Cal. 57, 236 P. 319 (1925). Innerhalb der dadurch gezogenen Grenzen werden als „necessaries" alle Güter zur Befriedigung der körperlichen und auch der geistigen Bedürfnisse betrachtet, deren Erfüllung für den Menschen notwendig ist. Nahrungsmittel, Kleidung und Medizin fallen unzweifelhaft unter den Begriff, Genußmittel und teure Möbel dagegen nicht; In re O'Leary's Estate, 352 Pa. 254, 42 A. 2d 624 (1945); O'Donniley v. Kinley, 286 S.W. 140 (Mo. C.A. 1926); Lynch v. Johnson, 109 Mich. 640, 67 N.W. 908 (1896); Kilgore v. Rich, 83 Me. 305, 22 A. 176 (1891); Spaulding v. New England Furniture Co., 154 Me. 330, 147 A. 2d 916 (1959); Cohn v. Chesterfield Cab Corp., 163 N.Y.S. 2d 848 (S.C. 1957); Wilkinson v. Fleishman, 238 App. Div. 858, 268 N.Y.S. 18 (1933).

Bezeichnend ist die Rechtsprechung zum Kauf von Kraftfahrzeugen durch Minderjährige. Die Anschaffung des Wagens soll nur notwendig sein, wenn der Minderjährige das Auto erwirbt wegen der Art seiner beruflichen Tätigkeit oder wegen der Entfernung vom Arbeitsplatz und des Mangels anderer Beförderungsmittel; Crockett Motor Co. v. Thompson, 177 Ark. 495, 6 S.W. 2d 834 (1930); Robertson v. King, 225 Ark. 276, 280 S.W. 2d 402 (1955); H.L. Braham & Co. v. Zittel, 232 App. Div. 406, 256 N.Y.S. 44 (1931); Schoenung v. Gallet, 206 Wis. 52, 238 N.W. 852 (1931); Pilham v. Howard Motors, Inc., 20 Ill. App. 2d

528, 156 N.E. 2d 597 (1959); Worman Motor Co. v. Hill, 54 Ariz. 227, 94 P. 2d 865, 124 ALR 1361 (1939); Doenges Long Motor, Inc. v. Gillen, 138 Colo. 31, 328 P. 2 d 1077 (1958).

Das neue *ungarische* Recht knüpft die Gültigkeit der laufenden Geschäfte des täglichen Lebens von geringerer Bedeutung daran, daß der Vertrag bereits erfüllt ist und sein Abschluß keine besondere Einsicht verlangt; Art. 18 II ZGB.

c) Wirkungen

Bei den Wirkungen eines Vertrages über „necessaries" ist zunächst nur der Bestand des Vertrages als solcher im Gegensatz zu seinen einzelnen Bestandteilen zu betrachten. In *England* wie den *USA* wird offenbar angenommen – was in *Ungarn* ausdrücklich normiert ist; Art. 18 II ZGB –, daß nur die Erfüllung der Gegenleistung durch den Vertragspartner eine gewisse Bindung für die Schutzperson begründet. Das ergibt sich für die USA daraus, daß die Gültigkeit von Kaufverträgen über „necessaries" entfällt, wenn der Vertrag nicht erfüllt worden ist (siehe oben b); in England ist nach der überwiegenden Auffassung die Haftung der Schutzperson für die Zahlung des Kaufpreises nicht vertraglicher, sondern quasivertraglicher Natur; In re Rhodes, Rhodes v. Rhodes (1890), 44 Ch. D. 94, 107 (C.A.); Re J., [1909] 1 Ch. 574, 577 per Fletcher Moulton, L.J.; Nash v. Inman, [1908] 2 K.B. 1, 8, per Fletcher Moulton, L.J. im Gegensatz zu Buckley, L.J. p. 12; Pontypridd Union v. Drew, [1927] 1 K.B. 214, 220 per Scrutton, L.J.; Anson-Guest 186; Cheshire-Fifoot 336. Anderer Ansicht Treitel 348.

Daß die Annahme einer lediglich quasi-vertraglichen Haftung der Schutzperson im Gegensatz zu einer vertraglichen Bindung erwähnenswerte praktische Folgen hätte, ist nicht zu erkennen (siehe jedoch unten Abschnitt II).

Soweit die Eingehung in diesem Sinne gültiger Verträge durch eine Schutzperson Wirkungen auf einzelne Bestandteile des Kaufvertrages hat, sind diese Wirkungen nunmehr zu behandeln.

II. Folgen bei Gültigkeit des Vertrages

Nach englischem, nordamerikanischem und französischem Recht kann eine nicht voll geschäftsfähige Person selbst bei einem Vertrag, den sie nach den unter I 5 dargelegten Voraussetzungen als gültig behandeln kann oder muß, ihre Leistung herabsetzen.

S. 2 des *amerik.* USA bestimmt wie s. 2 des *engl.* SGA 1893, daß die Schutzperson nicht den vertraglich vereinbarten, sondern lediglich einen angemessenen Kaufpreis zahlen muß.

In *Frankreich* kann eine nicht voll geschäftsfähige Person „en cas d'excès" die Herabsetzung ihrer Leistung durch die „action en réduction" verlangen; Art. 484 II cc; Colin-Capitant I no. 1779; Mazeaud I no. 1399. Die Abgrenzung des „excès" von einer „lésion" ist nicht ganz eindeutig. Der „excès" liegt im wesentlichen bei einem Vertrag vor, der über die Verhältnisse der Schutzperson hinausgeht. Mazeaud bestimmt den „excès" als „disproportion entre le montant de la dépense et la fortune du mineur"; Mazeaud I no. 1354.

Nach Rechtsprechung und Rechtslehre kann demgemäß die action en réduction sogar zu einer Aufhebung des Kaufvertrages führen, so daß die Grenze zur Anfechtung des Vertrages nicht scharf ist; Colin-Capitant I no. 1716; Cass req. 10. 2. 1890, D. 1891. 1. 292. Das Avant-projet cc will diese Klage, die in den anderen romanischen Rechtsordnungen nicht übernommen worden ist, abschaffen, da sie den Kredit der Schutzperson schädige und Anlaß zu Prozessen gebe; Livre I Artt. 614–618 Avant-projet cc sowie Travaux de la Commission de Réforme du Code civil 1945–1946, 346 ff.

III. Folgen bei Nichtigkeit des Vertrages

Für die hier zu behandelnden Folgen der Nichtigkeit des Vertrages ist es ohne Belang, aus welchem Grund die Nichtigkeit eingetreten ist, ob sie also von Anfang an bestanden hat oder ob sie durch Nichtgenehmigung eines schwebend unwirksamen Vertrages oder durch Anfechtung oder auf andere Weise erst später herbeigeführt worden ist. Da die Gründe, auf denen die Nichtigkeit beruhen kann, offenbar ohne Einfluß auf die Ausgestaltung der Nichtigkeitsfolgen sind, können diese für alle Formen der Nichtigkeit und Vernichtung des Kaufvertrages zusammenfassend dargestellt werden.

1. Herausgabe der Leistung

a) Grundsatz

Ist der Kaufvertrag wegen mangelhafter Geschäftsfähigkeit nichtig oder vernichtet worden, so geben die meisten Rechtsordnungen den Vertragspartnern grundsätzlich das Recht, etwaige auf Grund des Vertrages erbrachte Leistungen von der anderen Vertragspartei zurückzuverlangen. Diese Rückforderungsansprüche beruhen entweder auf ausdrücklich für diesen Fall gegebenen Vorschriften – Artt. 1312 *franz.* cc; 1487 *nied.* BW; 411 *schweiz.* ZGB – oder auf der Anwendung der allgemeinen Bestimmungen über die Herausgabe des Eigentums bzw. einer ungerechtfertigten Bereicherung; siehe z. B. §§ 812 ff., 985 ff. *deut.* BGB.

Der Grundsatz der Rückgabe aller Vertragsleistungen wird jedoch teilweise zugunsten der Schutzperson (b), teilweise auch zugunsten des Vertragspartners (c) und schließlich auch generell (d) in wichtigen Fällen erheblich eingeschränkt.

b) Rückgabepflicht der Schutzperson

Nahezu alle Rechtsordnungen beschränken die Rückgabepflicht der Schutzperson, um zu vermeiden, daß durch die Rückgabeverpflichtung jene Schmälerung ihres Vermögens eintritt, die durch die Nichtigkeit oder Vernichtung des Vertrages verhindert werden sollte.

(aa) Daher knüpfen die meisten Rechtsordnungen die Rückgabepflicht der Schutzperson an die Voraussetzung, daß die vom Vertragspartner erbrachte Leistung zum Nutzen der Schutzperson verwendet worden ist oder die Schutzperson noch um sie bereichert sein muß; § 818 II, III *deut.* BGB; § 877 *öst.* ABGB; Artt. 411 I *schweiz.* ZGB; 1487 *nied.* BW; 1443 *ital.* cc; 1304 *span.* cc; 1312 *franz.* cc für Minderjährige; den Zweifel, ob diese Bestimmung auch auf die Rückgabepflicht von Verschwendern und Geistesschwachen anzuwenden ist – dagegen: Cour Paris 20. 3. 1956, J.C.P. 1956. II. 9401 –, löst Livre IV Art. 69 des Avant-projet cc; *England:* Valentini v. Canali (1889), 24 Q.B.D. 166: Anson-Guest 175; *USA:* District of Columbia: McGreal v. Taylor, 167 U.S. 688, 699 (1897); New York: Casey v. Kastel, 237 N.Y. 305, 142 N.E. 671 (1924); Wyatt v. Lortscher, 217 App. Div. 224, 216 N.Y.S. 571 (1926); Illinois: Swiney v. Womack, 343 Ill. 278, 175 N.E. 419 (1931); Florida: Putnal v. Walker, 55 So. 844 (1911); Connecticut: Shutter v. Fudge, 105 Conn. 528, 143 A. 896 (1928); Kentucky: Gray v. Grimm, 157 Ky. 603, 163 S.W. 762 (1914); North Carolina: Hight v. Harris, 188 N.C. 328, 124 S.E. 623 (1924); für Minderjährige: Kapitel 9 § 7 I *schwed.* Elterngesetz; § 44 I *dän.* Minderjährigengesetz; § 37 *norweg.* Minderjährigengesetz.

Ein deutsches Gericht hat die rückgabepflichtige Schutzperson davon befreit, auch noch den Vorteil aus dem Gebrauch der Kaufsache zu ersetzen; KG 9. 6. 1964, FamRZ 1964, 518.

(bb) Das *amerikanische* Recht geht teilweise weiter. In einigen Staaten muß die Schutzperson den Wert der Gegenleistung zurückgeben, selbst wenn diese untergegangen ist; unerheblich ist es offenbar, ob die Schutzperson noch bereichert war (so die oben S. 14 angeführten Gesetze der Staaten im Nordwesten der USA, sowie die oben S. 13 f. angeführten Entscheidungen, die das Anfechtungsrecht von der Rückgabe der Gegenleistung abhängen lassen).

Trotz Untergangs der Gegenleistung und Wegfalls der Bereicherung wird eine solche verschärfte Rückgabepflicht der Schutzperson auch von einigen kontinentalen Rechtsordnungen vorgeschrieben. Hier soll das Verschulden der Schutzperson maßgebend sein: Ist die Gegenleistung in absichtlicher oder fahrlässiger Verletzung der Rückgabepflicht beseitigt worden oder verlorengegangen, so muß die Schutzperson den Wert der untergegangenen Sache ersetzen; Artt. 411 I *schweiz.* ZGB, 64 OR. Die verschärfte Haftung der Schutzperson dürfte von ihrer Urteilsfähigkeit abhängen. In ähnlicher Weise lehnt es auch das *deutsche* Recht ab, wegen der bloßen Kenntnis der Schutzperson von dem in ihrer mangelhaften Geschäftsfähigkeit liegenden Ungültigkeitsgrund – in Abweichung vom Wortlaut des § 819 I BGB – eine verschärfte Haftung der Schutzperson auch bei Wegfall der Bereicherung zu begründen; RG 1. 2. 1917, JW 1917, 465; KG 9. 6. 1964, FamRZ 1964, 518; Staudinger-Coing, Anm. 13 zu § 105 BGB.

(cc) Gegenüber den zuletzt erörterten Verschärfungen geht das *englische* Recht offenbar von dem Grundsatz aus, der Schutzperson prinzipiell überhaupt keine Rückgabepflicht aufzuerlegen. So kann die Schutzperson eine gekaufte Sache behalten (Stocks v. Wilson, [1913] 2 K.B. 235, 246; Anson-Guest 172 ff.), ohne den Kaufpreis entrichten zu müssen; Anson-Guest 174. Eine Rückgabepflicht besteht nach den Grundsätzen der Equity nur dann, wenn die Schutzperson durch Behauptung ihrer vollen Geschäftsfähigkeit den Vertragspartner fraudulently zum Vertragsschluß bewogen hat; R. Leslie, Ltd. v. Sheill, [1914] 3 K.B. 607, 618 per Lord Sumner; Stocks v. Wilson, [1913] 2 K.B. 235, 242; vielleicht auch dann – ähnlich wie bei der oben Seite 13 f. mitgeteilten amerikanischen Rechtsprechung –, wenn die Schutzperson ihrerseits ihre eigene Leistung zurückverlangt; Valentini v. Canali (1889), 24 Q.B.D. 166; Anson-Guest 175.

c) Rückgabepflicht des Vertragspartners

Anders als für die Schutzperson besteht kein Anlaß, auch ihren Vertragspartner vor den nachteiligen Folgen zu bewahren, die aus der Nichtigkeit des Kaufvertrages entstehen. Für fast alle Rechtsordnungen bleibt es daher hinsichtlich der Rückgabepflicht des Vertragspartners bei den allgemeinen Regeln über die Herausgabe des Eigentums bzw. einer ungerechtfertigten Bereicherung.

Eine Ausnahme gilt für *England* – im Einklang mit den dort stark eingeschränkten Rückgabepflichten der Schutzperson. Soweit die Schutzperson die an sie erbrachte Gegenleistung an den Vertragspartner nicht herausgibt (wozu sie nicht verpflichtet ist) oder sonst irgendeinen Nutzen aus dem Vertrag gezogen hat, braucht der Vertragspartner auch seinerseits nicht die von ihm empfangene Leistung der Schutzperson zu erstatten; Pearce v. Brain, [1929] 2 K.B. 310, 314; Valentini v. Canali (1889), 24 Q.B.D. 166; Cheshire-Fifoot 342.

d) Allgemeine Einschränkung der Rückgabepflichten

De lege ferenda wollen die *Niederlande* den Richter ermächtigen, die Rückgabepflichten der Schutzperson und insbesondere ihres Vertragspartners einzuschränken. Das Gericht kann, wenn die bereits eingetretenen Wirkungen eines Rechtsgeschäftes nur schwer rückgängig zu machen sind, der Nichtigkeit des Vertrages teilweise oder völlig die Rückwirkung versagen; Art. 3.2.15, Absatz 2 Entwurf Meijers.

2. *Schadensersatz*

Ein Schadensersatzanspruch seitens der Schutzperson oder ihres Vertragspartners wird praktisch vor allem dann in Betracht kommen, wenn der Kaufvertrag mit der Schutzperson nichtig oder vernichtet worden ist. In dieser Nichtigkeit des Vertrages kann ein Schaden liegen.

a) Schadensersatzanspruch der Schutzperson

Art. 1489 *nied.* BW gibt der Schutzperson – zusätzlich zu ihrem Anfechtungsrecht – einen Schadensersatzanspruch gegen den Vertragspartner, „wenn ein solcher gerechtfertigt ist". Damit wird auf die allgemeinen Vorschriften über den Schadensersatz verwiesen. Auch alle anderen Rechtsordnungen geben der Schutzperson offenbar einen Schadensersatzanspruch gegen ihren Vertragspartner, wenn dieser bei Eingehung des Vertrages der Schutzperson gegenüber eine unerlaubte Handlung begangen hat; siehe für *Deutschland* § 826 BGB und RG 19. 10. 1909, RGZ 72, 61, 68. Auf Voraussetzungen und Wirkungen dieses allgemeinen Schadensersatzanspruchs kann hier nicht eingegangen werden.

b) Schadensersatzanspruch des Vertragspartners

Zahlreiche Rechtsordnungen geben dem Vertragspartner deliktische Schadensersatzansprüche wegen eines bestimmten Verhaltens der Schutzperson, insbesondere auf Grund der Behauptung oder der arglistigen Vorspiegelung ihrer vollen Geschäftsfähigkeit.

(aa) *Voraussetzungen.* Die Schadensersatzpflicht der Schutzperson besteht im *Schweizer* Recht, wenn die Schutzperson ihren Vertragspartner zur Annahme der vollen Geschäftsfähigkeit verleitet hat (Art. 411 II ZGB), nach *deutschem* und *österreichischem* Recht, wenn sie darüber arglistig getäuscht hat; § 826 BGB und Staudinger-Coing, Anm. 7 zu § 106 BGB, §§ 248 I, 866 ABGB. Zu der Verleitung ist aber nach Schweizer Auffassung eine urteilsunfähige Person nicht imstande; Gmür-Kaufmann, Anm. 14 zu Art. 411 ZGB; ähnlich ist nach deutscher und österreichischer Auffassung der arglistigen Täuschung nicht fähig: ein Minderjähriger unter 18 Jahren; § 248 I ABGB; ein Minderjähriger unter 7 Jahren, ein Minderjähriger über 7 Jahre bei fehlender Einsicht in seine Verantwortlichkeit sowie eine geistesgestörte Person, deren freie Willensbestimmung ausgeschlossen ist; §§ 827, 828 BGB.

Sowohl der schweizerische Urteilsunfähige wie auch alle nach deutschem und österreichischem Recht deliktsunfähigen Personen können jedoch ausnahmsweise haften, wenn der Schadensersatz ihnen nach ihren Vermögensverhältnissen billigerweise zuzumuten ist; Art. 54 schweiz. OR; § 829 deut. BGB. § 829 BGB gilt allerdings nur dann, wenn auch ein aufsichtspflichtiger Dritter den Schaden nicht ersetzen kann; ähnlich §§ 1308–1310 ABGB.

Das *deutsche* (und mit ihm das *österreichische und italienische* Recht, siehe § 866 ABGB; Art. 1426 cc) unterscheiden sich jedoch dadurch wesentlich vom Schweizer Recht, daß sie für die Schutzperson den Vorsatz einer Schädigung verlangen, während das *Schweizer* Recht Schadensersatz bereits bei Fahrlässigkeit gewährt; Egger, Anm. 7 zu Art. 411 ZGB.

Zwischen der Schweiz und Deutschland dürften die meisten anderen Rechtsordnungen stehen. In *Frankreich* begründet eine über die bloße Behauptung der Volljährigkeit hinausgehende Täuschungshandlung eines Minderjährigen dessen Ersatzpflicht (siehe oben S. 17 f.); Livre IV Art. 72 Avant-projet cc will dementsprechend jede schuldhafte Täuschung über die Geschäftsfähigkeit genügen lassen, soweit die Schutzperson ihre volle Geschäftsfähigkeit nicht nur behauptet hat. Ebenso ist in den *Niederlanden* ein Minderjähriger schadensersatzpflichtig, der vorspiegelt, er sei volljährig; HR 1. 3. 1935, N.J. 1935 S. 833. In *Schweden* und *Dänemark* hat (im Gegensatz zu *Norwegen*) der Minderjährige, der seinen Vertragspartner über seine Berechtigung zum Abschluß des Vertrages täuscht, den Schaden des Vertragspartners angemessen zu ersetzen; ist die Täuschung eine strafbare Handlung, so muß Schadensersatz wie für eine unerlaubte Handlung geleistet werden; Kapitel 9 § 7 II schwed. Elterngesetz; § 44 II dän. Minderjährigengesetz.

Ähnlich wie im deutschen und Schweizer Recht werden das Verschulden sowie die Voraussetzungen einer etwa vom Verschulden unabhängigen Haftung der Schutzperson nach den allgemeinen Regeln über den Schadensersatz für unerlaubte Handlungen zu beurteilen sein.

In den *USA* wird wohl von der Mehrheit der Staaten ein Schadensersatzanspruch aus fraud gegenüber dem Minderjährigen, der über sein Alter getäuscht hat, anerkannt; Wisconsin: Wisconsin Loan & Finance Corp. v. Goodnough, 201 Wis. 101, 228 N.W. 484 (1930); Vermont: Vermont Acceptance Corp. v. Wiltshire, 103 Vt. 219, 153 A. 199 (1931); Indiana: Rice v. Boyer, 108 Ind. 472, 9 N.E. 420 (1886); Michigan: Patterson v. Kasper, 182 Mich. 281, 148 N.W. 690 (1914); Missouri: Byers v. Lemay Bank & Trust Co., 282 S.W. 2d 512 (Mo. 1955); Connecticut: Creer v. Active Automobile Exch., 99 Conn. 266,

121 A. 888 (1923). Die Deliktsfähigkeit von Minderjährigen ist im allgemeinen nicht beschränkt. Andere Staaten dagegen weigern sich, dem Vertragspartner einen Schadensersatzanspruch zuzubilligen, da dies den Minderjährigen zu sehr belasten würde; New York: Sternlieb v. Normandie Nat. Securities Corp., 263 N.Y. 245, 188 N.E. 726 (1934); Massachusetts: Slayton v. Barry, 175 Mass. 513, 56 N.E. 574 (1900); Ohio: Summit Auto Co. v. Jenkins, 20 Ohio App. 229, 153 N.E. 153 (1925). Auch in *England* ist ein Schadensersatzanspruch gegen einen Minderjährigen, der im unmittelbaren Zusammenhang mit einem ihm gegenüber nichtigen Vertrage steht, ausgeschlossen; Cheshire-Fifoot 346; Stocks v. Wilson, [1913] 2 K.B. 235, 242.

(bb) *Umfang.* Der Ersatzanspruch kann entweder auf Ersatz des Schadens gehen, der durch die Nicht*erfüllung* des nichtigen Kaufvertrages entsteht, oder auf Ersatz des Schadens, der durch die Ungültigkeit, d. h. das Nicht*zustandekommen* des Vertrages entsteht. Soweit einzelne Staaten wie Frankreich und Italien unmittelbar oder im Wege des Schadensersatzes das zuerst erwähnte positive Interesse ersetzen, indem sie die Schutzperson am Vertrag festhalten, ist der Schadensersatz bereits (siehe oben S. 17 f.) unter dem Gesichtspunkt des Ausschlusses des Anfechtungsrechts behandelt worden.

Nur das sogenannte negative Interesse ersetzen die *Schweiz* – BG 29. 3. 1928, BGE 54 II 77; Egger, Anm. 8 zu Art. 411 ZGB –, die *Niederlande* sowie *Dänemark* und *Schweden* (siehe die Belege in dem vorangehenden Abschnitt). Dasselbe gilt für *Österreich;* OGH 3. 6. 1909, Slg. 12 Nr. 4639; Klang-Gschnitzer, Anm. III zu § 866 ABGB.

B. Rechtsvergleichung

Der Vergleich der wesentlichen Züge der vorstehend unter A geschilderten Wirkungen mangelhafter Geschäftsfähigkeit wird von der Frage ausgehen müssen, welches die verschiedenen typischen Interessen sind, deren Erfüllung die beschriebenen rechtlichen Regeln dienen. Offensichtlich kennen und berücksichtigen alle Rechtsordnungen einerseits das Interesse der nicht voll geschäftsfähigen Person an einem möglichst wirkungsvollen Schutz und andererseits das Interesse des Vertragspartners an der Erfüllung oder wenigstens an der Gewißheit über den Bestand des abgeschlossenen Vertrages. Da dieses Interesse des Vertragspartners für das Interesse aller potentiellen Vertragspartner und damit also des Rechtsverkehrs im Ganzen steht, läßt sich der Interessenkonflikt zurückführen auf den Gegensatz der Schutzinteressen der nicht voll geschäftsfähigen Einzelperson und das Verkehrsinteresse der Allgemeinheit.

Der Ausgleich dieser beiden Hauptinteressen wird in besonderen Situationen dadurch beeinflußt, daß entweder der Vertragspartner Kenntnis von der fehlenden Geschäftsfähigkeit der Schutzperson hat oder aber die Schutzperson selbst über das Fehlen ihrer vollen Geschäftsfähigkeit täuscht. Im ersten Fall wird der Vertragspartner, im zweiten Fall wird die Schutzperson weniger Schutz verdienen.

I. Bestand des Vertrages

Entgegen einer naheliegenden Annahme entspricht die Reihenfolge der unter A I nach der Intensität ihres Eingriffs in den Kaufvertrag geordneten Ungültigkeitsformen nicht ohne weiteres dem Maße einseitiger Bevorzugung der Interessen der Schutzperson.

1. Am einseitigsten wird das Interesse der Schutzperson unter denjenigen Rechtsordnungen geschützt, die ihr und nur ihr (S. 10) durch das *Anfechtungsrecht* die Möglichkeit geben, nach eigenem Belieben die Gültigkeit oder Nichtigkeit des Kaufvertrages herbeizuführen. Rechtsvergleichend gesehen, besteht zwischen dieser Anfechtbarkeit und der relativen Nichtigkeit kein Unterschied (S. 9 f.). Die Willkür der Schutzperson bei der Ausübung ihres Anfechtungsrechts wird in denjenigen romanischen Rechtsordnungen verschärft, welche die Anfechtung nur auf Grund des Mangels der vollen Geschäftsfähigkeit zulassen (S. 12 f.), Anfechtungsfristen von 4–10 Jahren festsetzen (S. 15) und dem Vertragspartner keine Möglichkeit geben, die Ungewißheit über die Ausübung des Anfechtungsrechts zu beseitigen (S. 20).

Die zuletzt erwähnte Rechtlosigkeit des Vertragspartners wird gegenwärtig offenbar so stark empfunden, daß die neueren Reformentwürfe der romanischen Länder übereinstimmend den Vertragspartner berechtigen, durch eine befristete Aufforderung Gewißheit über die Anfechtung des Vertrages zu erhalten (S. 20). Durch Einführung dieses „Rechts auf Klärung" wird die Anfechtungsfrist, die bisher den einzigen (aber wegen ihrer Länge unvollkommenen) Schutz für den Vertragspartner darstellte, ihre praktische Bedeutung verlieren.

Was die Anfechtungsgründe angeht, so sichern zwar die von Frankreich und Italien verlangten zusätzlichen Voraussetzungen der lésion bzw. des bösen Glaubens des Vertragspartners, daß die Schutzperson nur die für sie ungünstigen Verträge anfechten kann; diese Einschränkung des Anfechtungsrechts hat freilich den Nachteil, daß die Parteien sich oft über das Vorliegen dieser Elemente streiten werden. Dieser nachteiligen Folge von „qualifizierten Anfechtungsgründen" wird jedoch gerade in diesen Ländern durch den Zwang zur gerichtlichen Anfechtung Rechnung getragen. Dasselbe Bedenken der Komplikation besteht gegen die anglo-amerikanische Unterscheidung zwischen Verträgen über „necessaries" und solchen über „non necessaries", obwohl es an sich einleuchtet, Verträge über „necessaries" der Anfechtung zu entziehen und die Schutzperson zur Erfüllung der angemessenen Gegenleistung zu verpflichten. Sehr weit, wahrscheinlich zu weit, geht dagegen der Schutz des Vertragspartners in den anglo-amerikanischen Ländern, soweit diese die Anfechtung von der vollen Rückgewähr der vom Vertragspartner erbrachten Gegenleistung abhängig machen (S. 13 f., 25).

2. Obwohl in der Wirkung radikaler, trägt die *absolute Nichtigkeit* des Kaufvertrages (S. 5 ff.) den Interessen auch des Vertragspartners offenbar etwas besser Rechnung als die zur Zeit in den romanischen Ländern noch geltende Ausgestaltung des Anfechtungsrechts; denn der Vertragspartner weiß sofort, welches Schicksal der von ihm abgeschlossene Vertrag hat, und kann dementsprechend handeln. Gegenüber dieser Gewißheit fällt wohl die Chance, daß die Schutzperson durch Unterlassen der Anfechtung den Bestand des Vertrages nicht angreifen wird, nicht so stark ins Gewicht. Dieses Urteil würde selbstverständlich nicht mehr gelten können, wenn die romanischen Länder für den Vertragspartner das in Frankreich und den Niederlanden geplante „Recht auf Klärung" einführen.

Die absolute Nichtigkeit des Kaufvertrages unterscheidet sich von allen anderen Ungültigkeitsformen, nämlich der Anfechtbarkeit und der schwebenden Nichtigkeit, dadurch, daß die Möglichkeit ausgeschlossen ist, die Wirksamkeit des Vertrages herbeizuführen. Dieser wesentliche Gegensatz zu den anderen Ungültigkeitsformen beruht auf Wertungen der nationalen Gesetzgeber, denen auch bei einer einheitlichen Regelung wird Rechnung getragen werden müssen.

3. Am besten werden die widerstreitenden Interessen zwischen Schutzperson und Vertragspartner zur Zeit wohl in dem mittel- und nordeuropäischen System der *schwebenden Unwirksamkeit* des Vertrages (S. 7 ff.) ausgeglichen. Hier wird dem Vertragspartner bereits das Recht auf Klärung des Bestandes des Vertrages zugestanden und teilweise zusätzlich noch ein Widerrufsrecht zugebilligt (S. 8 f.).

Das „Recht auf Klärung" nach diesem System hat offenbar den niederländischen und französischen Entwürfen als Vorbild gedient. Nach Einführung dieser Reformen wird daher – abgesehen von dem verschiedenen Ausgangspunkt und verhältnismäßig geringfügigen rechtstechnischen Abweichungen – in diesem für den Schutz des Vertragspartners wesentlichen Punkt das System der Anfechtbarkeit mit demjenigen der schwebenden Unwirksamkeit im wesentlichen übereinstimmen. Ein fühlbarer Unterschied wird lediglich noch hinsichtlich der Anfechtungsgründe bestehen bleiben, soweit Frankreich und Italien im Gegensatz zu den anderen romanischen Rechtsordnungen neben dem Mangel voller Geschäftsfähigkeit eine weitere Voraussetzung fordern. In dem mittel- und nordeuropäischen System der schwebenden Unwirksamkeit dagegen ist mehr Gewicht auf die Sicherheit des Rechtsverkehrs gelegt worden, indem auf die Aufstellung von Voraussetzungen verzichtet wurde, welche Anlaß zum Streit zwischen den Parteien geben können.

Deutschland und die skandinavischen Länder kommen freilich (im Unterschied zu Österreich und der Schweiz) mit der Gewährung des Widerrufsrechts an den Vertragspartner diesem noch erheblich weiter entgegen. Ob das Widerrufsrecht jedoch neben einem angemessen befristeten „Recht auf Klärung" wirklich erforderlich ist, erscheint zweifelhaft.

II. Folgen der Nichtigkeit

1. Allgemein wird anerkannt, daß bei Eintreten der Nichtigkeit beide Parteien zur *Rückgabe* der empfangenen Leistungen verpflichtet sind, sei es, daß diese Rückgabepflicht eine gesetzliche Folge der Nichtigkeit (S. 24 ff.), sei es, daß sie die Voraussetzung für die Vernichtung des Vertrages ist (S. 13 f., 20, 24 ff.).

a) Übereinstimmung besteht weiter hinsichtlich des Grundsatzes, daß die Rückgabepflicht der *Schutzperson* beschränkt werden muß, damit sie durch die Pflicht zur Rückgabe nicht geschädigt wird. Allgemein besteht daher eine Rückgabepflicht nur, wenn die vom Vertragspartner erbrachte Leistung sich noch im Besitz der Schutzperson befindet oder doch wenigstens zu ihrem Nutzen verwendet worden ist (S. 25 f.). Ist die Gegenleistung des Vertragspartners dagegen untergegangen, so wird überwiegend eine Rückgabepflicht überhaupt oder doch jedenfalls bei fehlendem „Verschulden" der Schutzperson abgelehnt (S. 25 f.); diesem Standpunkt ist auch das spanische Recht zuzuzählen, welches bei Verschulden der Schutzperson nach Erlangung der vollen Geschäftsfähigkeit die Anfechtung des Vertrages ausschließt (S. 20). Nur einige anglo-amerikanische Rechtsordnungen gehen weiter, indem sie der Schutzperson bei Unmöglichkeit der Rückgewähr die Anfechtung des Vertrages versagen ohne Rücksicht auf ein Verschulden an der Unmöglichkeit (S. 13 f., 25 f.).

b) Die Rückgabepflicht des *Vertragspartners* richtet sich nach den allgemeinen Vorschriften über die Herausgabe des Eigentums bzw. einer ungerechtfertigten Bereicherung.

2. Für einen *Schadensersatzanspruch* der Schutzperson gelten die allgemeinen Grundsätze des Schadensersatzrechts (S. 27). Der Schadensersatzanspruch des Vertragspartners bedarf dagegen besonderer Betrachtung im Rahmen des allgemeineren Problems, welchen Einfluß das Verhalten der Schutzperson bei Vertragsschluß hat.

III. Verhalten der Schutzperson

Dem Verhalten der Schutzperson bei Eingehen des Vertrages, insbesondere durch Täuschung über das Fehlen ihrer vollen Geschäftsfähigkeit, wird in allen Rechtsordnungen Rechnung getragen; die Wirkungen eines solchen Verhaltens werden jedoch sehr unterschiedlich beurteilt.

Eine arglistige Täuschung über das Fehlen der vollen Geschäftsfähigkeit (im Unterschied zu der bloßen Behauptung, voll geschäftsfähig zu sein) schließt in Frankreich und Italien und in mehreren Staaten der USA das Anfechtungsrecht der Schutzperson aus (S. 17 f.).

In anderen Staaten der USA wird umgekehrt, wenn ein Minderjähriger über seine Geschäftsfähigkeit täuscht, dem Vertragspartner ein Anfechtungsrecht zuerkannt (S. 20 f.).

Die meisten kontinentalen Rechtsordnungen erkennen dem Vertragspartner bei arglistiger Täuschung über das Fehlen der vollen Geschäftsfähigkeit Schadensersatz zu, stellen jedoch besondere Anforderungen an den Nachweis der Arglist und begrenzen außerdem den Ersatz auf das sogenannte negative Interesse (S. 27 ff.).

Von diesen Grundsätzen weichen jedoch die Schweiz und England ab; die Schweiz gewährt dem Vertragspartner einen Schadensersatzanspruch bereits dann, wenn die Schutzperson den Vertragspartner zur Annahme der vollen Geschäftsfähigkeit fahrlässig verleitet hat (S. 27), während England einen Ersatzanspruch überhaupt ausschließt (S. 29).

IV. Kenntnis des Vertragspartners

Alle Rechtsordnungen gehen davon aus, daß der Vertragspartner in der Regel keine Kenntnis davon hat, daß die Schutzperson nicht voll geschäftsfähig ist. Einige Länder sehen daher besondere Regeln für den Fall vor, daß der Vertragspartner weiß oder wissen müßte, den Vertrag mit einer Schutzperson abgeschlossen zu haben.

Als Voraussetzung für das Eingreifen dieser Sonderregeln verlangen Deutschland und die skandinavischen Länder die positive Kenntnis des Vertragspartners von dem Fehlen der Geschäftsfähigkeit und (in Skandinavien) von der fehlenden Zustimmung des gesetzlichen Vertreters (S. 8 f.). Italien und gewisse Staaten der USA fordern dagegen (allerdings nur in bestimmten Fällen) lediglich den auch nur fahrlässig bösen Glauben des Vertragspartners, der insbesondere aus der mangelnden Fairneß des Vertrages gefolgert wird (S. 13, 14).

Auch die *Wirkungen* des bösen Glaubens des Vertragspartners differieren. In Italien und den erwähnten Staaten der USA ist in bestimmten Fällen nur bei bösem Glauben des Vertragspartners die Anfechtung des Vertrages durch die Schutzperson zulässig (S. 17, 18), während in Deutschland und in Skandinavien der Vertragspartner, der die fehlende Geschäftsfähigkeit der Schutzperson und (in Skandinavien) die fehlende Einwilligung ihres gesetzlichen Vertreters kennt, sein Widerrufsrecht teilweise oder völlig einbüßt (S. 8 f.).

Insgesamt gesehen, wird also der Kenntnis des Vertragspartners von der fehlenden Geschäftsfähigkeit der Schutzperson keine wesentliche Bedeutung für den Bestand oder die Vernichtung des Vertrages beigelegt.

V. Zusammenfassung

Überblickt man die in den Abschnitten I–IV rechtsvergleichend zusammengefaßten wesentlichen Punkte der nationalen Regeln über die Wirkungen mangelhafter Geschäftsfähigkeit, so lassen sich hieraus bereits gewisse Folgerungen ablesen.

1. Die Rechtsvergleichung spricht hinsichtlich des am Eingang der Vorbemerkung (oben S. 1 f.) aufgeworfenen Problems, wie die Voraussetzungen von den Wirkungen mangelhafter Geschäftsfähigkeit abzugrenzen seien, nicht zwingend für die kleine oder für die große Lösung. Die nur bei Anfechtbarkeit von Kaufverträgen bestehende Meinungsverschiedenheit, ob das Fehlen der Geschäftsfähigkeit allein oder nur im Zusammenwirken mit weiteren Gründen (wie lésion, böser Glaube, Rückgewähr) die Anfechtung begründet, hat offenbar keine Auswirkungen auf die Ausgestaltung des Anfechtungsrechts im übrigen. Die Berücksichtigung oder der Ausschluß jener außerhalb der Schutzperson liegenden Umstände fördert also nicht die Annäherung oder Einheit der verschiedenen Regeln über die Wirkungen fehlender Geschäftsfähigkeit.

2. Dagegen sind die Folgen fehlender Geschäftsfähigkeit für den Bestand des Vertrages mit den Folgen bei seiner Nichtigkeit verknüpft.

Ein solcher Zusammenhang besteht zunächst zwischen der Anfechtung des Vertrages und der Rückgewährspflicht der Schutzperson, weil gewisse Rechtsordnungen der anglo-amerikanischen Länder und teilweise auch Spanien die Anfechtung von der Möglichkeit der Rückgabe der vom Vertragspartner erbrachten Leistung abhängig machen.

Ebenso besteht ein Zusammenhang zwischen der Anfechtung des Vertrages und der Ersatzpflicht der Schutzperson mit ihrem Verhalten, insbesondere bei Vertragsschluß. Bei schuldhafter (und zwar meist vorsätzlicher) Täuschung über das Fehlen der Geschäftsfähigkeit schließen einige Rechtsordnungen das Anfechtungsrecht der Schutzperson aus, während andere den Vertragspartner lediglich auf einen Schadensersatzanspruch verweisen.

C. Folgerungen für die Vereinheitlichung

Da mit den Folgerungen für die Vereinheitlichung die diesem Bericht gezogenen Grenzen überschritten werden, können die nachstehenden Schlußfolgerungen nur angedeutet werden.

1. Für die Abgrenzung der Wirkungen von den Voraussetzungen fehlender Geschäftsfähigkeit drängt sich aus Gründen der Rechtsvergleichung weder die kleine noch die große Lösung (S. 1 f.) auf. Die große Lösung fördert nicht notwendig die Aussicht auf Rechtseinheit. Jedoch sprechen für sie die oben S. 2 erörterten Gründe.

2. Die Abgrenzung zwischen Voraussetzungen und Wirkungen der fehlenden Geschäftsfähigkeit bereitet – ohne Rücksicht darauf, ob die große oder kleine Lösung gewählt wird – keine wesentlichen Schwierigkeiten. Die Vereinheitlichung der Wirkungen fehlender Geschäftsfähigkeit unter Ausschluß ihrer Voraussetzungen erscheint demnach als möglich.

3. Einer einheitlichen Regelung fähig und bedürftig erscheinen also die folgenden wesentlichen Punkte:

a) der Begriff der Geschäftsfähigkeit (S. 2 ff.),

b) der Zeitpunkt des Fehlens der Geschäftsfähigkeit (S. 4),

c) die Form oder Formen der Unwirksamkeit,

d) das Recht zur Geltendmachung der Nichtigkeit (Anfechtung) S. 11 f.),

e) die Nichtigkeitsgründe (S. 12 ff.) und die damit wohl zusammenhängende (S. 30) Form der Geltendmachung der Nichtigkeit (S. 17),

f) die Bestätigung (S. 18 ff.),

g) das „Recht des Vertragspartners auf Erklärung" oder sein Widerrufsrecht (S. 8 f., 10, 20) und die damit wohl zusammenhängende (S. 30) Frage der Frist für die Geltendmachung der Nichtigkeit (S. 15 f.),

h) die Folgen des Verhaltens der Schutzperson für die Geltendmachung der Nichtigkeit des Vertrages oder für seine Ersatzpflicht (S. 17 f., 27 ff.),

i) die Folgen der Kenntnis des Vertragspartners (S. 33 f.),

j) die Rückgabepflichten der Vertragsparteien (S. 24 ff.).

Teil 2

Voraussetzungen und Wirkungen von Willensmängeln

Ein Willensmangel kann darauf beruhen, daß eine Person etwas erklärt, aber nicht die Absicht hat, daß diese Erklärung rechtlich bedeutsam sein soll. In der deutschen Doktrin wird dies als eine Willenserklärung ohne Geschäftswillen bezeichnet. Hierzu werden die Mentalreservation, die nichternstliche Erklärung und die Simulation gezählt (unten § 1).

In allen anderen Fällen der Willensmängel wird eine Erklärung mit Geschäftswillen abgegeben. Hier ergeben sich die Zweifel an der Gültigkeit der Erklärung daraus, daß der Erklärende X gewollt, aber Z erklärt hat, weil er sich irrte oder unter Zwang oder Drohung handelte (unten §§ 2 ff.).

§ 1

MENTALRESERVATION, NICHTERNSTLICHE ERKLÄRUNG UND SIMULATION

A. Mentalreservation

Bei der Mentalreservation behält sich der Erklärende im geheimen vor, das gegenüber der anderen Partei Erklärte nicht zu wollen und nicht zu tun.

Ein solcher geheimer Vorbehalt ist grundsätzlich unbeachtlich. In dieser Regel stimmen alle Rechtsordnungen überein; § 116 Satz 1 *deut.* BGB; *Österreich:* Ehrenzweig I/1, 219 f.; *Schweiz:* Gmür-Becker, Anm. 18 zu Art. 1 OR; *Frankreich:* Planiol-Ripert VI no. 99; Aubry-Rau IV § 343 S. 422; *Italien:* Cass. 6. 3. 1950, Giur. It. 1951. I. 1, 60; *Niederlande:* Hofmann-van Opstall I 323 f.; Meijers, De grondslag der aansprakelijkheid bij contractueele verplichtingen: WPNR no. 2675–2679 (1921) = Verzamelde Privaatrechtelijke Opstellen 82; siehe auch Art. 3.2.3 Absatz 1 Entwurf Meijers; *Spanien:* Puig Brutau I/2, 184,

190 f.; im Ergebnis auch die *skandinavischen* Länder; siehe § 33 skand. Vertragsgesetze.

Ein Vorbehalt ist nicht mehr „geheim", wenn der Vertragspartner ihn kennt. Weiß der Vertragspartner, daß der Erklärende das von ihm Erklärte nicht will, so ist die Erklärung und der mit ihr verbundene Vertrag nichtig; § 116 Satz 2 *deut.* BGB; *Frankreich:* wie oben; *Schweiz:* Guhl 108 f.; *Spanien:* Puig Peña I/2, 521; dagegen in *Österreich:* Ehrenzweig I/1, 219 f.

Die *anglo-amerikanischen* Länder kennen eine besondere Rechtsfigur der Mentalreservation nicht.

Der geheime und der erkannte Vorbehalt sind im praktischen Rechtsleben aller Länder nahezu bedeutungslos. Trotz der übereinstimmenden Regelung dieses Problems dürfte es nicht erforderlich sein, ein einheitliches Gesetz mit dieser Frage zu belasten.

B. Nichternstliche Erklärung

Die Rechtsfolgen einer nicht ernsthaft gemeinten (z. B. zum Scherz abgegebenen) Erklärung werden, soweit man sich mit dieser Frage überhaupt befaßt, ähnlich wie bei der Mentalreservation beurteilt.

Erkennt der Vertragspartner den Mangel der Ernsthaftigkeit der ihm gegenüber abgegebenen Erklärung nicht, so wird die Erklärung trotz des Vorbehalts für gültig angesehen; *Deutschland:* RG 24. 11. 1941, RGZ 168, 204; *Schweiz:* Oser-Schönenberger, Anm. 57 zu Art. 1 OR; *Österreich:* Ehrenzweig I/1, 220.

Erkennt der Vertragspartner den Mangel der Ernsthaftigkeit der ihm gegenüber abgegebenen Erklärung, so ist die Erklärung wie bei einem erkannten geheimen Vorbehalt nichtig; *Österreich:* § 869 Satz 1 ABGB und dazu Ehrenzweig I/1, 220; *Schweiz:* Oser-Schönenberger, Anm. 55 zu Art. 1 OR; *Skandinavien:* § 33 skand. Vertragsgesetze und dazu Ussing 173.

Das *deutsche* Gesetzesrecht geht in der Beachtung des Scherzcharakters der Erklärung weiter und läßt eine nicht ernstlich gemeinte Erklärung schon dann nichtig sein, wenn sie in der Erwartung abgegeben wurde, daß der Vertragspartner den Mangel der Ernstlichkeit erkennen würde; § 118 BGB. Der Schutz des Vertragspartners wird in diesem Fall durch die Schadensersatzpflicht des Erklärenden hergestellt, die sich jedoch auf das sogenannte negative Interesse beschränkt (das ist der Schaden, den der Vertragspartner durch das Vertrauen auf die Gültigkeit der Erklärung erlitten hat); eine Schadensersatzpflicht entfällt, wenn der Vertragspartner die mangelnde Ernstlichkeit der Erklärung kannte oder erkennen mußte; § 122 BGB. Diese Regeln werden jedoch praktisch durch die Behandlung der Erklärungen, deren fehlende Seriosität der Vertragspartner nicht erkannt hat (vorletzter Absatz), wieder wesentlich eingeschränkt. Im Ergebnis dürfte das deutsche Recht mit der allgemeinen mitteleuropäischen Lösung übereinstimmen.

In den *anglo-amerikanischen* Rechtsordnungen ist das Scherzgeschäft als besondere Institution nicht bekannt.

Voraussetzungen und Folgen der nichternstlichen Erklärung bedürfen jedoch ebensowenig wie die Mentalreservation einer international einheitlichen Regelung, weil solche Erklärungen praktisch keine Bedeutung haben.

C. Simulation

Die Simulation steht den Fällen des offenen, vom Vertragspartner erkannten Vorbehalts (des Nichtwollens oder der Nicht-Ernsthaftigkeit) insofern nahe, als sich beide Parteien des Scheingeschäfts einig sind, daß die Willenserklärungen der Parteien nur zum Schein abgegeben werden. Zum Unterschied von Mentalreservation und nichternstlicher Erklärung *kann* das Scheingeschäft ein wirklich gewolltes Rechtsgeschäft verbergen; aber ein solcher dissimulierter Vertrag braucht nicht vorhanden zu sein. In der Doktrin der romanischen Länder wird dieser letzte Fall als absolute, der erste Fall als relative Simulation bezeichnet.

I. Der simulierte Vertrag

1. Grundsatz der Ungültigkeit

Alle Rechtsordnungen erklären einen simulierten Vertrag zwischen den Parteien für absolut nichtig; § 117 I *deut.* BGB; § 916 I Satz 1 *öst.* ABGB; allgemein anerkannte Auslegung von Art. 18 I *schweiz.* OR, siehe BG 27. 5. 1952, BGE 78 II 221, 224; Art. 1414 I *ital.* cc; im Ergebnis auch die *skand.* Länder, siehe § 33 Vertragsgesetze und Ussing 173 ff. sowie Almén-Eklund 143 ff. In den romanischen Ländern (aber nicht mehr in Italien) steht dieses Ergebnis im Zusammenhang mit der Theorie der causa: die simulierte causa ist eine „falsche causa" und teilt deren Nichtigkeit; Art. 1131 *franz.* cc; Art. 1371 *nied.* BW. Auch *Spanien* regelt die Simulation im Rahmen der „falschen causa" und erklärt das Scheingeschäft für nichtig; Art. 1276 cc. Diese Rechtsfolge tritt jedoch nur ein bei absoluter Simulation; siehe die Entscheidungen bei Puig Brutau I/2, 188. Wird dagegen durch das Scheingeschäft ein anderer Vertrag verdeckt, so ist das Scheingeschäft anfechtbar durch Klage, die binnen 4 Jahren seit Vertragsabschluß erhoben werden muß; Art. 1301 cc. Im Ergebnis dürfte sich diese Anfechtbarkeit nach spanischem Recht von der Nichtigkeit kaum unterscheiden, da nicht anzunehmen ist, daß die Parteien Anlaß haben werden, ihr Einverständnis über den Schein-Charakter des simulierten Geschäfts gerichtlich aussprechen zu lassen.

2. *Einschränkungen*

a) Eine gewisse Einschränkung erleidet die Nichtigkeit des simulierten Vertrages aus *Beweisgründen*. In *Frankreich* wird vermutet, daß die im Vertrag ausgedrückte causa die von den Parteien beabsichtigte ist, so daß derjenige, der sich auf ihre Unwirksamkeit beruft, dies beweisen muß; Cass. civ. 5. 12. 1900, S. 1901. 1. 229; Paris 12. 5. 1944, D. 1945.90; 26. 11. 1953, Gaz. Pal. 1954.1.62; Livre IV Art. 40 II Avant-projet cc.

Auch in den meisten anderen Ländern dürfte nach den allgemeinen Grundsätzen des Beweisrechts derjenige, der sich auf die Nichtigkeit des Scheingeschäfts beruft, nachzuweisen haben, daß ein dem äußeren Anschein nach vorhandener Vertrag in Wahrheit simuliert ist.

b) Die wichtigste Einschränkung der Nichtigkeit des simulierten Vertrages besteht *gegenüber Dritten*. Die Interessen dritter Personen werden durch die Simulation in unterschiedlicher Richtung berührt, je nachdem, ob der Dritte Rechte gegen den durch die Simulation scheinbar begünstigten Vertragspartner hat oder ob er Rechte gegen den durch die Simulation scheinbar Benachteiligten hat.

(aa) Der *Dritte mit Rechten* gegen die durch die *Simulation begünstigte Vertragspartei* hat alles Interesse an der Aufrechterhaltung des durch den simulierten Vertrag erzeugten Scheins. Diesem Interesse entsprechen die romanischen Rechtsordnungen besonders weitgehend. Nach ausdrücklicher Bestimmung ist gegenüber Dritten eine Berufung auf die Nichtigkeit des Scheingeschäfts ausgeschlossen; Art. 1321 *franz.* cc; Art. 1415 I *ital.* cc; *Spanien:* Analogie zu Artt. 1219, 1230 cc, siehe Puig Brutau 189 f.; *Niederlande:* Art. 1910 BW und HR 9. 2. 1940, N.J. 1940 no. 302; ebenso Art. 3.2.3 Entwurf Meijers; Art. 2239 *Louisiana* cc; § 916 II *öst.* ABGB; § 34 der *skand.* Vertragsgesetze. Bedeutsam ist diese Schutzbestimmung vor allem für Dritte, die Rechte von der durch das Scheingeschäft begünstigten Vertragspartei erworben haben; auf diesen Fall sind die Regeln in Österreich, Italien und den skandinavischen Staaten ausdrücklich abgestellt. Alle anderen erwähnten Vorschriften sind dagegen allgemein gefaßt und sichern daher namentlich auch die Gläubiger des durch den Scheinvertrag begünstigten Vertragspartners. *Italien* erreicht durch eine besondere Bestimmung nahezu dasselbe, gewährt Schutz jedoch nur solchen Gläubigern, die in das dem begünstigten Vertragspartner scheinbar übertragene Vermögen vollstreckt haben; Art. 1416 I cc.

Aus dem Wortlaut der einschlägigen gesetzlichen Vorschriften wird teilweise gefolgert, daß der Schutz des Dritten nur besteht, wenn der simulierte Vertrag schriftlich abgefaßt ist; *Schweden:* Almén-Eklund 150; *Niederlande:* Hof Arnhem 21. 5. 1958, N.J. 1959 no. 210; *Dänemark:* zweifelnd Ussing 167.

In anderen Ländern wird der Schutz dieser Gruppe von Dritten den allgemeinen Sätzen über den Schutz gutgläubiger Erwerber, namentlich von dinglichen Rechten, überlassen. In *Deutschland* und der *Schweiz,* die den gutgläubigen Erwerb von Forderungen grundsätzlich ausschließen, schützt eine Sonderbestimmung den gutgläubigen Dritten, dem eine Forderung abgetreten und dabei eine Urkunde über die abgetretene, aber simulierte Forderung vorgelegt worden ist; § 405 BGB; Art. 18 II schweiz. OR. Der Schutz anderer Dritter als Erwerber, z. B. eines Gläubigers des durch Scheingeschäft begünstigten Vertragspartners, wird in der Schweiz dadurch verwirklicht, daß in diesem Fall die Vertragspartner die Nichtigkeit des Scheinvertrages nicht geltend machen können, weil darin ein Rechtsmißbrauch liegen würde; BG 17. 10. 1946, BGE 72 II 358. Auch das deutsche Reichsgericht ist in einem Fall mit eingehender Begründung zu demselben Ergebnis gelangt; RG 23. 5. 1917, RGZ 90, 273 (278 ff.); siehe auch RG 14. 1. 1913, DJZ 1913, 531.

Der Schutz des Dritten wird nahezu überall von seinem guten Glauben abhängig gemacht; er darf also den wahren Charakter des Scheingeschäfts nicht gekannt haben oder haben erkennen müssen; § 405 *deut.* BGB; § 916 II *öst.* ABGB; Art. 18 II *schweiz.* ZGB; Artt. 1415 I, 1416 I *ital.* cc; § 34 *skand.* Vertragsgesetze; *Frankreich:* Cass. civ. 8. 3. 1893, D.P. 1893.1.243.

(bb) Die Stellung eines *Dritten,* der *Rechte gegen* die durch die *Simulation benachteiligte Vertragspartei* hat, wird gesetzlich nirgends ausdrücklich geregelt. Können sich diese Dritten auf die (ihnen günstige) Nichtigkeit des Scheinvertrages ohne weiteres (obwohl dieser eine res inter alios acta ist) berufen? Oder müssen sie sich etwa den Ausschluß dieser Nichtigkeit entgegenhalten lassen, der in den romanischen Rechtsordnungen ganz allgemein gegenüber Dritten angeordnet ist? Hiergegen spricht, daß die Nichtigkeit des Scheinvertrages den hier behandelten Dritten nicht *entgegen*gehalten wird, sondern daß sie sich selbst *darauf* berufen wollen.

Soweit die hier gestellte Frage überhaupt Beachtung gefunden hat, wird dem Dritten gegenüber den *Vertragsparteien* heute allgemein gestattet, sich auf die Nichtigkeit des Scheingeschäfts zu berufen, soweit er daran ein Interesse hat, insbesondere wenn die Simulation ihm schadet; Art. 1415 II *ital.* cc; *Frankreich:* Cass. civ. 8. 3. 1893, D.P. 1893.1.243; 25. 2. 1946, D. 1946, 254; *Spanien:* Ständige Rechtsprechung, siehe Puig Brutau 189 f.; *Louisiana:* Ideal Savings Homestead Ass. v. Gould, 163 La. 442, 112 So. 40 (1927); *Deutschland:* RG 25.4.1911, Seuff.-Arch. 67 Nr. 73; RG 30. 1. 1909, Seuff. Arch. 64 Nr. 150; *Schweiz:* Guhl 110; *Österreich:* Klang-Gschnitzer, Anm. A II 2 zu § 916 ABGB. In Frankreich und Spanien muß der Dritte die Nichtigkeit des Scheingeschäfts jedoch gerichtlich feststellen lassen (action en déclaration de simulation). Da es sich hierbei nicht um eine Nichtigkeitsklage handelt, verjährt die Klage in Frankreich nicht nach den Bestimmungen des Art. 1304 cc, sondern nach der allgemeinen Verjährungsfrist von 30 Jahren; Cass. civ. 13. 3. 1934, D.P. 1936.1.79.

(cc) Der *Dritte* mit Rechten gegen die durch die Simulation *benachteiligte Vertragspartei* kann sich dagegen im Verhältnis zu einem *Dritten,* der Rechte gegen die durch das Scheingeschäft *begünstigte Vertragspartei* hat, regelmäßig nicht auf die Nichtigkeit der Simulation berufen. Im Verhältnis zwischen diesen beiden Kategorien von Dritten wird die zuletzt erwähnte Gruppe der Dritten im allgemeinen bevorzugt; so ausdrücklich Artt. 1415 I, 1416 II *ital.* cc, allerdings mit der Einschränkung, daß bei einem Konflikt von Gläubigern der beiden Kategorien die Gläubiger des scheinbar Benachteiligten vorgehen, wenn ihre Forderung vor Abschluß des Scheinvertrages entstanden war; ohne diese Einschränkung *Frankreich:* Cass. civ. 2. 2. 1852, D.P. 1852. 1. 49; Cour Nîmes 16. 5. 1927, D.P. 1929.2.68; *Louisiana:* Hiriart v. Roger, 13 La. 126 (1839).

3. Fiduziarisches Geschäft, Strohmann

Kein Simulationsgrund ist nach der heute wohl überwiegenden Auffassung der fiduziarische Zweck eines Rechtsgeschäfts als solcher; *Deutschland:* Staudinger-Coing, Anm. 20 zu § 117 BGB; *Schweiz:* Guhl 110; *Österreich:* OGH 8. 6. 1949, SZ 22 Nr. 86; *Italien:* Cass. 2. 9. 1953, Giur. It. 1954. I. 1, 751; Cass. 18. 1. 1955 n. 103, Giust civ. Mass. 1955, 35; *Dänemark:* Ussing 169.

Umstritten ist, ob diese Regel auch für einen Vertrag auf Übereignung einer Sache als Sicherheit gilt, bei der der Verkäufer den Besitz der Sache behält (Sicherungsübereignung). Nach Art. 2480 *Louisiana* cc wird bei einer solchen Vereinbarung eine Simulation vermutet. In anderen Rechtsordnungen kann sich die Nichtigkeit dieses Geschäfts jedoch aus anderen Gründen ergeben; Art. 717 *schweiz.* ZGB.

Ebensowenig ist es ein Scheingeschäft, wenn für eine Person ein Strohmann auftritt, der zunächst die Pflichten und Rechte als Vertragspartei übernehmen will, dabei jedoch für den Hintermann handelt, dessen Existenz dem Vertragspartner verschwiegen wird; *Deutschland:* BGH 9. 10. 1956, BGHZ 21, 378; *Österreich:* Klang-Gschnitzer, Anm. C I 1 zu § 916 ABGB; anders das obiter dictum des OGH 30. 10. 1934,

Rspr. 1935 Nr. 103. Auch mit Gläubigergefährdung und Gesetzesumgehung deckt sich die Simulation nach der heute wohl herrschenden Auffassung nicht notwendig; *Deutschland:* Staudinger-Coing, Anm. 20ff. zu § 117 BGB. Freilich dient die Simulation in praxi oft solchen Zwecken.

In *Frankreich* hingegen, wo für Treuhand- und Strohmanngeschäfte keine Sonderregeln entwickelt worden sind, fallen diese Institute unter die Simulation.

II. Der dissimulierte Vertrag

1. Konstruktion

Bei „relativer Simulation" geben die Vertragspartner vor, X zu wollen, während sie in Wirklichkeit Z wollen. Konstruktiv gesehen scheinen die *romanischen* Rechtsordnungen den Vertrag über X und Z als einheitlichen Vertrag aufzufassen mit zwei verschiedenen „causae", während das *deutsche* und das *österreichische* Recht von zwei verschiedenen Verträgen sprechen. Diese unterschiedliche Betrachtungsweise ändert in der Sache nichts.

2. Grundsatz der Gültigkeit

Der durch einen simulierten Vertrag verdeckte dissimulierte Vertrag ist in keiner Rechtsordnung deswegen ungültig, weil er durch den simulierten Vertrag verdeckt wurde und dieser grundsätzlich nichtig ist; § 117 II *deut.* BGB; § 916 I 2 *öst.* ABGB; Art. 18 I *schweiz.* OR; Art. 1414 II *ital.* cc; Art. 1321 *franz.* cc und Livre IV Art. 6 Avant-projet cc; Artt. 1372, 1910 *nied.* BW; Art. 1276 *span.* cc.

Die Gültigkeit des dissimulierten Vertrages wird vielmehr selbständig beurteilt. In der Praxis ist allerdings ein dissimulierter Vertrag häufig ungültig, weil die Parteien durch Abschluß des simulierten Vertrages die Beobachtung von Form- oder Preisvorschriften vermeiden wollten, deren Verletzung den in Wahrheit gewollten dissimulierten Vertrag ungültig macht.

3. Einschränkungen

Einschränkungen erleidet der Grundsatz der Gültigkeit des dissimulierten Vertrages insoweit, als das simulierte Rechtsgeschäft gutgläubigen Dritten gegenüber wirksam ist (oben I 2b): in diesem Rahmen wirkt auch der dissimulierte Vertrag nicht gegenüber Dritten.

Für den Nachweis des dissimulierten Vertrages gelten die allgemeinen Grundsätze des Beweisrechts wie bei einem Beweis anderer Verträge; *Deutschland:* BayObLG, Recht 1915 Nr. 423; *Frankreich:* Cass. civ. 5. 12. 1900, S. 1901.1.229.

D. Rechtsvergleichende Folgerungen

Aus der rechtsvergleichenden Übersicht über Mentalreservation, nichternstliche Erklärung und Scheingeschäft lassen sich nach Ansicht des Instituts folgende Vorschläge für eine einheitliche Regelung ableiten:

1. Keiner Festlegung in einem einheitlichen Gesetz bedürfen die Mentalreservation und das Scherzgeschäft, da sie im praktischen Rechtsleben so gut wie keine Bedeutung haben.

2. Dagegen hat das Scheingeschäft in fast allen Ländern eine praktische Bedeutung, die eine ausdrückliche Vorschrift rechtfertigen dürfte.

3. Da die Wirkungen des Scheinvertrages zwischen den Parteien in den untersuchten Rechtsordnungen übereinstimmen, dürfte die Formulierung einer entsprechenden Vorschrift keine wesentlichen Schwierigkeiten bereiten.

4. Hinsichtlich der Wirkung des Scheinvertrages gegenüber dritten Personen kann es zunächst zweifelhaft sein, ob eine solche Regelung noch in den Geltungsbereich eines Abkommens über die sachliche Gültigkeit von Kaufverträgen gehört. Wird diese Frage verneint, so dürfte es sich zumindest empfehlen, bei der Formulierung der Wirkungen der Simulation zwischen den beteiligten Vertragsparteien (oben 3) einen ausdrücklichen Vorbehalt zugunsten Dritter zu machen.

Sollen dagegen die Wirkungen der Simulation gegen Dritte in die einheitliche Regelung einbezogen werden, so wird man sich angesichts des allgemein anerkannten Schutzbedürfnisses nicht eingeweihter Dritter vielleicht mit einer Generalklausel begnügen können, wonach gutgläubige Dritte je nach ihrem Interesse sich auf die Nichtigkeit oder auf die Wirksamkeit des Scheinvertrages berufen können.

Der Konflikt gutgläubiger Dritter auf beiden Seiten (oben S. 41) würde durch solche Formel allerdings nicht gelöst, bedarf aber, da er nur selten auftreten wird, wohl auch keiner Regelung.

5. Es dürfte sich empfehlen, ausdrücklich klarzustellen, daß der fiduziarische Zweck eines Geschäfts kein Simulationsgrund ist.

§ 2

IRRTUM

A. Abgrenzung des Themas und Terminologie

I. Irrtum und Dissens

Alle Rechtsordnungen, für die ein Vertrag auf dem Konsens der Parteien beruht, unterscheiden der Sache nach den Irrtum vom Dissens. Dissens als das Fehlen eines Konsenses der Parteien kann das Entstehen eines Vertrages verhindern. Ein Irrtum ist erst zu berücksichtigen, wenn feststeht, daß ein Vertrag zustandegekommen ist.

Allerdings kann auch ein Dissens der Vertragspartner auf einem Irrtum beruhen. In diesem Fall ist zunächst nach den einschlägigen Grundsätzen des Vertragsrechts festzustellen, ob der Dissens den Abschluß des Vertrages verhindert hat oder nicht. Entsprechen sich Angebot und Annahme nach ihrem äußeren, objektiven Sinn, so wird in der Regel kein Dissens vorliegen. Hat sich dabei aber ein Vertragspartner in seiner Erklärung geirrt, so stellt sich nunmehr die Frage, ob er diesen Irrtum nach den hierauf anzuwendenden Regeln geltend machen kann.

Diese Unterscheidung und Abgrenzung zwischen Irrtum und Dissens wird in den germanischen Rechtsordnungen ausdrücklich anerkannt; *Deutschland:* zuletzt BGH 31. 5. 1961, WM 1961, 785; *Österreich:* Ehrenzweig I/1, 240; Klang-Gschnitzer, Anm. VI 3 zu § 869 ABGB; *Schweiz:* Oser-Schönenberger, Anm. 58 zu Art. 1 OR; BG 16. 2. 1938, BGE 64 II 9, 11 ff. Dieselbe Lösung dürfte aber auch für alle anderen Rechtsordnungen gelten. Siehe *England:* Frederick E. Rose (London), Ltd. v. William H. Pim Jnr. & Co., Ltd., [1953] 2. Q.B. 450, 460 (C.A.) per Denning, L.J.; *USA:* Southern Railway Co. v. Birmingham Rail Co., 210 Ala. 540, 98 So. 727 (1924).

Der von einem Teil der *französischen* Lehre unternommene Versuch, besonders schwerwiegende Arten des Irrtums, nämlich über die Rechtsnatur des Vertrages, den Vertragsgegenstand und die cause unter der Bezeichnung „erreur obstacle" (erreur destructive de consentement) als Dissens zu behandeln, ist von der Rechtsprechung und dem modernen Schrifttum im Ergebnis abgelehnt worden; Cass. req. 9. 6. 1947, S. 1949.1.75; auch Cass. civ. 4. 1. 1949, D. 1949.135, Betrug; anders in der Begründung Cass. req. 9. 12. 1913, Gaz. Pal. 1914.1.229 und neuerdings im Ergebnis Cass. 15. 1. 1961, Rev. trim. droit comm. 15 (1962) 96. Auch in diesen Irrtumsfällen sollen die Irrtumsregeln gelten, weil die Nichtigkeit bzw. Nichtexistenz des Vertrages eine zu starre Lösung wäre; Planiol-Ripert VI no. 176; Colin-Capitant II no. 651. Auch der neue *italienische* Codice civile hat die in Italien früher anerkannte Sonderstellung des errore ostacolo beseitigt. Als Dissens wird dagegen der Irrtum über die Rechtsnatur des Vertrages jedenfalls teilweise noch in den *Niederlanden* betrachtet; Hofmann-van Opstall I 328 Anm. 3.

Das Einheitliche Gesetz über den Abschluß internationaler Kaufverträge (Loi uniforme sur la vente internationale des objets mobiliers corporels – Uniform Law on the International Sale of Goods, abgedruckt in RabelsZ 29 [1965] 170 ff.) hat entgegen früherer Erwartung nicht den Dissens geregelt. Es beschränkt sich auf die „äußeren Probleme des Konsenses, nämlich das Wirksamwerden der einzelnen Vertragserklärungen und das Zustandekommen des Vertrages" (von Caemmerer, RabelsZ 29 [1965] 110). Die Wirkungen eines Dissenses werden daher wohl ebenfalls noch in die hier erörterten Gültigkeitsfragen einbezogen werden müssen. Dieser Bericht behandelt jedoch den Dissens als solchen nicht.

II. Irrtum und Unmöglichkeit

Gelegentlich irren sich die Parteien oder irrt sich eine Partei über das Bestehen der verkauften Sache, indem von ihrer Existenz ausgegangen wird, während sie in Wirklichkeit bei Vertragsschluß untergegangen war. Ein solcher Irrtum ist lediglich ein Ausschnitt aus dem allgemeinen Problem, das sich stellt, wenn eine Partei oder beide Parteien über die von ihnen regelmäßig als selbstverständlich vorausgesetzte Möglichkeit irren, den Kaufvertrag erfüllen zu können. Praktische Bedeutung dürfte dieser Irrtum bei internationalen Warenkäufen sowohl für den Verkäufer haben – in dem eingangs erwähnten Fall des Untergangs der Kaufsache – als auch für den Käufer – so namentlich bei devisenrechtlichen Beschränkungen des Transfers des Kaufpreises.

Einige Rechtsordnungen behandeln das umrissene Problem unter dem Gesichtspunkt eines Irrtums über die Möglichkeit der Erfüllung des Kaufvertrages. Andere Rechtsordnungen haben dagegen die Lösung aus den allgemeinen Regeln über den Irrtum herausgehoben und stellen entscheidend auf die bei Vertragsschluß gegebene Unmöglichkeit als solche ab. Diesen letzten Weg wird auch dieser Bericht einschlagen. Einmal erleichtert es die Übersicht, wenn die ohnehin überaus komplizierte Darstellung des Irrtumsrechts von diesem Sonderfall entlastet werden kann. Aus der Sache selbst heraus läßt sich anführen, daß die Rechtsordnungen, die das Problem als Fall eines Irrtums über die Möglichkeit der Vertragserfüllung betrachten, für die Folgen dieses besonderen Irrtums spezielle, vom allgemeinen Irrtumsrecht abweichende Regeln aufgestellt haben. Die Darstellung dieser Frage erfolgt unter dem Titel „anfängliche Unmöglichkeit" (Teil 3 § 3, unten S. 166 ff.).

III. Uneigentlicher Irrtum

Die kontinentalen Rechtsordnungen unterscheiden den Irrtum im engen Sinn des Wortes von dem uneigentlichen Irrtum. Ein „eigentlicher Irrtum" liegt vor, wenn der Wille des Erklärenden und der Wortlaut seiner Erklärung sich decken, ohne daß bei der Fixierung der Erklärung oder bei ihrer Übermittlung an den Vertragspartner Fehler entstanden sind. Der eigentliche Irrtum entsteht also bei der Bildung des Willens infolge einer falschen Beurteilung der Wirklichkeit.

Zum uneigentlichen Irrtum zählt in erster Linie der sogenannte Erklärungsirrtum: der Erklärende verspricht oder verschreibt sich bei Abgabe seiner Erklärung. Eng verwandt ist der Übermittlungsirrtum. Die Erklärung wird zwar entsprechend dem Willen des Erklärenden niedergelegt, sie wird jedoch bei ihrer Übermittlung an den Vertragspartner verändert. Der uneigentliche Irrtum wird in der wissenschaftlichen Lehre vieler Länder überhaupt nicht zu den Willensmängeln gerechnet, weil er – anders als der eigentliche Irrtum – eine Einigung der Parteien verhindere; daher wird auch dieser Irrtum in den romanischen Ländern vielfach als „erreur obstacle" („erreur destructive de consentement") bezeichnet. Gesetzgebung und Rechtsprechung behandeln den uneigentlichen Irrtum jedoch überwiegend nach denselben Regeln wie den eigentlichen Irrtum. Auch das Einheitliche Gesetz über den Abschluß internationaler Kaufverträge von 1964 regelt den uneigentlichen Irrtum nicht. Daher muß er in diesem Bericht berücksichtigt werden, und zwar im Anschluß an den eigentlichen Irrtum (unten C, S. 91 ff.).

IV. Irrtum und Vertragswidrigkeit der Kaufsache

Art. 34 des Einheitlichen Kaufgesetzes von 1964 bestimmt:

„Dans les cas prévus à l'article précédent, les droits reconnus à l'acheteur par la présente loi excluent tous autres moyens fondés sur un défaut de conformité de la chose."

Im Gegensatz zu dem unmittelbaren Vorläufer dieser Bestimmung, Art. 41 des Entwurfs der Sonderkommission von 1956 („Dans les cas prévus à l'article précédent, les droits reconnus à l'acheteur par la présente loi excluent tous autres moyens que cet acheteur pourrait invoquer en sa faveur, notamment ceux qui seraient fondés sur l'erreur"; siehe auch RabelsZ 22 [1957] 142), schließt Art. 34 die Regeln über die Geltendmachung eines Irrtums nicht mehr ausdrücklich aus. In der Sache ist damit jedoch nichts geändert. Der ausdrückliche Ausschluß der Regeln über den Irrtum diente auch im Entwurf von 1956 nur der erläuternden Hervorhebung eines besonders wichtigen Falles. Der Verzicht auf dieses Beispiel wurde auf der Haager Konferenz im April 1964 nur deswegen gefordert, weil das Einheitliche Kaufgesetz möglichst wenig den Bereich der Vertragsgültigkeit berühren sollte, der nach Art. 8 außerhalb seines Geltungsbereichs bleibt. Ein sachlicher Unterschied besteht also zwischen Art. 34 des Einheitlichen Kaufgesetzes und Art. 41 des Entwurfs von 1956 nicht (so auch Riese, RabelsZ 29 [1965] 47).

Art. 34 des Einheitlichen Kaufgesetzes schließt die Regeln über den Irrtum unter zwei Voraussetzungen aus: es muß sich um einen *Irrtum des Käufers* handeln, und dieser muß sich auf die in Art. 33 umschriebene *Vertragswidrigkeit* der gelieferten Kaufsache beziehen.

Auf Grund von Art. 34 bestimmen sich also die Rechtsfolgen eines Irrtums des Käufers über die Vertragsmäßigkeit der Kaufsache ausschließlich nach dem Kaufgesetz. Dieser Vorrang des Kaufrechts gegenüber dem Irrtumsrecht geht übrigens erheblich weiter als die entsprechende von der deutschen Rechtsprechung anerkannte Regel, da nicht nur ein Sachmangel, sondern ganz allgemein jede in Art. 33 aufgeführte Vertragswidrigkeit der Kaufsache Rechtsbehelfe wegen eines Irrtums des Käufers ausschließt. Voraussetzungen und Folgen eines Irrtums nach dem allgemeinen Vertragsrecht braucht dieser Bericht insoweit nicht zu erörtern.

Die Abgrenzung der Irrtumsfälle, die dem Kaufgesetz unterstehen, von den dort nicht geregelten Irrtumsfällen ist bei den Verhandlungen der von der Haager Konferenz 1951 eingesetzten Sonderkommission und auf der Haager Konferenz 1964 kurz erörtert worden. Die Unterkommission der Sonderkommission zur Formulierung des Art. 37a (jetzt Art. 34) schlug am 21. 4. 1954 vor, diese Bestimmung wie folgt zu fassen (Dokument Nr. 114):

„Dans les cas prévus à l'article 37 l'acheteur ne peut se prévaloir que des dispositions de cette loi.

Dans ces cas il ne peut pas invoquer les dispositions d'une loi nationale en se fondant sur le fait que le contrat a été formé sous l'influence d'une erreur sur l'identité, la qualité ou la quantité de la chose vendue sauf le cas où il y a fraud de la part du vendeur."

Damit sollten die nationalen Rechtsregeln ausgeschlossen werden, die wegen Irrtums über die Identität, die Qualität und die Quantität der Kaufsache Rechtsbehelfe vorsehen. Aus welchem Grunde dieser Vorschlag nicht endgültig angenommen wurde, ist aus den Protokollen nicht festzustellen. – Auf der Haager Konferenz 1964 wiesen Tunc und Zepos darauf hin, daß Art. 34 nur den Irrtum über die „Substanz" der Kaufsache (dazu unten S. 48 f.) ausschließe. Andere Fragen des Irrtums würden gemäß Art. 8 vom Einheitlichen Kaufgesetz nicht berührt.

An dieser Stelle läßt sich zur Grenzziehung generell nur sagen: Die Abgrenzung hat überhaupt keine Bedeutung für Irrtümer des *Verkäufers.* Art. 34 des Kaufgesetzes gilt ferner nicht für den Irrtum des Käufers über *Rechtsmängel.* Für diese ist nunmehr in Art. 53 des Einheitlichen Kaufgesetzes eine dem Art. 34 entsprechende Regel aufgenommen worden. Danach bestimmen sich auch die Folgen von Rechtsmängeln der Kaufsache ausschließlich nach den Regeln des Einheitlichen Kaufgesetzes. Andere Rechtsbehelfe des Käufers sind ausgeschlossen. Die Sonderkommission hat diese Ergänzung erst auf Grund der Stellungnahmen zum Entwurf von 1956 vorgeschlagen. Da dieser Entwurf das Eingreifen anderer als der kaufrechtlichen Rechtsbehelfe noch nicht ausgeschlossen hatte, war auch dieser Bericht zunächst davon ausgegangen, daß ein Rechtsmangel als Willensmangel oder in anderer Weise nach dem allgemeinen Vertragsrecht beachtlich sein kann. Diese Partien des Berichts werden im folgenden wiedergegeben, obwohl sie für die vorbereitenden Arbeiten zur Vereinheitlichung der Regeln über die Vertragsgültigkeit praktisch nicht mehr relevant sind.

B. Eigentlicher Irrtum

I. Voraussetzungen

Keine Rechtsordnung erklärt den Irrtum eines Vertragspartners für völlig unbeachtlich, aber keine Rechtsordnung beachtet auch alle Irrtümer. Jede Rechtsordnung muß daher zwischen rechtserheblichen und unerheblichen Irrtümern unterscheiden.

1. Gesetzliche Generalklauseln

Für die rechtliche Erfassung des beachtlichen Irrtums besagt sehr wenig die psychologische Definition des Tatsachenirrtums in einigen Einzelstaaten der *USA;* s. 1577 California cc und die entsprechenden Bestimmungen von Montana, North und South Dakota sowie Oklahoma; s. 37–202 Code of Georgia; Art. 1821 Louisiana cc. Ebenfalls völlig unbestimmt drückt sich auch § 33 der *skand.* Vertragsgesetze aus; danach kann sich der Empfänger einer Erklärung auf diese nicht berufen, wenn die Umstände bei ihrem Zustandekommen derart waren, daß die Geltendmachung der Erklärung gegen Treu und Glauben verstoßen würde. Diese Bestimmung dient als allgemeine Grundlage für die Beurteilung nicht nur des Irrtums, sondern auch anderer Willensmängel und Ungültigkeitsgründe.

Für alle Rechtsordnungen läßt sich der rechtserhebliche Irrtum mit Art. 23 *schweiz.* OR und Art. 1428 *ital.* cc allgemein dahin umschreiben, daß es sich um einen „wesentlichen Irrtum" handeln muß. Auch diese Generalklausel ist jedoch in sich zu unbestimmt und bedarf für jede Rechtsordnung der Präzisierung, die der Schweizer und italienische Gesetzgeber auch tatsächlich geben.

In den *romanischen* Rechtsordnungen (außer Italien) gibt es ebenfalls eine Generalklausel, die nur wenig detaillierter ist, dennoch aber die einzige gesetzliche Vorschrift über die Voraussetzungen des Irrtums darstellt. Rechtserheblich ist danach ein Irrtum, der sich auf die „Substanz" des Vertragsgegenstandes bezieht; ein Irrtum über den Vertragspartner ist nur dann zu beachten, wenn der Vertrag hauptsächlich mit Rücksicht auf diese Person abgeschlossen wurde; Art. 1110 *franz.* cc; Art. 1358 *nied.* BW; Art. 1266 *span.* cc. Frankreich und die

Niederlande lassen es bei dieser Formel bewenden; Spanien hat die wesentliche Erweiterung hinzugefügt, wonach ein Irrtum auch dann erheblich ist, wenn er sich auf solche Eigenschaften des Vertragsgegenstandes bezieht, welche das wichtigste Motiv für den Vertragsabschluß gewesen sind.

Mit keiner dieser Generalklauseln läßt sich allerdings die Grenze zwischen rechtserheblichem und unerheblichem Irrtum exakt abstekken.

2. *Detaillierte gesetzliche Normen*

Eine eingehendere gesetzliche Umschreibung der Voraussetzungen des Irrtums enthalten erst die neueren Kodifikationen Italiens, Österreichs – III. Teilnovelle zum ABGB von 1916 –, der Schweiz und Deutschlands. Eine Sonderstellung nehmen Louisiana und Georgia mit ganzen Abschnitten von 26 bzw. 12 Bestimmungen ein. Im einzelnen unterscheiden sich diese gesetzlichen Regelungen nach Methode und Ausführlichkeit erheblich.

Am abstraktesten ist § 119 *deut.* BGB gefaßt. Diese Vorschrift unterscheidet in Abs. 1 den Irrtum über den Inhalt der Erklärung und den Mangel des Willens, „eine Erklärung dieses Inhalts überhaupt" abzugeben; dieser zuletzt erwähnte Fall betrifft den Erklärungsirrtum, der erst später behandelt wird (unten C). Der Inhaltsirrtum ist nur beachtlich, wenn der Erklärende bei Kenntnis der Sachlage und vernünftiger Würdigung die Erklärung nicht abgegeben hätte. Diesem Inhaltsirrtum stellt Abs. 2 des § 119 den Irrtum über die vom Verkehr als wesentlich betrachteten Eigenschaften der Person oder der Sache gleich. Nach den §§ 871–873 *öst.* ABGB ist jeder Irrtum über den Vertragsgegenstand oder den Vertragspartner rechtserheblich; jedoch wird der Bestand des Vertrages nur durch einen Irrtum über den Vertragsgegenstand und seine wesentliche Eigenschaft, den die andere Vertragspartei kannte, berührt. Obwohl diese Vorschriften des deutschen und österreichischen Rechts nicht mehr lediglich Generalklauseln sind, müssen sie für die Rechtsanwendung noch konkretisiert werden.

Dagegen führen die Artt. 24ff. *schweiz.* OR und 1429 ff. *ital.* cc enumerativ, aber nicht abschließend eine Reihe wesentlicher Irrtumsfälle auf und ergänzen diesen Katalog durch bestimmte zusätzliche subjektive Erfordernisse. Diese Methode eignet sich am besten auch für eine rechtsvergleichende Übersicht und dürfte sich ebenfalls für ein Einheitsgesetz empfehlen.

Die jüngsten Entwürfe in *Frankreich* und den *Niederlanden* bringen dagegen wieder eine weniger eingehende Regelung. Das französische Avant-projet erkennt neben dem Tatsachen- auch den Rechtsirrtum an; Livre IV Art. 9. Der Irrtum muß sich auf eine „considération essentielle" beziehen, muß für den Vertragsabschluß bestimmend gewesen und entschuldbar sein; Livre IV Art. 8. Der niederländische Entwurf schließt generell einen Irrtum über künftige Umstände aus, stellt im übrigen aber nur für den Grundlagen-Irrtum eine objektive Voraussetzung auf; Art. 6.5.2.12. Subjektiv verlangt der Entwurf, daß der Irrtum entweder durch falsche Angaben des Vertragspartners hervorgerufen oder wenigstens ihm erkennbar gewesen sein muß. Außerdem muß der Irrtum für den Vertragsschluß bestimmend gewesen sein und darf nach der Verkehrsauffassung nicht zum Gefahrenbereich des Irrenden gehören; Art. 6.5.2.11.

Im folgenden werden unter 3) zunächst die wichtigsten Gruppen von Irrtumsfällen erörtert, die sich auf Grund der Rechtsprechung der bearbeiteten Staaten sowie einiger gesetzlicher Bestimmungen haben feststellen lassen; dabei wird zugleich geprüft, inwieweit für diese Irrtumsfälle durch Art. 34 des Einheitlichen Kaufgesetzes eine selbständige Regelung außerhalb dieses Gesetzes ausgeschlossen wird (siehe oben A 3). Unter 4) werden sodann die zusätzlichen subjektiven Voraussetzungen für die Annahme eines rechtserheblichen Irrtums aufgezeigt.

3. *Irrtumsfälle*

Für den *skand. Rechtskreis* hat der Versuch, die Irrtumsfälle zu überprüfen, keinen Erfolg gehabt. Weder im Schrifttum noch in der Rechtsprechung sind zur Anwendung der Generalklausel in § 33 des Vertragsgesetzes (siehe oben 1) irgendwelche Richtlinien oder Fallgruppen herausgearbeitet worden, mit deren Hilfe bestimmt werden könnte, welche Irrtumsfälle wesentlich sind.

a) Allgemeine Formeln

Einige Rechtsordnungen weisen eine allgemeine Formel auf, mit deren Hilfe die objektiv wesentlichen Irrtumsfälle erfaßt werden sollen. In *Frankreich* verlangt die Rechtsprechung für die Annahme eines Irrtums über die Substanz des Vertragsgegenstandes im Sinne des Art. 1110 cc, daß der Irrtum für den Vertragsschluß bestimmend (déterminante) gewesen sein muß; Cass. civ. 28. 1. 1913, S. 1913.1.487; Cour Lyon 2. 7. 1953, Gaz.Pal. 1953.2.297. Erreur substantielle und erreur déterminante werden also gleichgesetzt; an die Stelle der einen Generalklausel wird eine andere gestellt. Die Rechtsprechung zeigt, daß praktisch als erreur déterminante ein Irrtum über ein wesentliches Vertragselement betrachtet wird.

In dem *amerikanischen* Staat Georgia wird nur ein Tatsachenirrtum beachtet, der „material" für den Vertrag war; s. 37–206 Code of Georgia.

In *Deutschland* ist eine allgemeine Formel zur Erfassung der objektiv wesentlichen Irrtumsfälle in § 119 I BGB selbst enthalten. Ein Irrtum ist nämlich nur dann beachtlich, wenn die irrige Erklärung „bei Kenntnis der Sachlage und bei verständiger Würdigung des Falles" nicht abgegeben worden wäre. Bei Anwendung dieser Formel sollen alle individuellen Verhältnisse des Irrenden berücksichtigt werden, nur nicht sein objektiver Unverstand; Staudinger-Coing, Anm. 36 zu § 119 BGB. Auch diese Formel bedarf weiterer Konkretisierung; sie wird daher von der deutschen Rechtsprechung nur wenig verwendet. Die Gerichte stellen vielmehr auf den einzelnen Fall und hierbei auf das Gewicht der einzelnen Vertragselemente ab. Entscheidungen, die unter Anwendung der allgemeinen gesetzlichen Formel ergangen sind, decken sich daher im Ergebnis mit den Entscheidungen, die lediglich das Gewicht der Vertragselemente würdigen; vgl. RG 17. 10. 1911, JW 1912, 25, mit RG 26. 10. 1923, RGZ 107, 208, 212: Irrtum über sittliche Eigenschaften des Vertragspartners.

Trotz ihrer gesetzlich statuierten bzw. von der Gerichtspraxis entwickelten allgemeinen Formeln können also auch für Deutschland und Frankreich die objektiv erheblichen Irrtumsfälle nur aus einer Prüfung der wesentlichen Vertragselemente gewonnen werden.

b) Irrtum über die Rechtsnatur des Vertrages (error in negotio)

Die Gesetzgeber haben in *Italien,* in der *Schweiz* und in *Louisiana* einen Irrtum über die Rechtsnatur des Vertrages ausdrücklich für rechtserheblich erklärt; Art. 1429 Nr. 1 ital. cc; Art. 24 I Nr. 1 schweiz. OR; Art. 1841 Louis. cc. Art. 1841 II Louis. cc nennt als Beispiel für diese Regel den Fall, daß bei Übergabe einer Sache die eine Partei zu kaufen glaubt, während der Vertragspartner die Sache lediglich verpfänden will.

Dieser Irrtumsfall wird auf Grund der jeweiligen (allgemein gefaßten) nationalen Rechtsvorschriften, aber auch in Rechtsprechung und Schrifttum nahezu aller anderen Länder des Kontinents als wesentlich anerkannt; *Deutschland:* Staudinger-Coing, Anm. 14 zu § 119 BGB; *Österreich:* Klang-Gschnitzer, Anm. B I 2 zu §§ 871–873; *Frankreich* und *Niederlande:* siehe die Nachweise oben A 1).

In den *USA* und in *England* wird dagegen ein einseitiger Irrtum über die Rechtsnatur eines Vertrages nicht anerkannt. In den USA muß eine Täuschung gegeben sein; Dante State Bank v. Calenda, 56 R.I. 68, 183 A. 873, 880 (1936). Auch in England lag in allen Fällen eine Täuschung durch den Vertragspartner oder durch Dritte vor, ohne daß freilich die Gerichte ausdrücklich darauf abgehoben haben. Ein Grund für die betonte Zurückhaltung des anglo-amerikanischen Rechts dürfte darin liegen, daß die Einrede „non est factum" die Nichtigkeit des Vertrages im Gefolge hat und die Gerichte davor zurückschrecken (unten S. 118).

In den *romanischen* Ländern wird der Irrtum über die Natur eines Rechtsgeschäfts teilweise noch als Irrtum über die Art der causa (zu unterscheiden vom Irrtum über das Bestehen oder die Rechtswirksamkeit der causa!) bezeichnet; Cass. 7. 8. 1948, Giur compl. Cass. civ. 27. 1948. II. 485 no. 1255. Darin liegt jedoch nur eine terminologische, keine sachliche Abweichung.

Zum Irrtum über die Natur des Rechtsgeschäfts wird auch der Irrtum darüber zu zählen sein, daß überhaupt ein verbindliches Rechtsgeschäft abgeschlossen werden sollte; *Schweiz:* Schönenberger-Oser, Anm. 15 zu Art. 24 OR. Dagegen gehört nicht zu diesem Irrtum eine irrige Vorstellung über die rechtlichen Voraussetzungen eines Vertragsschlusses oder über die gesetzlichen Folgen des Vertrages.

Der Irrtum über die Rechtsnatur des Vertrages wird also in allen untersuchten Rechtsordnungen, wahrscheinlich mit Ausnahme Englands, als rechtserheblich anerkannt. Dieser Irrtum fällt unzweifelhaft nicht unter Art. 34 des Einheitlichen Kaufgesetzes, so daß nicht nur der Verkäufer, sondern auch der Käufer sich auf ihn berufen kann. Der Irrtum über die Rechtsnatur des Vertrages dürfte allerdings beim Warenkauf nur sehr selten auftreten. Symptomatisch ist, daß keine der geprüften Entscheidungen einen Warenkauf behandelt.

c) Irrtum über die Identität des Vertragsgegenstandes (error in objecto)

In der *Schweiz,* in *Österreich, Italien* und *Louisiana* haben die Gesetzgeber einen Irrtum über den Vertragsgegenstand ausdrücklich für rechtserheblich erklärt; Art. 24 I Nr. 2 schweiz. OR; § 871 öst. ABGB; Art. 1429 Nr. 1 ital. cc; Artt. 1842, 1843 Louis. cc. Nach dem Zusammenhang dieser Bestimmungen handelt es sich hierbei um einen Irrtum nur über die Identität des Vertragsgegenstandes, nicht über seine Eigenschaften. Diese Grenze läßt sich allerdings nicht immer scharf ziehen, da es oft gerade eine bestimmte Eigenschaft ist, die eine Sache individualisiert. Der Irrtum über die Menge oder die Größe eines Vertragsgegenstandes wird unter d) behandelt.

Art. 1843 Satz 2 Louis. cc führt zur Illustration einen Kaufvertrag über einen Silberbarren an, während es sich in Wirklichkeit um ein silbrig aussehendes Metall anderer Art handelt. Aus der Rechtsprechung zu den aufgezählten gesetzlichen Bestimmungen seien folgende Beispiele angegeben:

Bei einer Versteigerung wird ein Grundstück angeboten und vom Käufer gekauft, während dieser glaubt, es würden zwei Grundstücke verkauft; schweiz. BG 10. 12. 1913, BGE 39 I 672, 674. Der Käufer möchte Kalisalpeter für Düngezwecke kaufen, während er in Wirklichkeit chemisch reines Kalisalpeter, das sich für die Konservierung von Fleischwaren eignet, erwirbt; schweiz. BG 19. 9. 1919, BGE 45

II 433, 436. Der Verkäufer hat eine bestimmte Mehlsorte verkauft; auf diese Sorte kam es dem Käufer erkennbar an, was dem Verkäufer nicht klar geworden war; Lyons Milling Co. v. Cusimano, 161 La. 198, 108 So. 414 (1926).

Ein Irrtum über die Identität des Vertragsgegenstandes wird in Rechtsprechung und Schrifttum derjenigen Länder des europäischen Kontinents, die keine spezielle gesetzliche Regelung kennen, ebenfalls allgemein als rechtserheblich anerkannt; *Deutschland:* RG 8. 7. 1914, Warn. 1914 Nr. 271; Staudinger-Coing, Anm. 14 zu § 119 BGB; *Frankreich:* Cour Paris 4. 3. 1924, D.H. 1924, 209 (Kauf von Rock-Island-Aktien im Glauben, es handele sich um Chicago Rock Island-Aktien) sowie allgemein die Nachweise oben A 1; *Spanien:* T.S. 22.3.1924; *Niederlande:* Hofmann-van Opstall I 329; *England:* Frederick E. Rose (London), Ltd. v. William H. Pim, Jnr. Co., Ltd., [1953] 2 Q.B. 450 (C.A.); *USA:* Goodrich v. Lathrop, 94 Cal. 56, 29 P. 329 (1892); Holmes v. Cameron, 267 Pa. 90, 110 A. 81 (1920).

Bei einem Kaufvertrag über Antiquitäten wird die Abkunft von einem bestimmten Künstler (im Gegensatz zu der Frage, ob eine Fälschung vorliegt) oft auch von Sachverständigen nicht mit Gewißheit beurteilt werden können. In *Österreich* ist daher entschieden worden, daß ein Käufer bei solchen Verträgen auf eigene Gefahr handelt; OGH 10. 12. 1929, SZ 11 Nr. 255.

Bei einem Vertrag über Gattungssachen muß sich der Irrtum auf die Identität der Gattung beziehen, *Deutschland:* Staudinger-Coing, Anm. 14 zu § 119 BGB; Soergel-Siebert, Anm. 33 zu § 119 BGB; *Schweiz:* BG 19. 9. 1919, BGE 45 II 433, 436; Oser-Schönenberger, Anm. 31 zu Art. 24 OR; *Österreich:* Klang-Gschnitzer, Anm. B I 2 zu §§ 871 ff.; *Niederlande:* Hofmann-van Opstall I 329; HR 16. 5. 1952, N.J. 1953 no. 459.

Der Irrtum über die Identität des Vertragsgegenstands wird demnach in allen untersuchten Rechtsordnungen anerkannt. Es ist aber zu fragen, ob nicht die Beachtung eines derartigen Irrtums auf seiten des Käufers durch Art. 34 des Einheitlichen Kaufgesetzes ausgeschlossen ist. Art. 33 I b) des Kaufgesetzes führt als Vertragswidrigkeit die Lieferung einer anderen als der vereinbarten Sache oder einer Sache anderer Art an. In diesen Fällen der Lieferung eines aliud weichen Vertrag und Erfüllung voneinander ab. Art. 34 will nach seinem Sinn einen error in objecto des Käufers bei Vertragsschluß nach den kaufrechtlichen Regeln über die Lieferung eines aliud behandeln (siehe auch oben S. 47). Die allgemeinen Irrtumsregeln bleiben demnach nur für einen error in objecto des Verkäufers anwendbar.

d) Irrtum über die Quantität von Gattungssachen.

Dem vorstehend unter c) behandelten Irrtum über die Identität des Vertragsgegenstandes wird in der Lehre einiger Länder der Irrtum über die Quantität von Gattungssachen gleichgestellt. In Betracht kommen namentlich Irrtümer über Maß, Zahl oder Gewicht von Gattungssachen oder über die Höhe des Kaufpreises. Diese Irrtümer sollen einem Irrtum über die Identität des Vertragsgegenstandes bei Speziessachen deswegen entsprechen, weil diese Mengenangaben bei Gattungsschulden zur Individualisierung des Vertragsgegenstandes erforderlich sind. Die meisten Rechtsordnungen unterscheiden den gewöhnlichen Quantitätsirrtum vom Kalkulationsirrtum.

(aa) *Der gewöhnliche Quantitätsirrtum.* In Italien und in der Schweiz hat der Gesetzgeber den Irrtum über den Umfang von Leistung oder Gegenleistung neben dem Irrtum über die Identität des Vertragsgegenstandes besonders erwähnt. Dieser Irrtum ist in der *Schweiz* rechtserheblich, soweit der Irrtum über den Umfang ein *erhebliches* Maß erreicht hat; Art. 24 I Nr. 3 OR. In *Italien* ist dieser Irrtum beachtlich, sofern er für die Willenserklärung entscheidend war; Art. 1430 cc. Diese Einschränkungen stellen eine wesentliche Abweichung von der Regel für den Identitätsirrtum dar. Das Schweizer Schrifttum ist einhellig der Ansicht, daß ein Quantitätsirrtum im Sinne der gesetzlichen Vorschrift nur ein Irrtum über die Menge einer Gattungssache ist, sofern die Mengenangabe der Individualisierung des Vertragsgegenstandes dient; Oser-Schönenberger, Anm. 32 zu Art. 24 OR; Gmür-Becker, Anm. 14 zu Art. 24 OR. Die Schweizer Rechtsprechung zu der Bestimmung zeigt, daß ein Irrtum über Leistung oder Gegenleistung oft durch einen Irrtum über den Vertragsgegenstand ausgelöst wird; mit einem Identitätsirrtum ist daher in aller Regel ein Quantitätsirrtum verbunden. In den (oben S. 52 f.) für Identitätsirrtümer angeführten Entscheidungen BGE 39 I 672 und BGE 45 II 433 brachte der Identitätsirrtum zugleich einen Irrtum über den Preis um mehr als das Doppelte bzw. um das Hundertfache mit sich. In erheblichem Umfange über die Gegenleistung irrt auch der Verkäufer, der statt der erwarteten 41 000 Fr. lediglich einen Preis von 27 000 Fr. vereinbart hat; App. Bern 23. 3. 1893, ZbJV 29 (1893) 559, 562. Ein ital. Gericht bezeichnete den Irrtum eines Verkäufers über den Kaufpreis (nur 10 % des Marktpreises) als Irrtum über den Vertragsgegenstand; App. Firenze 11. 5. 1948, Foro padano 1948. I. 796, 805.

Die anderen Rechtsordnungen erreichen auch ohne besondere gesetzliche Bestimmung weithin dasselbe Ziel. In der Rechtsprechung wie im Schrifttum findet sich zwar gelegentlich noch die Gleichsetzung des Quantitäts- mit dem Identitätsirrtum; *Deutschland:* Staudinger-

Coing, Anm. 14 zu § 119 BGB; *Italien:* App. Firenze 11. 5. 1948, Foro padano 1948.I.796, 805. Rechtspraxis und Rechtslehre halten jedoch bei Gattungssachen einen erheblichen Irrtum über die Quantität grundsätzlich für beachtlich, *Österreich:* Klang-Gschnitzer, Anm. B I 2 zu §§ 871 ff.; *Frankreich:* Cour Montpellier 23. 10. 1951, D.H. 1952.2.15 (Kaufpreis von 1528 ffrs. anstatt des Marktpreises von 3500 ffrs.); *Niederlande:* HR 17. 3. 1921, N.J. 1921 S. 675 (Kauf des Holzes in einem Walde in der Annahme, es handle sich um etwa 40 000 Bäume, während es in Wirklichkeit weniger als 23 000 waren); *Spanien:* Manresa, Anm. IV zu Art. 1266 cc; *England:* Solle v. Butcher, [1950] 1 K.B. 671; *USA:* Daniel v. Mitchell, Fed. Cases No. 3.562 (C.C.D. Maine, 1840; Kauf von Land im Glauben, es enthielte 60 Mill. Bäume, während in Wirklichkeit nur etwa 5 Mill. vorhanden waren); Hazard v. Warner, 122 Wash. 687, 211 P. 732 (1923); Williston V 4383 ff.

Aus den Umständen des Vertragsschlusses kann sich allerdings ergeben, daß eine Haftung für einen Irrtum über die Quantität ausgeschlossen sein soll. Das wird namentlich angenommen, wenn ein ganzer Inbegriff von Sachen (z. B. ein Warenlager oder alle Erzeugnisse einer bestimmten Farm) verkauft werden, ohne daß die verkauften Sachen selbst nach Menge, Maß oder Gewicht vertraglich bestimmt werden; *Österreich:* Handelsgericht Wien 28. 4. 1937, EvBl. 1937 Nr. 405; *Frankreich:* Planiol-Ripert VI no. 178; vgl. Cass. soc. 24. 6. 1964, Bull. civ. 1964. II. 448; *Italien:* Cass. 29. 3. 1952, Giur. Cass. civ. 1952. I. 649; Cass. 25. 6. 1953, Rep. Foro it. 1953, s. v. vendita no. 70, 71; *USA:* U.S. v. Hathaway, 242 F. 2d 897 (1957), Verkauf von Stahlschrott „as is, where is"; Corbin III § 598.

Für den Sonderfall eines Irrtums über die Größe eines gekauften *Grundstücks* enthalten die kontinentalen Rechtsordnungen meistens spezielle Regeln, die jedoch auf Warenverkäufe nicht entsprechend anwendbar sind.

Die hier untersuchten Rechtsordnungen betrachten also übereinstimmend entweder kraft gesetzlicher Vorschrift oder in ihrer Rechtsprechung einen erheblichen Irrtum über die Quantität von verkauften Gattungssachen als rechtserheblichen Irrtumsfall. Wie erheblich der Irrtum sein muß, um beachtet zu werden, bestimmt sich allerdings nach den allgemein geltenden zusätzlichen Erfordernissen der verschiedenen Rechtsordnungen, die später zu erörtern sind.

Nach Art. 33 I a) des Einheitlichen Kaufgesetzes hat der Verkäufer nicht vertragsgemäß geleistet, wenn er dem Käufer eine Menge aushändigt, die größer oder kleiner ist als die von ihm vertraglich versprochene; es sei denn, die Abweichung ist unerheblich; Art. 33 II. Einem erheblichen Quantitätsfehler bei der Erfüllung will Art. 34 einen Quantitätsirrtum des Käufers bei Vertragsabschluß gleichstellen (siehe auch oben S. 47). Unbeschränkt erhalten bleiben danach die allgemeinen Regeln für einen Quantitätsirrtum des Verkäufers.

(bb) *Rechnungsfehler* (Kalkulationsirrtum). Einige Rechtsordnungen erkennen einen Rechnungsirrtum ausdrücklich neben dem Quantitätsirrtum an und knüpfen an ihn auch besondere Rechtsfolgen; Art. 24 III *schweiz.* OR; Art. 1430 *ital.* cc; siehe auch Art. 1266 III *span.* cc. Diese Vorschriften sind freilich nicht eindeutig, da der Begriff des Kalkulationsirrtums in sich vage ist. In anderen Staaten hat die Rechtsprechung eigene Regeln für den Rechnungsirrtum, insbesondere bei der Preisberechnung, entwickelt.

Alle Rechtsordnungen gehen von dem Grundsatz aus, daß weder für den Käufer noch für den Verkäufer ein rechtserheblicher Irrtum allein deshalb vorliegt, weil sich der eine oder der andere bei der Kalkulation des Preises geirrt hat, indem er z. B. falsche Ausgangswerte zugrunde gelegt oder einen Fehler bei der Rechenoperation gemacht hat; *Deutschland:* RG 1. 4. 1925, JW 1925, 1633; RG 24. 2. 1931, LZ 1931, 692; *Österreich:* OGH 31. 10. 1928, Rspr. 1928 Nr. 396; *Schweiz:* BG 5. 2. 1904, BGE 30 II 61, 64; Oser-Schönenberger, Anm. 54 zu Art. 24 OR; *Frankreich:* Cass. 13. 1. 1891, S. 1891.1.72; Planiol-Ripert VI no. 186, 190; *Italien:* App. Milano 13. 4. 1951, Foro padano 1951.1.758; *Schweden:* H.D. 15. 9. 1939, NJA 1939, 384. Für *England* und die *USA,* wo Kalkulationsfehler kaum selbständig erörtert werden, ergibt sich dieselbe Lösung aus dem Grundsatz, daß ein sogenannter „unilateral" Irrtum in der Regel unbeachtlich ist; *England:* Cheshire-Fifoot 191, 202; *USA:* Williston III 4409 ff.; Griffin v. O'Neil, 48 Kan. 117, 29 P. 143 (1892); Tatum v. Coast Lumber Co., 16 Ida. 471, 101 P. 957 (1909).

Nach Lage des Einzelfalles wird allerdings auf Grund von Erwägungen der Billigkeit eine Ausnahme gemacht, wenn das Ergebnis der Kalkulation auffällig vom Marktwert einer Ware abweicht; dies vor allem bei Rechenfehlern um eine Dezimalstelle, die zu einer 10-fachen Abweichung vom Marktwert führen; siehe einerseits *Schweiz:* Handelsgericht Zürich 8. 7. 1919, Zür.Rspr. XIX Nr. 99; *Dänemark:* H.D. 20. 3. 1925, UfR 1925, 373; andererseits *Deutschland:* RG 1. 4. 1925, JW 1925, 1633.

Dagegen ist ein Rechenfehler immer dann ein rechtserheblicher Irrtum, wenn die Preisberechnung (einschließlich der notwendigen arithmetischen Operationen) als solche ausdrücklich oder stillschweigend zum Inhalt des Vertrages gemacht worden ist. In der deutschen Rechtsprechung wird dies insbesondere dann angenommen, wenn die eine Partei für den Vertragspartner erkennbar den Kaufpreis nach dem Tageskurs oder Marktpreis der Kaufsache oder dem Wert einer anderen Sache bestimmen wollte und lediglich bei der Ausrechnung ein Fehler unterlaufen ist: *Deutschland:* RG 22. 1. 1927, RGZ 116, 15; RG

30. 11. 1922, RGZ 105, 406; RG 17. 12. 1920, RGZ 101, 107; RG 9. 11. 1906, RGZ 64, 266; *Österreich:* OGH 9. 4. 1902, GlUNF Nr. 1842; siehe auch OGH 11. 10. 1911, GlUNF Nr. 5600; *Frankreich:* Planiol-Ripert VI no. 190; *USA:* Bains v. Ensor, 39 A. 2d 62 (C.A. D.C. 1944); Ansco Construction Co. v. Ocean View Estates, Inc., 169 Cal. App. 2d 235, 337 P. 2d 146 (1959); Corbin III 689f. Dagegen jedoch: Steinmeyer v. Schroeppel, 226 Ill. 9, 80 N.E. 564 (1907). In demselben engen Sinne werden auch die oben erwähnten gesetzlichen Vorschriften ausgelegt, die den Rechnungsfehler ausdrücklich berücksichtigen: *Schweiz:* Oser-Schönenberger, Anm. 53 zu Art. 24 OR; Gmür-Becker, Anm. 33 zu Art. 24 OR; *Italien:* Cass. 30. 4. 1952, Rep. Foro it. 1952, s.v. obbligazioni no. 406, 407; Mirabelli, Anm. 4 zu Artt. 1428–1433; *Spanien:* T.S. 7. 2. 1899 und 27. 6. 1907; Manresa, Anm. IV zu Art. 1266. Die *Voraussetzungen* der besonderen Vorschriften der Schweiz, Italiens und Spaniens decken sich daher mit der von der Rechtsprechung der anderen Länder entwickelten Regel; verschieden sind dagegen die Wirkungen: die erwähnten Gesetze ordnen ausdrücklich eine Berichtigung des Rechenfehlers an. In *England* wird das Problem nicht erörtert, doch dürfte die nach equity zulässige rectification schriftlicher Verträge, die in sich widersprüchlich sind – Chitty I nos. 229 ff. –, zu einem ähnlichen Ergebnis führen.

Rechtsprechung und Gesetzgebung aller Länder betrachten also übereinstimmend einen Kalkulationsirrtum nur dann als beachtlich, wenn die Rechnungsfaktoren und damit die Rechenoperation selbst Gegenstand des Vertrages geworden sind. Waren sich die Parteien über diese Elemente der Kalkulation und das aus ihnen abzuleitende Ergebnis einig geworden, so ist das auf einem Rechenfehler beruhende falsche Ergebnis im Grunde nur eine unbeachtliche falsa demonstratio (siehe dazu unten Abschnitt C 1b); daher ist es auch gerechtfertigt, das falsche Ergebnis zu berichtigen.

Art. 34 in Verbindung mit Art. 33 des Einheitlichen Kaufgesetzes verweist den Käufer, der sich bei Vertragsabschluß über die Quantität geirrt hat, auf die kaufrechtlichen Behelfe gegen erhebliche Quantitätsfehler bei Lieferung. Ob diese Regelung auch die Sonderregeln für Kalkulationsfehler des Käufers ausschließen soll, kann zweifelhaft sein. Für Kalkulationsfehler des Verkäufers bleiben jedenfalls die Irrtumsregeln anwendbar.

e) Irrtum über die Person des Vertragspartners.

Beim Personenirrtum ist zu unterscheiden zwischen dem Irrtum über die Identiät und dem Irrtum über Eigenschaften des Vertragspartners.

(aa) *Irrtum über die Identität des Vertragspartners* (error in persona). Die meisten Rechtsordnungen des europäischen Kontinents erklären kraft Gesetzes einen Irrtum über die Person des Vertragspartners für rechtserheblich, wenn der Vertrag mit Rücksicht auf eine bestimmte Person abgeschlossen wurde; *Österreich:* § 873 ABGB; *Schweiz:* Art. 24 I Nr. 2 OR; *Frankreich:* Art. 1110 cc; *Niederlande:* Art. 1358 II BW; *Italien:* Art. 1429 Nr. 3 cc; *Spanien:* Art. 1266 II cc; *Louisiana:* Artt. 1834 ff. cc. Der error in persona wird aber auch in den Rechtsordnungen aller anderen Länder grundsätzlich anerkannt; *Deutschland:* Staudinger-Coing, Anm. 14 zu § 119 BGB; *England:* Chitty I nos. 212–218, 228; *USA:* Corbin III 608 ff. Dem Personenirrtum wird, wenn Vertragspartner eine Handelsgesellschaft ist, teilweise der Irrtum über ihre Rechtsnatur gleichgestellt; siehe für die *Niederlande:* Kamphuisen 93, 162; Rb. Haarlem 22. 10. 1940, N. J. 1941 no. 222; *USA:* Roof v. Morrison, 37 Ill. App. 37 (1909); Consumers' Ice Co. of Buffalo v. Webster, Son & Co., 32 App. Div. 592, 53 N.Y.S. 56 (1898); John Weber & Co. v. Hearn, 49 App. Div. 213, 63 N.Y.S. 41 (1900).

Für Kaufverträge über Waren wird sehr oft die Identiät des Vertragspartners und daher auch ein Irrtum darüber nicht wesentlich sein – so ausdrücklich Art. 1836 *Louis.* cc; in den *Niederlanden:* Pitlo 168 –, jedenfalls soweit die Identität des Vertragspartners für die Durchführung eines Warenkaufes keine wesentliche Bedeutung hat. Diese Voraussetzung wird für Bargeschäfte eher zutreffen als für langfristige oder mit Kreditgewährung verbundene Käufe. Für Kaufverträge, die sofort durch Austausch von Leistung und Gegenleistung vollständig erfüllt werden, haben Rechtsprechung und Rechtslehre einen Personenirrtum in aller Regel für unbeachtlich erklärt; *Deutschland:* Soergel-Siebert, Anm. 27 zu § 119 BGB; *Österreich:* Klang-Gschnitzer, Anm. B I 6 zu §§ 871–873 ABGB; Ehrenzweig I/1, 231; *Schweiz:* Oser-Schönenberger, Anm. 27 zu Art. 24 OR; *Niederlande:* Rb. Rotterdam 9. 4. 1914, N.J. 1914 S. 529 (Viehkauf); *England:* Ingram v. Little, [1961] 1 Q.B. 31, 57 per Pearce, L.J.; *USA:* Corbin III 621 ff.

Bei Käufen, die mit einer Kreditgewährung verbunden sind, bei Werklieferungsverträgen im Sinne des Art. 6 des Einheitlichen Kaufgesetzes sowie bei langfristigen Kaufverträgen wird dagegen die Person des Vertragspartners regelmäßig nicht gleichgültig sein. Daher erklären die meisten Rechtsordnungen in diesen Fällen einen Personenirrtum für erheblich, und zwar

beim *Kreditkauf* einen *Irrtum über die Person des Kreditierten* (regelmäßig des Käufers): *Deutschland, Österreich* und *Schweiz* (Nachweise im vorigen Absatz); *Frankreich:* Planiol-Ripert VI no. 182;

beim *Werklieferungsvertrag* über die *Person des Unternehmers* (Verkäufers): *Österreich:* Klang-Gschnitzer, Anm. B I 7 zu §§ 871 ff.

ABGB; *Frankreich:* Colin-Capitant II no. 652; *Spanien:* Manresa, Anm. III zu Art. 1266;

bei *langfristigen Kaufverträgen* dürfte regelmäßig ein *Irrtum über jeden Vertragspartner* erheblich sein; *USA:* Bei Irrtum über Rechtsnatur der kaufenden Handelsgesellschaft; Consumers' Ice Co. of Buffalo v. Webster, Son & Co., 32 App. Div. 592, 53 N.Y.S. 56 (1898).

Eine ins Gewicht fallende praktische Bedeutung hat der Irrtum über die Identität des Vertragspartners offenbar in keiner Rechtsordnung; etwas anderes gilt für die verwandten Probleme bei arglistiger Täuschung über die Identität (Handeln unter fremdem Namen), die in § 3 (unten S. 107 ff.) erörtert werden.

(bb) *Irrtum über Eigenschaften des Vertragspartners.* Neben dem Irrtum über die Identität erkennen einige Rechtsordnungen auch einen Irrtum über Eigenschaften des Vertragspartners als rechtserheblich an, so ausdrücklich die gesetzlichen Vorschriften in *Deutschland:* § 119 II BGB; *Italien:* Art. 1430 Nr. 3 cc; *Louisiana:* Art. 1837 cc. In den anderen kontinentalen Rechtsordnungen (außer in der Schweiz) wird unter dem Personenirrtum (oben aa) auch ein Irrtum über Eigenschaften der Person verstanden; *Österreich:* Klang-Gschnitzer, Anm. B I 6, B I 7 zu §§ 871–873; Ehrenzweig I/1, 231; *Frankreich:* Planiol-Ripert VI no. 182; *Niederlande:* Hofmann-van Opstall I 339; *Spanien:* Manresa, Anm. III zu Art. 1266 cc. In der *Schweiz* kann ein Eigenschaftsirrtum ein Grundlagenirrtum im Sinne des Art. 24 I Nr. 4 OR sein; Oser-Schönenberger, Anm. 24, 39 zu Art. 24 OR; Gmür-Becker, Anm. 21, 24 und 26 zu Art. 24 OR.

In *England* und den *USA* dagegen wird ein Irrtum über Eigenschaften des Vertragspartners nicht anerkannt; *England:* Chitty I no. 213; *USA:* Williston III 4363; Restatement of Contracts, s. 503, Illustration 2; siehe auch Dambmann v. Schulting, 75 N.Y. 55 (1878); anders offenbar Corbin III 608 s. 601.

Aber auch die kontinentalen Rechtsordnungen, die einen Eigenschaftsirrtum grundsätzlich anerkennen, halten nur den Irrtum über bestimmte Eigenschaften des Vertragspartners für beachtlich.

Ein Irrtum über *sittliche Eigenschaften* des Vertragspartners, wie seine Vertrauenswürdigkeit, werden bei einem Kaufvertrage in aller Regel unerheblich sein; *Deutschland:* RG 26. 10. 1923, RGZ 107, 208, 212.

Ein Irrtum über *Zahlungsfähigkeit und Kreditwürdigkeit* des Käufers ist beim *Barkauf* unerheblich; *Deutschland:* RG 29. 9. 1922, RGZ 105, 206, 208. Beim *Kreditkauf* ist dagegen nach der ständigen Rechtsprechung des *deutschen* Reichsgerichts nicht nur ein Irrtum über die Zahlungsfähigkeit, sondern auch über die Kreditwürdigkeit des Käufers rechtserheblich; RG 18. 10. 1907, RGZ 66, 385; RG 20. 10. 1911, JW 1912, 26; RG 25. 9. 1929, Recht 1929 Nr. 2336. Den Irrtum nur über die Zahlungsfähigkeit betrachten als rechtserheblich *Österreich:* Klang-Gschnitzer, Anm. B I 6, B I 7 zu §§ 871–873; *Italien:* App. Genova 10. 3. 1952, Rep. Foro it. 1952, vendita no. 377 (obiter dictum). In der *Schweiz* sind die Ansichten geteilt; für Erheblichkeit: Oser-Schönenberger, Anm. 46, 50 zu Art. 24 OR; Gmür-Becker, Anm. 25, 26 zu Art. 24 OR; dagegen: Guhl 115; App. Bern 2. 10. 1948, ZbJV 86, 278. In den meisten anderen Rechtsordnungen ist dagegen ein Irrtum über die Zahlungsfähigkeit des Käufers nicht beachtlich; *Frankreich:* Cass. 5. 8. 1874, D.P. 1875.1.105; Cour Bordeaux 5. 3. 1917, Gaz. Trib. 1917.2.420; siehe aber Cass. 20. 3. 1963, D.H. 1963 J. 403. Dasselbe gilt in den *anglo-amerikanischen* Ländern, die ja den Eigenschaftsirrtum generell für unerheblich halten; für *England* siehe ausdrücklich Chitty I no. 213. S. 2–702 (2) des *amerik.* UCC gestattet jedoch neuerdings einem Verkäufer auf Kredit, der vom Käufer in den drei Monaten vor Lieferung schriftlich über seine Zahlungsfähigkeit fahrlässig irregeführt worden ist, die Ware herauszuverlangen. Weitere Ansprüche auf Rückgabe der Ware sind ausgeschlossen.

In *Österreich* ist auch der Irrtum eines Großhändlers für beachtlich erklärt worden, der Waren bei einem anderen Großhändler in dem Glauben bestellt hatte, der Verkäufer sei Erzeuger der Ware; OGH 3. 2. 1932, SZ 14 Nr. 18; 29. 9. 1932, Rspr. 1933 Nr. 81.

(cc) *Zusammenfassend* ist zum Personenirrtum im weiten Sinn des Wortes festzustellen, daß die Rechtsordnungen hinsichtlich der praktisch wenig bedeutsamen Fälle weithin einig sind und daher einen Irrtum über die Person des Käufers bei Kredit- und langfristigen Kaufverträgen sowie über die Person des Verkäufers bei Werklieferungsverträgen für beachtlich erklären. In den wesentlich bedeutungsvolleren Fällen eines Irrtums über Eigenschaften des Vertragspartners (insbesondere seine Zahlungsfähigkeit) besteht dagegen eine erhebliche Meinungsverschiedenheit.

Durch Art. 34 des Einheitlichen Kaufgesetzes wird die Anfechtung wegen eines Personenirrtums nicht eingeschränkt, da jene Vorschrift nur bei Vertragswidrigkeit der Sachlieferung eingreift.

f) Irrtum über Qualität, Wert oder Eigenschaften der Kaufsache

Nach Art. 34 des Einheitlichen Kaufgesetzes hat der *Käufer* wegen eines Irrtums über Qualität, Wert oder Eigenschaften der Kaufsache keinen selbständigen Rechtsbehelf, da für die in Art. 33 umfassend aufgezählten Fälle der vertragswidrigen Lieferung die Kaufvorschriften ausschließlich gelten sollen.

In Betracht kommt danach allein ein Irrtum des *Verkäufers* über

Qualität, Eigenschaften oder Wert der Kaufsache. Ein solcher Irrtum auf seiten eines Verkäufers wird jedoch nur ganz selten tatsächlich geltend gemacht, praktisch wohl vor allem dann, wenn der Verkäufer nach Vertragsschluß feststellt, daß der Wert der Sache den verlangten Kaufpreis übersteigt. In den *Niederlanden,* wo einige dieser Fälle entschieden worden sind, wird ein derartiger Irrtum des Verkäufers grundsätzlich für unbeachtlich erklärt, da der Verkäufer nach der Verkehrsauffassung auf die Geltendmachung versteckter werterhöhender Eigenschaften der Sache grundsätzlich verzichtet – HR 19. 6. 1959, N.J. 1960 no. 59 –, wenn nicht der Kaufvertrag ergibt, daß der Preis nach dem wahren Wert bestimmt werden sollte; HR 25. 2. 1937, N.J. 1937 no. 1058; Hof Hertogenbosch 22. 10. 1929, N.J. 1930 S. 1572. Siehe auch *Frankreich:* Trib. St. Brieuc 26. 2. 1908, D.P. 1909.2.223; und allgemein *Planiol-Ripert* VI no. 186; anders aber in einem Sonderfall Cass. 17. 11. 1930, D.P. 1932.1.161 (Verkauf eines Erbschaftsanteils). *USA:* Southern Railway Co. v. Birmingham Rail Co., 210 Ala. 540, 98 So. 727 (1924); Wood v. Boynton, 64 Wis. 265, 25 N.W. 42 (1885). Beim Kauf beweglicher Sachen ist die praktische Bedeutung von Qualitätsirrtümern des Verkäufers offenbar auf den Handel mit Antiquitäten beschränkt. Auf diesem Gebiet erscheint es durchaus möglich, daß die dargestellte niederländische Regel, die im Entwurf Meijers in allgemeiner Form bestätigt worden ist – Art. 6.5.2.11 Abs. 2 mit Erläuterung dazu –, auch in anderen Ländern befolgt wird. Eine einheitliche Regelung dieses Sachverhalts erscheint nicht erforderlich.

g) Rechtsirrtum

Italien und *Louisiana* haben gesetzlich festgelegt, daß ein Rechtsirrtum erheblich ist, wenn er der einzige oder der Hauptgrund für die Eingehung des Vertrages ist; Art. 1429 Nr. 4 ital. cc; Art. 1846 Louis. cc. In den *USA* erkennen Kalifornien und die ihm folgenden Staaten im Nordwesten einen Rechtsirrtum an, wenn dieser beiden Parteien unterlaufen ist oder wenn zwar nur eine Partei ihm erlegen, er vom Vertragspartner jedoch bei Vertragsschluß erkannt worden ist; s. 1578 California cc sowie die entsprechenden Bestimmungen in Montana, Oklahoma, North und South Dakota; in Georgia muß ein Rechtsirrtum durch den Vertragspartner verursacht worden sein; ss. 37–204, 37–209 Code of Georgia.

Die erwähnten allgemeinen vertragsrechtlichen Vorschriften unterscheiden nicht danach, welches „Recht" der Gegenstand des Irrtums sein muß. Für den Warenkauf kommt zunächst in Betracht ein Irrtum über solche privaten oder öffentlichen Rechtsverhältnisse, die sich auf die Kaufsache beziehen (wie das Eigentum, dingliche Belastungen oder öffentlich-rechtliche Verfügungsbeschränkungen (aa). Daneben ist ein Irrtum über die Rechtsfolgen des Kaufvertrages zu erörtern (bb).

(aa) Ein Irrtum über die *Rechtsverhältnisse an der Kaufsache* ist nach den kontinental-europäischen Rechtsordnungen erheblich, wenn diese Rechtsverhältnisse nach dem Vertrage eine wesentliche Eigenschaft der Sache darstellen. Das ist angenommen worden für

die *freie Veräußerlichkeit* oder Handelbarkeit der Ware; *Deutschland:* Soergel-Siebert, Anm. 32 zu § 119 BGB; *Frankreich:* Cass. 17. 6. 1946, S. 1946.2.204; *Spanien:* T.S. 11. 4. 1912;

die *Verwendbarkeit ohne behördliche Genehmigung; Deutschland:* Soergel-Siebert, Anm. 32 zu § 119 BGB. Ein- und Ausfuhrverbote dürften ebenfalls erheblich sein, wenn nicht festgestellt wird, daß eine der Vertragsparteien das Risiko ihrer Beschaffung übernommen hat; *Frankreich:* Cour Colmar 15. 10. 1929, Gaz. Pal. 1929.2.824;

die *Vereinbarung eines zu niedrigen Kaufpreises* in der Annahme, für die Ware gelte eine amtliche Preisfestsetzung; *Frankreich:* Cour Montpellier 23. 10. 1951, D. 1952.2.15.

Keine wesentliche Eigenschaft stellen dagegen dar

die *Zollfreiheit* oder der Zollsatz einer Ware; *Deutschland:* BGH 24. 6. 1958, Betrieb 1958, 893; *Frankreich:* Cass. 24. 6. 1873, D.P. 1874.1.17; 27. 1. 1875, S. 1875.1.367;

die steuerlichen Folgen eines Geschäftes; *Deutschland:* BGH 2. 2. 1951, NJW 1951, 517; *Niederlande:* HR 5. 11. 1958, N.J. 1959 no. 2.

Streitig ist dagegen, ob das Eigentum des Verkäufers an der Kaufsache eine wesentliche Eigenschaft darstellt. Diese Frage wird *verneint* in *Deutschland:* BGH 14. 12. 1960, BGHZ 34, 32 (41); OGH 22. 11. 1948, NJW 1949, 220; *Österreich:* OGH 4. 1. 1933, ZBl. 1933 Nr. 145; OGH 20. 11. 1923, ZBl. 1924 Nr. 50. Sie wird dagegen *bejaht* in *Spanien*: T.S. 8. 3. 1929 und 20. 11. 1925 sowie offenbar in den *USA;* siehe die Entscheidungen bei Williston V 4373 Anm. 3. In einigen *romanischen* Rechtsordnungen ist ein solcher Kaufvertrag auf Grund besonderer gesetzlicher Vorschriften nichtig bzw. anfechtbar; dazu eingehender im Abschnitt über Unmöglichkeit (Teil 3 § 3, unten S. 178 ff.).

Trotz einiger Unterschiede im einzelnen behandeln alle kontinentalen Rechtsordnungen den Rechtsirrtum im Prinzip nach denselben Grundsätzen wie den Tatsachenirrtum.

Im englischen und amerikanischen Common Law gilt dagegen – bis auf die erwähnten gesetzlichen Ausnahmen in den Nordwest-Staaten der USA – im Prinzip der Satz, daß der Rechtsirrtum unbeachtlich ist; *England:* Cheshire-Fifoot 176, 534; Chitty I no. 194, 224; *USA:* Corbin III 746 f.; Williston V 4415. Dieser Satz wird jedoch allgemein als so unbefriedigend empfunden, daß er von zahlreichen Ausnahmen durchbrochen wird. So ist eine gemeinsame irrtümliche Vorstellung der Parteien über ein subjektives Recht (im Gegensatz zu einer Regel des objektiven Rechts) ein Tatsachenirrtum; *England:* Cooper v. Phibbs (1867), L.R. 2 H.L. 149; Cheshire-Fifoot 535; *USA:* Fidelity & Deposit Co. of Maryland v. McQuade, 123 F. 2d 337 (C.A. D.C. 1941); Barnett v. Kunkle, 256 F. 644 (C.C.A. 8th, 1919), cert. den. 275 U.S. 563; Corbin III 770 f. Insbesondere in equity ist der Unterschied zwischen Tatsachen- und Rechtsirrtum stark abgeschwächt; *England:* Chitty I no. 224; *USA:* Philippine Sugar Estates Development Co., Ltd. v. Government of the Philippine Islands, 247 U.S. 385 (1918); Peterson v. First National Bank of Ceylon, 162 Minn. 369, 203 N.W. 53 (1925); Peter v. Peter, 343 Ill. 493, 175 N.E. 846 (1931). Das amerikanische Restatement of Contracts sowie die eingangs zitierten gesetzlichen Vorschriften in einigen Einzelstaaten der USA haben die unterschiedliche Behandlung des Rechts- und des Tatsachenirrtums völlig aufgegeben.

Berücksichtigt man diese Entwicklung in den anglo-amerikanischen Ländern, so läßt sich gegenwärtig zumindest eine allgemeine Tendenz dahin feststellen, den Rechts- dem Tatsachenirrtum gleichzustellen; so auch ausdrücklich Livre IV Art. 9 *franz.* Avant-projet. Auch bei Beurteilung der Fälle, in denen ein Rechtsirrtum für beachtlich gehalten wird, besteht weithin Übereinstimmung.

Im Einheitlichen Kaufgesetz ist die Anfechtung wegen Rechtsirrtums weder durch Art. 34 noch durch den (erst auf der Haager Konferenz 1964 eingefügten) Art. 53 ausgeschlossen. Wohl aber greift Art. 53 ein, wenn sich der Käufer über eine rechtliche Eigenschaft der Kaufsache geirrt hat, die einen Rechtsmangel im Sinne des Art. 52 darstellt. In diesem Fall ist der Käufer auf die kaufrechtlichen Rechtsbehelfe des Art. 52 beschränkt. Die allgemeinen Irrtumsregeln bleiben hingegen bei einem Irrtum des Verkäufers hinsichtlich eines Rechtsmangels erhalten.

(bb) *Der Irrtum über die Rechtsfolgen* des Kaufvertrages ist offenbar in keiner Rechtsordnung beachtlich. Es besteht auch kein Bedürfnis, neben dem bereits erörterten Irrtum über die Rechtsnatur eines Kaufvertrages (oben b) einen Irrtum über die Rechtsfolgen eines als solchen erkannten Kaufvertrages anzuerkennen, da man davon ausgehen kann, daß jedermann die Wirkungen eines Kaufvertrages kennt; *Deutschland:* RG 30. 4. 1935, HRR 1935 Nr. 1372.

h) Grundlagenirrtum

Neben den bisher erörterten einzelnen Irrtumsfällen, deren Benennung und Abgrenzung der kontinental-europäischen Tradition entsprechen, haben einige Rechtsordnungen die besondere Figur des Grundlagenirrtums ausgebildet. Die Anerkennung dieses Irrtums beruht auf der Trennung zwischen Vertragsinhalt und Geschäftsgrundlage. Alle

Erwägungen der Parteien, die nicht Vertragsinhalt geworden sind, haben zwar grundsätzlich nur den Charakter rechtlich unbeachtlicher Motive. Aber unter gewissen Voraussetzungen werden bestimmte Motive doch als rechtserheblich erklärt und dann in einigen Rechtsordnungen als Geschäftsgrundlage bezeichnet; ein Irrtum über diese Geschäftsgrundlage kann beachtlich sein. Der in diesem Sinne vor allem im deutschen Rechtskreis ausgebildete Grundlagenirrtum findet gewisse Entsprechungen auch in den anderen Rechtskreisen, teilweise allerdings außerhalb des Irrtumsrechts.

Im *deutschen Rechtskreis* ist der Grundlagenirrtum ausdrücklich gesetzlich anerkannt nur in Art. 24 I Nr. 4 *schweiz.* OR; danach ist erheblich der Irrtum über einen „bestimmten Sachverhalt, der vom Irrenden nach Treu und Glauben im Geschäftsverkehr als eine notwendige Grundlage des Vertrages betrachtet wurde". Diese Vorschrift umfaßt allerdings nach ihrer Auslegung nicht nur den Irrtum über die Geschäftsgrundlage, sondern auch über gewisse vom Gesetz sonst nicht berücksichtigte Teile des Vertragsinhalts, so namentlich den Irrtum über Eigenschaften des Vertragspartners (oben S. 59) und über die Eigenschaften der Kaufsache; BG 5. 2. 1957, BGE 83 II 19, dazu oben S. 60 f. Art. 6.5.2.12 des Entwurfes Meijers will den Grundlagenirrtum im künftigen *niederländischen* Zivilgesetzbuch für beachtlich erklären. In *Deutschland* selbst wird der Grundlagenirrtum heute auf die Generalklausel von Treu und Glauben – § 242 BGB – gestützt.

Zur Konkretisierung der Gesetzesvorschrift ist in der *Schweiz* die Formel entwickelt worden, daß der Irrende den irrtümlich angenommenen bestimmten Sachverhalt als notwendige Grundlage des Vertrages angesehen haben muß (subjektives Erfordernis) und daß er dazu auch nach der billigen Verkehrsauffassung berechtigt war (objektives Erfordernis). Der Irrtum kann sich insbesondere auch, was hier allein interessiert, auf Verhältnisse beziehen, die außerhalb des typischen Vertragsinhalts liegen; Oser-Schönenberger, Anm. 44–46 zu Art. 24 OR. In *Deutschland* wird teilweise eine subjektive und eine objektive Geschäftsgrundlage unterschieden; in Rechtsprechung und Literatur setzt sich jedoch zunehmend eine Verbindung beider Momente wie in der Schweiz durch; Staudinger-Weber, Anm. E 129 zu § 242 BGB; Soergel-Siebert, Anm. 239 zu § 242 BGB. Ein Irrtum über die Geschäftsgrundlage in diesem Sinne besteht, wenn sich beide Parteien über einen gegenwärtigen oder einen künftigen Umstand geirrt haben, auf dem ihr Vertrag basiert. Im Gegensatz zur Schweizer Auffassung wird jedoch nicht die irrtümliche Vorstellung eines *bestimmten* Sachverhalts verlangt, während andererseits – über das Schweizer Recht hinaus – *beide* Parteien die irrtümliche Vorstellung gehabt haben müssen; allerdings genügt es, daß die eine Partei die irrtümliche Vorstellung der anderen Partei erkannt und nicht beanstandet hat; BGH 22. 10. 1958, WM 1959, 206. Die Grundsätze des deutschen Rechts werden von Ussing 457 auch für das *dänische* Recht übernommen. In Anlehnung an das deutsche Recht ist Art. 6.5.2.12 *Entwurf Meijers* formuliert, der jedoch ausdrücklich die Erwartung künftiger Umstände als unerheblich bezeichnet. In *Österreich* wird der Grundlagenirrtum nicht anerkannt – Ehrenzweig I/1, 239 –, jedoch erfüllt der gemeinsame Irrtum nahezu denselben Zweck (unten 4 b (dd), S. 75 ff.).

Im romanischen und anglo-amerikanischen Rechtskreis fehlt eine dem Grundlagenirrtum unmittelbar entsprechende Rechtsfigur. In *England* ist immerhin die Eigenart der in Frage stehenden Sachverhalte erkannt worden. Ein fundamental mistake als Unterfall des common mistake wird zwar nicht in law, wohl aber in equity anerkannt; Bell v. Lever Brothers, Ltd., [1932] A.C. 161; Solle v. Butcher, [1950] 1 K.B. 671, 689, 693 (C.A.); Cheshire-Fifoot 180 ff. Voraussetzung ist, daß beide Parteien in demselben Irrtum über eine grundsätzliche Voraussetzung ihres Vertrages befangen gewesen sind, sofern diese Voraussetzung nicht auf den (wenn auch gutgläubigen) Behauptungen einer Partei beruht; McRae v. Commonwealth Disposal Commission, 84 C.L.R. 377, 409 (H.C. Australia 1951). Auch in den *USA* wird der Grundlagenirrtum als Unterfall des mutual mistake hinsichtlich eines wesentlichen Umstandes, der für die Eingehung des Vertrages entscheidend war, erfaßt und grundsätzlich beachtet; jedoch wird hierbei zwischen dem Irrtum über den Vertragsinhalt und dem Grundlagenirrtum nicht unterschieden. Die Rechtsprechung hat jedoch zahlreiche Fälle von Grundlagenirrtümern entschieden; Colorado: Carpenter v. Hill, 131 Colo. 553, 283 P. 2d 963 (1955); Illinois: Boyd v. Aetna Life Insurance Co., 310 Ill. App. 547, 35 N.E. 2d 99 (1941); Pennsylvania: Vrabel v. Scholler, 369 Pa. 235, 85 A. 2d 859 (1952); Texas: Petrey v. Buckner & Sons, 280 S.W. 2d 641 (C.A. Texas 1955). In Louisiana findet sich sogar eine gesetzliche Vorschrift; danach ist ein Irrtum über ein nicht zur Vertragsbedingung erhobenes, aber offensichtliches Motiv beachtlich; Art. 1827 Louis. cc. In der Rechtsprechung hat diese Bestimmung jedoch offenbar keine Bedeutung gewonnen.

In den romanischen Rechtsordnungen wird der Grundlagenirrtum nicht einmal als besondere Fallgruppe anerkannt. Im *französischen* und *niederländischen* Recht werden solche Fälle gelöst einmal mit Hilfe des Irrtums „sur le motif déterminant". Dieser Irrtum ist ausnahmsweise beachtlich, wenn er für beide Parteien Voraussetzung und Bedingung des Vertragsabschlusses war; *Frankreich:* Cass. civ. 3. 8. 1942, D.A. 1943.18; *Niederlande:* HR 25. 2. 1937, N.J. 1937 no. 1058. Die Praxis ist jedoch sehr zurückhaltend bei der Annahme dieses Irrtums, soweit er sich auf Tatsachen bezieht; siehe Malaurie, Juris-Classeur Art. 1110 no. 33. Ist dagegen Grundlage des Vertrages ein Rechtsirrtum der Parteien, so ist dieser wegen Fehlens oder Irrtums über die cause ohne weiteres beachtlich; *Frankreich:* Cass. req. 6. 6. 1932, S. 1933.1.31; 8. 1. 1936, S. 1936.1.86; App. Liège 2. 7. 1952, Pas. 1952 II 86; *Niederlande:* HR 3. 11. 1927, N.J. 1928 S. 43; 3. 3. 1916, N.J. 1916 S. 525. In *Spanien* wird bei einem Irrtum über die für den Vertragsschluß entscheidenden Tatsachen oder rechtlichen Überlegungen die Nichtigkeit des Vertrages allein aus der falschen causa abgeleitet – T.S. 27. 1. 1954, Aranzadi no. 709; 8. 5. 1918 –, teilweise mit der bezeichnenden Begründung, causa sei die „realidad de los motivos"; T.S. 3. 3. 1906. Auch *Italien* hat in Einzelfällen einen Grundlagenirrtum anerkannt, jedoch bemerkenswerterweise ohne Rekurs auf einen Mangel der causa und ohne daß der Grundlagenirrtum in dem gesetzlichen Katalog der wesentlichen Irrtumsfälle – Artt. 1429 f. cc – erscheint; Cass. 8. 6. 1948, Giur. compl. 27 (1948) II 349 (no. 861); Cass. 31. 7. 1941, Rep. Foro it. 1941, s. v. obbligazioni no. 67.

Trotz verschiedener Konstruktionen ergibt sich somit in der Sache eine weitgehende Übereinstimmung in der Anerkennung eines Grundlagenirrtums, mit Ausnahme Österreichs. Freilich spielt dieser Irrtum im Kaufrecht offenbar keine sehr bedeutende Rolle, da er nur in relativ wenigen kaufrechtlichen Fällen erörtert worden ist; Bemessung des Kaufpreises auf Grund der Untersuchung eines Sachverständigen, HR 25. 2. 1937, N.J. 1937 no. 1058; Kaufvertrag in der Annahme, der Kauf werde subventioniert, BG 4. 5. 1922, BGE 48 II 236, oder genehmigt werden, BG 29. 6. 1954, BGE 80 II 152.

Der Grundlagenirrtum wird, da er sich nicht auf den Vertragsinhalt bezieht, weder durch Art. 34 noch durch Art. 53 des Einheitlichen Kaufgesetzes ausgeschlossen.

i) Irrtum über die kraft Parteibestimmung wesentlichen Umstände

Die unter b)–h) aufgezählten Irrtumsfälle (mit Ausnahme des nicht näher erörterten Irrtums über Qualität, Wert oder Eigenschaften der Kaufsache, oben f) sind die bei Kaufverträgen typischen, weil sie den gewöhnlichen Inhalt des Kaufvertrages über bewegliche Sachen betreffen. Man wird davon ausgehen können, daß die Parteien, auch wenn sie ausdrücklich nichts darüber vereinbaren, die erörterten Irrtumsfälle immer als wesentlich betrachtet haben; so ausdrücklich in *Frankreich:* Malaurie, Juris-Classeur, Art. 1110 cc no. 39; *Österreich:* Klang-Gschnitzer, Anm. B I 4 zu §§ 871 ff. ABGB; *Schweiz:* BG 4. 5. 1922, BGE 48 II 236, 238; *USA:* Restatement of Contracts, s. 502, Comment e. Aus dem Zusammenhang eines konkreten Vertrages kann sich jedoch im Einzelfall auch das Gegenteil ergeben.

Umgekehrt ist es aber auch möglich, daß die Parteien für einen bestimmten Kaufvertrag noch andere als die bisher erwähnten Umstände für so wesentlich ansehen, daß ein Irrtum hierüber nach dem Inhalt des Vertrages ein wesentlicher sein soll. Im Unterschied zum Grundlagenirrtum handelt es sich hierbei um Umstände, die Vertragsinhalt sind. Wesentlich wird ein Umstand in diesem Sinne, wenn sich die Parteien darüber einig sind oder wenn wenigstens einer Partei an dem Umstand besonders liegt und dies der anderen Partei erkennbar ist; *Deutschland:* RG 24. 9. 1932, HRR 1933 Nr. 463; *Österreich:* arg. e contrario § 872 ABGB, Klang-Gschnitzer, Anm. B I 5 zu §§ 871 ff. ABGB; *Schweiz:* BG 4. 5. 1922, BGE 48 II 236, 239; Oser-Schönenberger, Anm. 46 zu Art. 24 OR; *Frankreich:* Cass. 23. 11. 1931, D.P. 1932.1.129 mit Anm. Josserand; Planiol-Ripert VI no. 177; *Niederlande:* Pitlo 165; ähnlich *Spanien:* T.S. 14. 6. 1943, Aranzadi 1943 no. 719.

Die Bestimmung von Vertragspunkten als wesentlichen Umständen ist auch nicht in den Ländern ausgeschlossen, die die wesentlichen Irrtumsfälle gesetzlich aufzählen. In der *Schweiz* bezeichnet Art. 24 I OR die Aufzählung ausdrücklich („namentlich") als ergänzungsfähig und gibt unter Nummer 4 mit dem Grundlagenirrtum selbst eine Generalklausel. Auch in *Italien* wird der gesetzliche Katalog der wesentlichen Irrtumsfälle weder als zwingend noch als geschlossen betrachtet. Einerseits machen die Nummern 2 und 3 des Art. 1429 cc die Wesentlichkeit des Irrtums über die Person und über Eigenschaften von Personen oder Sachen bereits abhängig von der Bestimmung der Parteien oder den Umständen; in der Literatur werden diese Vorbehalte auf alle wesentlichen Irrtumsfälle des Gesetzes ausgedehnt; Mirabelli, Anm. 3 zu Artt. 1428 ff. cc. Andererseits aber sieht der Kassationshof die Aufzählung in Art. 1429 cc nicht als erschöpfend an, sondern gestattet die Ausdehnung auf Umstände ähnlicher Art; Cass. 16. 1. 1953, Giur. It. 1953.I.1.918.

In den *anglo-amerikanischen* Ländern und in *Skandinavien* ist dagegen die Frage, ob im Sinne des Irrtumsrechts wesentliche Vertragspunkte auch durch Parteibestimmung festgelegt werden können, offenbar nicht bekannt. Sie dürfte in diesen Ländern mit der anderen Frage, ob der Irrtum für den Vertragspartner des Irrenden erkennbar war oder von ihm erkannt worden ist (dazu unten b), vermengt werden.

Die Bedeutung der „subjektiv wesentlichen Vertragsumstände" – Josserand, Anm. in D.P. 1932.1.130 – im Verhältnis zu den objektiv wesentlichen Umständen (oben b–h) läßt sich dahin bestimmen, daß letztlich der Wille der Vertragspartner die wesentlichen Vertragsumstände festlegt. Ein Beispiel hierfür ist die oben S. 56 f. näher erläuterte Unterscheidung zwischen dem unerheblichen und dem rechtserheblichen Kalkulationsirrtum. Dennoch ist die Erörterung und die gesetzliche Aufzählung der objektiv wesentlichen Umstände theoretisch und praktisch von Nutzen: sie legt die für den Normalfall wesentlichen Vertragspunkte fest, so daß der Irrende eine für einen bestimmten Vertrag behauptete Erweiterung dieses Katalogs, der Vertragspartner dagegen eine behauptete Einschränkung nach allgemeinen Grundsätzen wird beweisen müssen.

k) Zusammenfassung

Die Übersicht über die Irrtumsfälle hat eine weitgehende Übereinstimmung der untersuchten Rechtsordnungen in der Erfassung der objektiven Sachverhalte des erheblichen Irrtums ergeben. Diese Feststellung gilt insbesondere für die Rechtsordnungen des europäischen Kontinents, für die in der begrifflichen und wertungsmäßigen Erfassung der Irrtumsfälle die Tradition des römischen und gemeinen Rechts noch heute erheblichen Einfluß hat. Dagegen ist es im Ergebnis unerheblich, ob die Rechtsordnungen eine detaillierte gesetzliche Regelung oder lediglich eine Generalklausel (oben 1 und 2) haben oder ob sie für die wesentlichen Irrtumsfälle selbst eine allgemeine Formel verwenden: zur Erfassung der Rechtspraxis reicht keine dieser Verallgemeinerungen aus.

Keine volle Übereinstimmung besteht hinsichtlich des Irrtums über Eigenschaften des Vertragspartners sowie beim Grundlagenirrtum. Für das skandinavische Irrtumsrecht ließen sich Maßstäbe zur Beurteilung der rechtserheblichen Irrtumsfälle nicht feststellen.

Bemerkenswert ist, daß für mehrere Irrtumsgruppen die Rechtsprechung der verschiedenen Länder anerkannt hat, die Berufung auf einen Irrtum solle nach dem Inhalt des Vertrages ausgeschlossen sein (siehe oben S. 53, 55, 61); in den *Niederlanden* will Art. 6.5.2.11 Abs. 2 des Entwurfes Meijers diese Ausnahme ausdrücklich allgemein festlegen.

4. Subjektive Voraussetzungen

Sehr verschieden behandeln die einzelnen Rechtsordnungen die Frage, ob und welche subjektiven Voraussetzungen gegeben sein müssen, um einen Irrtum rechtserheblich zu machen.

a) Subjektive Voraussetzungen auf seiten des Irrenden

(aa) *Kausalität des Irrtums.* Alle Rechtsordnungen verlangen, daß der Irrtum der einen Vertragspartei für ihre Erklärungen kausal gewesen sein muß. Dieser Kausalzusammenhang zwischen Irrtum und Erklärung ist so selbstverständlich, daß er in keinem Gesetz besonders erwähnt wird; siehe jedoch Art. 6.5.2.11 Abs. 2 des *Entwurfes Meijers.* Fehlt der erforderliche Kausalzusammenhang, so hat das in allen Rechtsordnungen zur Folge, daß der Irrtum rechtlich nicht zu beachten ist.

(bb) *Entschuldbarkeit des Irrtums.* In einigen Rechtsordnungen ist es für die Frage der Beachtlichkeit des Irrtums (nicht auch für seine Nebenfolgen) unerheblich, ob der Irrtum auf einem Verschulden des Irrenden beruht; *Deutschland:* RG 30. 4. 1935, HRR 1935 Nr. 1372; RG 22. 12. 1905, RGZ 62, 201, 205; *Schweiz:* BG 16. 7. 1908, BGE 34 II 523, 530; Gmür-Becker, Anm. 10 zu Art. 23 OR; *Österreich:* OGH 5. 1. 1927, JBl. 1927, 56; Klang-Gschnitzer, Anm. A II 4 zu §§ 871–873.

In den romanischen Rechtsordnungen verlangen dagegen Rechtsprechung und Schrifttum über die gesetzlichen Vorschriften hinaus, daß ein beachtlicher Irrtum für den Irrenden unvermeidlich gewesen sein muß. Der Irrende darf also seinen Irrtum nicht verschuldet haben; *Frankreich:* Cass. comm. 18. 7. 1956, Bull. civ. 1956.III.188; Cour Rennes 11. 1. 1923, Gaz. Pal. 1923.2.64; Planiol-Ripert VI no. 180; dagegen Colin-Capitant II no. 657; Malaurie in Juris-Classeur, no. 39 zu Art. 1110 cc. Entschuldbarkeit wird auch in Livre IV Art. 8 des französischen Avant-projet cc gefordert. Ebenso *Belgien:* Cass. 6. 1. 1944, Pas. 1944. 1.133; *Spanien:* T.S. 16. 12. 1953, Aranzadi 1953 no. 3514; 14. 6. 1943, Aranzadi 1943 no. 719.

In *Italien* und den *Niederlanden,* die früher ebenfalls Entschuldbarkeit des Irrtums auf seiten des Irrenden verlangten, sollte dieses Erfordernis durch die Voraussetzung, der Irrtum müsse für den Vertragspartner erkennbar sein (siehe unten Abschnitt b aa), ersetzt werden. Entschuldbarkeit des Irrtums für den Irrenden dürfte daher nach der Auffassung des Schrifttums heute in diesen Ländern nicht mehr verlangt werden; *Italien:* Mirabelli, Anm. 7 zu Artt. 1428 ff. cc; Messineo 88; *Niederlande:* Pitlo 167; Kamphuisen 156. Die Rechtsprechung legt jedoch einem Verschulden des Irrenden nach wie vor eine gewisse Bedeutung bei; *Italien:* Cass. 27. 1. 1948, Giur. compl. Cass. 1948.II.9; App. Milano 4. 12. 1956, Foro padano 1957.I.49 – ein grobfahrlässiger Irrtum des Erklärenden ist für den Vertragspartner nicht erkennbar! Gegen diese Tendenz jedoch Cass. 9. 10. 1963, Giur. It. 1964.I.1.602; *Niederlande:* HR 15. 11. 1957, N.J. 1958 no. 67 – Treu und Glauben können die Berufung auf einen verschuldeten Irrtum ausschließen.

Für die *anglo-amerikanischen* Länder läßt sich die Bedeutung eines Verschuldens des Irrenden nicht genau bestimmen. Die Auflösung eines Vertrages wegen Irrtums erfolgt nach den Grundsätzen der equity, und diese zieht alle Umstände des Falles in Betracht. Bei dieser Würdigung des Einzelfalles wird – ähnlich wie in Italien und den Niederlanden – berücksichtigt, ob der Irrtum allein auf dem Verhalten des Irrenden beruht oder ob der Irrtum vom Vertragspartner hervorgerufen worden ist oder gar von ihm geteilt wird. In den zuletzt erwähnten Fällen des gemeinsamen und des veranlaßten einseitigen Irrtums ist der Irrtum trotz eines Verschuldens des Irrenden grundsätzlich beachtlich; *Eng-*

land: Carlisle and Cumberland Banking Co. v. Bragg, [1911] 1 K.B. 489 (C.A.); *USA:* Kelley v. Ward, 94 Tex. 289, 60 S.W. 311 (1901); Restatement of Contracts s. 508; Urteile bei Corbin III 665 n. 23. In den USA wird erst bei einem groben Verschulden des Irrenden sein Irrtum unbeachtlich; Geremia v. Boyarsky, 107 Conn. 387, 140 A. 749 (1928); Barker v. Fitzgerald, 204 Ill. 325, 68 N.E. 430 (1903); McMahon v. Tanner, 122 Utah 333, 249 P. 2d 502 (1952). In demselben Sinne werden auch s. 1577 des California cc und die entsprechenden Bestimmungen in Montana, Oklahoma, North und South Dakota ausgelegt, die die Erheblichkeit des Irrtums bei „neglect of a legal duty" ausschließen; vgl. Los Angeles & R. R. Co. v. New Liverpool Salt Co., 150 Cal. 21, 87 P. 1029 (1906) mit Sparks v. Richardson, 141 Cal. App. 2d 286, 296 P. 2d 892 (1956). Umgekehrt ist ein einseitiger, durch den Vertragspartner nicht veranlaßter Irrtum – soweit er überhaupt anerkannt wird – grundsätzlich nur dann erheblich, wenn der Irrtum nicht verschuldet war; *England:* Tamplin v. James (1880), 15 Ch. D. 215 (C.A.); *USA:* Metzger v. Aetna Ins. Co., 227 N.Y. 411, 125 N.E. 814 (1920); Atlas Shoe Co. v. Bloom, 209 Mass. 563, 95 N.E. 952 (1911); Lasier v. Mayer, 315 Ill. 362, 146 N.E. 465 (1925); Fontenot v. Coreil, 2 So. 2d 97 (C.A. Louis. 1941); Restatement of Contracts, Comment zu s. 508; s. 1577 California cc und die entsprechenden Bestimmungen in den oben erwähnten Staaten; ss. 37–211, 37–212 Code of Georgia, siehe Prince v. Friedman, 202 Ga. 136, 42 S.E. 2d 434 (1947). Die Voraussetzungen für die Annahme eines Verschuldens des Irrenden werden jedoch von Staat zu Staat und von Fall zu Fall sehr unterschiedlich bemessen; in Regeln lassen sich diese Verschiedenheiten nicht fassen.

Außerhalb des deutschen Rechtskreises wird also das Verschulden des Irrenden ganz überwiegend in Betracht gezogen. Das Verschulden des Irrenden hat allerdings dann ein geringeres Gewicht, wenn ein Irrtum beider Parteien vorliegt.

b) Subjektive Voraussetzungen beim Vertragspartner des Irrenden

Die meisten Rechtsordnungen erkennen einen Irrtum als rechtserheblich nur an, wenn der Irrtum für den Vertragspartner des Irrenden entweder erkennbar war oder der Vertragspartner den Irrtum gekannt oder ihn sogar veranlaßt hat. Mit der Veranlassung des Irrtums wird die Brücke zur arglistigen Täuschung geschlagen, bei der ja ebenfalls der Vertragspartner einen Irrtum beim Getäuschten hervorruft. Die Grenze zwischen arglistiger Täuschung und veranlaßtem Irrtum liegt dort, wo die innocent in eine fraudulent misrepresentation übergeht, wo die schuldlose oder lediglich fahrlässige Veranlassung des Irrtums zur absichtlichen Irreführung wird. Diese Grenze ist wichtig, da bei der arglistigen Täuschung andere (und zwar geringere) Anforderungen an die objektive Erheblichkeit des Irrtums gestellt werden.

In eine besondere Gruppe fällt der gemeinsame Irrtum, dem beide Vertragspartner erlegen sind.

(aa) *Erkennbarkeit des Irrtums.* Nach § 871 *öst.* ABGB ist ein Irrtum u. a. dann rechtserheblich, wenn dem Vertragspartner des Irrenden der Irrtum „aus den Umständen offenbar auffallen mußte". In der Rechtsprechung ist hierzu angenommen worden, daß ein Irrtum für den Vertragspartner erkennbar sein mußte, wenn der Irrende erklärt hatte, daß er die Ware A kaufen wolle, und er sich im Lager des Verkäufers die ähnlich aussehende Ware B aussucht; oder wenn in einem brieflichen Vertragsangebot der Kaufpreis nur mit der Hälfte des Marktpreises angegeben wird. In beiden Fällen wurde das Mitverschulden des Irrenden selbst für unerheblich gehalten; OGH 30. 4. 1907, GlUNF Nr. 3759; 11. 10. 1911, GlUNF Nr. 5600. Auf die Erkennbarkeit (oder Veranlassung, unten cc) des Irrtums kommt es jedoch nicht an, wenn er rechtzeitig aufgeklärt wurde. Rechtzeitig ist die Aufklärung, wenn der Vertragspartner des Irrenden vor Entdeckung des Irrtums noch nicht im Vertrauen auf die irrige Erklärung gehandelt oder sich auf sie eingerichtet hatte; OGH 9. 9. 1964, JBl. 1965, 318. In *Italien* bezeichnet Art. 1428 cc die Erkennbarkeit des Irrtums durch den Vertragspartner als einzige subjektive Voraussetzung; dieses Erfordernis sollte im Codice civile von 1942 die früher verlangte Entschuldbarkeit des Irrtums auf seiten des Irrenden ersetzen. Erkennbar ist ein Irrtum nach Art. 1431 cc, wenn unter Berücksichtigung des Vertragsinhalts, der Umstände des Vertragsschlusses und der Eigenschaften des Vertragspartners eine Person unter Aufbietung normaler Sorgfalt den Irrtum erkannt haben würde. So hätte z. B. ein Maler, der ein Bild von Picasso verkauft hatte, das Bild als Fälschung erkennen müssen; App. Milano 5. 6. 1951, Foro padano 1951.I.874.

In *England* und den *USA*, wo mindestens im Grundsatz überall Kenntnis des Irrtums durch den Vertragspartner verlangt wird (unten bb), begnügen sich die Gerichte in Einzelfällen auch mit der Offensichtlichkeit des Irrtums, z. B. wenn der geforderte Preis nur 1/3 des Marktpreises ausmacht; *England:* Hartog v. Colin & Shields, [1939] 3 All E.R. 566; *USA:* Bell v. Carroll, 212 Ky. 231, 278 S.W. 541 (1925); siehe auch Moffett, Hodgkins & Clarke Co. v. Rochester, 178 U.S. 373, 387 (1900); Geremia v. Boyarsky, 107 Conn. 387, 140 A. 749 (1928).

Die anderen untersuchten Rechtsordnungen verlangen nicht, daß der Irrtum für den Vertragspartner erkennbar gewesen sein muß; der *Entwurf Meijers* hat dieses Erfordernis ausdrücklich abgelehnt; Begründung zu Art. 6.5.2.11, S. 755. Zwar fordern verschiedene Rechtsordnungen, daß für den Vertragspartner erkennbar sein muß, welche Umstände der Irrende für wesentlich gehalten hat; aber diese Erkennbarkeit bezieht sich auf die objektiven Voraussetzungen des Irrtums (subjektiv wesentliche Vertragsumstände, oben S. 67), nicht auf den Irrtum als solchen.

(bb) *Kenntnis des Irrtums.* Positive Kenntnis von dem Irrtum erfüllt selbstverständlich die subjektiven Irrtumsvoraussetzungen in denjenigen Staaten, die wie Österreich und Italien sich bereits mit der Erkennbarkeit des Irrtums begnügen.

In den *skandinavischen* Vertragsgesetzen hängt die Anwendung der Generalklausel des § 33 subjektiv allein davon ab, daß der Vertragspartner die Umstände kannte, welche die Berufung auf die Erklärung des anderen Teils treuwidrig erscheinen lassen. Die Berufung auf eine irrige Erklärung ist also ausgeschlossen, wenn der Vertragspartner den Irrtum nicht kannte. Auch im *anglo-amerikanischen* Rechtskreis wird, soweit nicht bereits der einseitige Irrtum erheblich ist, positive Kenntnis des Vertragspartners von dem Irrtum gefordert. Das wird in dem Grundsatz ausgedrückt, daß nur ein „mutual mistake" beachtlich ist. Allerdings ist dieser Ausdruck nicht eindeutig, da er in den USA nur den gemeinsamen Irrtum erfaßt (= common mistake des englischen Rechts), andererseits darunter in England vereinzelt der einseitige, vom Vertragspartner nicht erkannte Irrtum verstanden wird; so z. B. Cheshire-Fifoot 175. Überwiegend aber bezeichnet „mutual mistake" den vom Vertragspartner erkannten Irrtum.

Kenntnis des Irrtums durch den Vertragspartner wird nahezu allgemein einem gemeinsamen Irrtum gleichgestellt; ein solcher Irrtum ist grundsätzlich rechtserheblich; *England:* Garrard v. Frankel, 54 E.R. 961 (1862); siehe auch Solle v. Butcher, [1950] 1 K.B. 671, 692 per Denning, L.J.; Cheshire-Fifoot 204; *USA:* Kemper Constr. Co. v. City of Los Angeles, 37 Cal. 2d 744, 235 P. 2d 7 (1951); Bowser, Inc. v. Hamilton Glass Co., 207 F. 2d 341 (C.C.A. 7th, 1953); U.S. v. Jones, 176 F. 2d 278 (C.C.A. 9th, 1949); Century Plastic Corp. v. Tupper Corp., 333 Mass. 531, 131 N.E. 2d 740 (1956); Keller v. Wolf, 239 Minn. 397, 58 N.W. 2d 891 (1953); Restatement of Contracts, ss. 472 (1) (b), 505; ss. 1578, 3399 California cc und die entsprechenden Bestimmungen in den westlichen Staaten sowie Tit. 9 s. 57 Code of Alabama. Viele Gerichte haben sogar entschieden, daß ein vom Vertragspartner als irrtümlich erkanntes Vertragsangebot nicht wirksam angenommen werden könne; diese Regel ist jedoch in den USA praktisch auf öffentliche Ausschreibungen von Bauarbeiten beschränkt und bezweckt hier offenbar, den Bauunternehmern die Rückforderung der Bietungssicherheit zu eröffnen; Tyra v. Cheney, 129 Minn. 428, 152 N.W. 835 (1915); Bromagin & Co. v. Bloomington, 234 Ill. 114, 84 N.E. 700 (1908); Rushlight Automatic Sprinkler Co. v. City of Portland, 189 Ore. 194, 219 P. 2d

732 (1950); Puget Sound Painters, Inc. v. The State of Washington, 45 Wash. 2d 41, 278 P. 2d 302 (1954); James T. Taylor & Son, Inc. v. Arlington Independent School District, 160 Tex. 617, 335 S.W. 2d 371 (1960). Für das Kaufrecht hat diese Regel – trotz ihrer Aufnahme in s. 71 (c) des Restatement of Contracts – keine Bedeutung.

Positive Kenntnis vom Irrtum soll auch nach dem *Entwurf Meijers* einen Irrtum beachtlich machen; Art. 6.5.2.11 Abs. 1 lit. a.

(cc) *Veranlaßter Irrtum.* Der Vertragspartner kann den Irrtum des Irrenden mit Absicht oder in gutem Glauben veranlassen. Das hängt davon ab, ob er den Irrtum erkannt und daher also den Irrenden bewußt über die wirkliche Lage getäuscht hat; hat er dagegen den Irrtum nicht erkannt, so hat er den Irrenden fahrlässig oder schuldlos irregeführt.

Die *bewußte Irreführung* ist selbstverständlich in denjenigen unter (bb) aufgeführten Rechtsordnungen erheblich, die bereits die Kenntnis des Vertragspartners vom Irrtum des Irrenden genügen lassen; *Österreich:* die Anfechtung wegen arglistiger Täuschung enthält daher zugleich eine Anfechtung wegen Irrtums; OGH 11. 7. 1932, Rspr. 1932 Nr. 309; Klang-Gschnitzer, Anm. B zu § 870 ABGB, Note 72a; *USA:* Volker v. Connecticut Fire Ins. Co., 22 N.J. Super. 314, 91 A. 2d 883 (1952); Garrett v. Pollock, 299 P. 2d 516 (Okla. 1956); s. 476 (1) Restatement of Contracts. Auch in anderen Rechtsordnungen neigen die Gerichte bei bewußter Irreführung durch den Vertragspartner offensichtlich dazu, eher einen rechtserheblichen Irrtum zu bejahen; *Frankreich:* Cass. civ. 23. 11. 1931, S. 1932.1.209. Einen vom Vertragspartner *fahrlässig oder schuldlos veranlaßten* Irrtum erklärt auf dem Kontinent nur *Österreich* für beachtlich; Entstehungsgeschichte des § 871 ABGB; OGH 20. 4. 1955, SZ 28 Nr. 103. Dieselbe Regel schlägt auch der *Entwurf Meijers* vor: Art. 6.5.2.11 Abs. 1 lit. b sowie Begründung S. 755. Ebenso für das *dänische* Recht Ussing 181. In *Deutschland* haben einzelne Entscheidungen eine fahrlässige Irreführung des Irrenden durch den Vertragspartner außerhalb des geschriebenen Rechts berücksichtigt. Eine fahrlässige Irreführung kann eine culpa in contrahendo darstellen; sie verpflichtet den Vertragspartner zur Wiederherstellung des status quo ante oder zu Schadensersatz; BGH 31. 1. 1962, NJW 1962, 1196; OLG Köln 19. 3. 1931, JW 1931, 3227.

In den *anglo-amerikanischen* Ländern gehört der fahrlässig oder schuldlos veranlaßte Irrtum zu der Kategorie der innocent misrepresentation. Er wird damit der außerhalb des Irrtumsrechts liegenden Ungültigkeits-Gruppe der misrepresentations zugeordnet. Representations sind Angaben oder das Verhalten eines Vertragspartners, die für den Abschluß des Vertrages maßgeblich gewesen, jedoch nicht Bestandteil des Vertrages geworden sind (sonst wären sie – in England – conditions oder warranties). Die representation muß eine Behauptung von Tatsachen sein; irrelevant sind grundsätzlich Meinungsäußerungen, insbesondere auch geschäftsübliche Anpreisungen, und Rechtsansichten. Allerdings wird – wie beim Irrtum – eine Behauptung über Rechtsverhältnisse der Beteiligten als Angabe über Tatsachen betrachtet; *England:* Jean MacKenzie v. Royal Bank of Canada, [1934] A.C. 468, 476 (P.C.); *USA:* Nash v. Minnesota Title Insurance & Trust Co., 159 Mass. 437, 34 N.E. 625 (1893); Kehl v. Abram, 210 Ill. 218, 71 N.E. 347 (1904). Eine „innocent misrepresentation" ist demnach eine schuldlose oder fahrlässig falsch aufgestellte Tatsachen-Behauptung anläßlich eines Vertragsabschlusses, durch die der Vertragspartner (möglicherweise neben anderen Gründen) zur Eingehung des Vertrages veranlaßt wurde. Trotz der abweichenden systematischen Einordnung decken sich die Voraussetzungen und die Wirkungen der „innocent misrepresentation" so gut wie vollständig mit dem anglo-amerikanischen Irrtumsrecht. Das rechtfertigt es, auch rechtsvergleichend und rechtsvereinheitlichend die innocent misrepresentation in die Gruppe des vom Vertragspartner schuldlos veranlaßten Irrtums einzubeziehen.

Die Veranlassung kann nach österreichischer wie anglo-amerikanischer Auffassung nicht nur von Erklärungen, sondern auch von einem bestimmten, positiven Verhalten des Vertragspartners ausgehen. Darüber hinaus nimmt das *österreichische* Schrifttum an, daß auch ein Schweigen des Vertragspartners eine Veranlassung des Irrtums darstellen könnte; Klang-Gschnitzer, B II 1 zu §§ 871–873 ABGB; Ehrenzweig I/1, 232. In *England* wird dagegen eine Pflicht zum Sprechen bei Kaufverträgen grundsätzlich abgelehnt; Ward v. Hobbs (1878), 4 App. Cases 13 (H.L.); Cheshire-Fifoot 216; Chitty I no. 266.

In den *USA* wird eine Aufklärungspflicht bei Kaufverträgen in drei Fällen angenommen: der Verkäufer muß dem Käufer die ihm bekannten versteckten Mängel mitteilen, wenn diese auch bei ordnungsgemäßer Untersuchung der Kaufsache nicht entdeckt werden können (latent defect); Hoe v. Sanborn, 21 N.Y. 552 (1860); French v. Vining, 102 Mass. 132 (1869); Highland Motor Transfer Co. v. Heyburn Bldg. Co., 237 Ky. 337, 35 S.W. 2d 521 (1931); Grigsby v. Stapleton, 94 Mo. 423, 7 S.W. 421 (1888); Southern Iron & Equipment Co. v. Bamberg, E. & W. Ry. Co., 151 S.C. 506, 149 S.E. 271 (1929); Southern v. Floyd, 89 Ga. App. 602, 80 S.E. 2d 490 (1954); Kitchen v. Long, 67 Fla. 72, 64 So. 429 (1914). Ebenso besteht eine Pflicht zur Rede, wenn eine Partei, insbesondere der Verkäufer, über Spezialkenntnisse verfügt, welche die andere Partei nicht hat, und diese sich erkennbar auf die Spezialkenntnisse ihres Vertragspartners verläßt; Jones v. Arnold, 359 Mo. 161, 221 S.W. 2d 187 (1949); Everett v. Gilliland, 47 N.M. 269, 141 P. 2d 326 (1943); Griffing v. Atkins, 1 So. 2d 445 (La. App. 1941); Jumonville Pipe & Machinery Co., Inc. v. Haslam Lumber Co., Inc., 129 S.W. 2d 386 (Tex. Civ. App. 1939). Schließlich wird teilweise eine Aufklärungspflicht bei Rechtsmängeln der Sache angenommen, die der Verkäufer kennt; Jarrett v. Goodnow, 39 W. Va. 602, 20 S.E. 575 (1894); Corry v. Sylvia y Cia., 192 Ala. 550, 68 So. 891 (1915).

(dd) *Gemeinsamer Irrtum.* Die bisher erwähnten subjektiven Voraussetzungen des rechtserheblichen Irrtums auf seiten des Vertragspartners des Irrenden – Erkennbarkeit, Kenntnis oder Veranlassung des Irrtums – dienen dem Schutz des Vertragspartners vor den Folgen eines Irrtums, an dem er in keiner Weise beteiligt war. Das Bedürfnis für diesen Schutz entfällt aber, wenn auch der Vertragspartner sich geirrt hat, genauer gesagt: wenn er demselben Irrtum erlegen ist. Die Rechtsordnungen, die an sich subjektive Voraussetzungen aufstellen, verzichten auf sie bei einem derartigen gemeinsamen Irrtum der Parteien; *Österreich:* OGH 10. 12. 1929, SZ 11 Nr. 255; OGH 11. 7. 1932, Rspr. 1932 Nr. 309; OGH 30. 11. 1933, SZ 15 Nr. 246; Klang-Gschnitzer, B II 4 zu §§ 871–873 ABGB; *Italien:* Cass. 9. 2. 1952, Foro ital. 1952.I. 431.

Im *englischen* Common Law verhindert ein common mistake das Zustandekommen eines Vertrages; unter diese Regel fallen jedoch nur Kaufverträge über res extincta und res sua; Cheshire-Fifoot 177–184. In equity ist dagegen ein gemeinsamer Irrtum beachtlich; Solle v. Butcher, [1950] 1 K.B. 671 (C.A.); Huddersfield Banking Co., Ltd. v. Henry Lister & Son, Ltd., [1895] 2 Ch. 273, 278, 281 (C.A.). In den *USA* ist ein gemeinsamer Irrtum als mutual mistake ebenfalls stets erheblich. Dieser Grundsatz ist eine ergänzende Hilfsregel in der Mehrzahl der Staaten, wo bereits Kenntnis oder Erkennbarkeit des Irrtums genügt; California: Moore v. Copp, 119 Cal. 429, 51 P. 630 (1897); Connecticut: Geremia v. Boyarsky, 107 Conn. 387, 140 A. 749 (1928); Illinois: Lasier v. Mayer, 315 Ill. 362, 146 N.E. 465 (1925); Kentucky: Fields v. Cornett, 254 Ky. 35, 70 S.W. 2d 954 (1934); New York: Metzger v. Aetna Ins. Co., 227 N.Y. 411, 125 N.E. 814 (1920); Texas: James T. Taylor & Son, Inc. v. Arlington Independent School District, 160 Tex. 617, 335 S.W. 2d 371, 373 (1960); ss. 37–207, 37–208 Code of Georgia. Einige Staaten erkennen dagegen noch heute nur den gemeinsamen Irrtum als wesentlich an; Colorado: Kuper v. Scroggins, 127 Colo. 424, 257 P. 2d 412 (1953); Massachusetts: Century Plastic Corp. v. Tupper Corp., 333 Mass. 531, 131 N.E. 2d 740 (1956); North Carolina: Cheek v. Southern Railway Co., 214 N.C. 152, 198 S.E. 626 (1938); Pennsylvania: Thrasher v. Rothrock, 377 Pa. 562, 105 A. 2d 600 (1954).

In anderen Rechtsordnungen berührt sich der gemeinsame Irrtum mit einem objektiven Irrtumsfall: dem Irrtum über die Geschäftsgrundlage (oben Abschnitt 3 h, S. 63 ff.). Daraus wird deutlich, daß dem gemeinsamen Irrtum auch im Rahmen der subjektiven Voraussetzungen eine gewisse Sonderstellung zukommt.

c) Zusammenfassung

Anders als bei den objektiven Irrtumsfällen haben die subjektiven Voraussetzungen für die Annahme eines Irrtums in den verschiedenen Rechtsordnungen ein stark unterschiedliches Gewicht. Deutschland und die Schweiz sehen von subjektiven Voraussetzungen für die Hauptfolgen des Irrtums völlig ab. In Frankreich, Belgien und Spanien sowie in den anglo-amerikanischen Ländern schließt jedenfalls ein erhebliches Verschulden des Irrenden an seinem Irrtum dessen Geltendmachung aus. Italien und die Niederlande haben sich zwar bemüht, das entscheidende Gewicht vom Verschulden des Irrenden hinweg auf die Erkennbarkeit des Irrtums für den Vertragspartner zu verlegen; die Praxis berücksichtigt jedoch in diesem Zusammenhang nach wie vor auch noch ein Verschulden der irrenden Vertragspartei selbst.

Die Verlagerung des Akzentes auf die subjektiven Momente in der Person des Vertragspartners – Erkennbarkeit, Kenntnis, Veranlassung des Irrtums – ist eine allgemein zu beobachtende Tendenz. Ihr entspricht einerseits die neuere Rechtslage in Italien und den Niederlanden, die sich mit der österreichischen Auffassung deckt. Ihr entspricht andererseits auch eine Auflockerung des früher sehr strikten anglo-amerikanischen Standpunktes, der immer stärker auf den gemeinschaftlichen Irrtum als unabdingbare subjektive Voraussetzung des erheblichen Irrtums verzichtet. Eine abschließende Klärung hat diese Entwicklung jedoch noch nicht gefunden.

Die subjektiven Anforderungen (für einen beachtlichen Irrtum) dienen dazu, die objektiv erheblichen Irrtumsfälle unter einem zusätzlichen Gesichtspunkt zu sortieren und damit weiter einzuschränken. Auch Deutschland und die Schweiz verzichten nicht völlig auf diese Funktion der subjektiven Voraussetzungen. Diese Länder bedienen sich der subjektiven Anforderungen jedoch nicht als zusätzlicher Schranke, um die Einwirkung des erheblichen Irrtums auf den Bestand des Vertrages zu begrenzen. Sie verpflichten vielmehr den Irrenden, der seinen Irrtum geltend macht, zum Schadensersatz, wenn der Irrtum schuldhaft war (siehe unten Abschnitt II 2, S. 88). Diese Regelung hat offensichtlich den Vorteil größerer Klarheit und Rechtssicherheit insofern, als es leichter sein wird, die Voraussetzungen für den Irrtum festzustellen. Dieser Vorteil wird freilich damit erkauft, daß der Kreis der beachtlichen Irrtumsfälle weiter ausgedehnt wird und damit zugleich die Zahl derjenigen Verträge zunimmt, für die ein Irrtum beachtlich sein kann.

II. Wirkungen

Die Wirkungen des (rechtserheblichen) Irrtums (einschließlich der innocent misrepresentation) entsprechen in den meisten Rechtsordnungen weithin den Wirkungen der mangelhaften Geschäftsfähigkeit. Die Irrtumsfolgen werden daher hier in enger Anlehnung an den Aufbau und teilweise unter Hinweis auf den Inhalt von Teil 1 dieses Berichtes dargestellt.

Die wichtigste Folge des Irrtums ist, daß der Bestand des vom Irrenden abgeschlossenen Vertrages in Frage gestellt wird. Außerdem kann der Irrtum Nebenfolgen haben, die entweder bei Nichtigkeit des Vertrages oder bei seiner Gültigkeit eintreten.

1. Bestand des Kaufvertrages

Der Irrtum berührt den Bestand eines Vertrages in unterschiedlichem Ausmaß. Nach der praktischen Bedeutung geordnet, ergibt sich unter Verwendung der in Teil 1 erläuterten Begriffe folgendes Bild:

a) Anfechtbarkeit (bzw. relative Nichtigkeit, oben S. 9)

Die Anfechtbarkeit des Vertrages ist – noch weitergehend als bei mangelnder Geschäftsfähigkeit; oben S. 10 ff. – in allen untersuchten Rechtsordnungen die Hauptfolge des Irrtums. Von dieser Grundregel gibt es nur unbedeutende, später zu erörternde Ausnahmen; §§ 119, 142 I *deut.* BGB; § 33 *skand.* Vertragsgesetze; Art. 1117 *franz.* cc, Livre IV Artt. 52, 54 II Avant-projet cc; Art. 1485 *nied.* BW, Artt. 3.2.12, 6.5.2.11 E. Meijers; Art. 1427 *ital.* cc; Artt. 1300, 1265 *span.* cc; s. 1689 *California* cc und die entsprechenden Bestimmungen in *Montana, Oklahoma, North* und *South Dakota;* Art. 1881 *Louisiana* cc; andere Staaten der *USA:* ss. 502, 503, 476 (1) Restatement of Contracts sowie die in Abschnitt I zitierten Entscheidungen; Corbin III 697 f.; *England:* Cheshire-Fifoot 185, 204 sowie die in Abschnitt I zitierten Entscheidungen.

In *Österreich* und der *Schweiz* heißt es, daß durch den Vertrag für den Irrenden keine Verbindlichkeit entstehe bzw. daß der Vertrag für ihn unverbindlich sei; § 871 ABGB, Art. 23 OR. Diese einseitige Unverbindlichkeit bedeutet in *Österreich* ebenfalls nichts anderes als eine Anfechtbarkeit des Vertrages; Klang-Gschnitzer, Anm. B III zu §§ 871–873 ABGB. Anders wird dagegen die einseitige Unverbindlichkeit in der *Schweiz* konstruiert: der Vertrag wird für den Irrenden nachträglich verbindlich, wenn er von seinem Recht, dem Vertragspartner die Unverbindlichkeit des Vertrages mitzuteilen, nicht binnen eines Jahres Gebrauch macht; Art. 31 I OR. Im praktischen Ergebnis – Bindung des Vertragspartners, Rückwirkung der Vertragsbestätigung bzw. der Anfechtung – deckt sich diese einseitige Unverbindlichkeit mit der Anfechtbarkeit (obwohl die Schweizer Literatur dies überwiegend leugnet; Oser-Schönenberger, Anm. 3–8 zu Art. 31 OR; Gmür-Becker, Anm. 11–19 zu Art. 23 OR). In der Schweizer Rechtspraxis wird die Geltendmachung der Unverbindlichkeit denn auch als Anfechtung bezeichnet; Gmür-Becker, Anm. 19.

(aa) Das *Anfechtungsrecht* steht ausschließlich dem Irrenden zu. Das ergibt sich für den *deutschen* und den *skandinavischen* Rechtskreis sowie für *Italien, California* und die ihm folgenden Staaten der *USA* aus den oben aufgeführten gesetzlichen Vorschriften; siehe ferner *Spanien:* Art. 1302 Satz 2 cc; *USA:* Cheek v. Southern Railway Co., 214 N.C. 152, 198 S.E. 626 (1938); Corbin III 697 f.; *England:* Cheshire-Fifoot 185, 204; *Frankreich:* Colin-Capitant II no. 649; Livre IV Art. 54 II Avant-projet cc; *Niederlande:* Pitlo 312; Artt. 3.2.14, 15 E.Meijers.

(bb) Als *Anfechtungsgrund* genügt in allen Rechtsordnungen grundsätzlich der nach Abschnitt I beachtliche Irrtum.

Von dieser Regel machen – noch stärker als bei der Anfechtung wegen mangelnder Geschäftsfähigkeit, oben S. 13 f. – die *USA* sowie *England* und auch *Österreich* eine Ausnahme. Sie lassen im Grundsatz die Ausübung des Anfechtungsrechts nur unter der Voraussetzung zu, daß der Anfechtende den Vertragspartner in den status quo ante zurückversetzt; *USA:* Grymes v. Sanders, 93 U.S. 55, 62 (1876); Harper, Inc. v. City of Newburgh, 159 App.Div. 695, 145 N.Y.S. 59 (1913); Howell v. Baker, 106 N.J.Eq. 434, 151 A. 117 (1930); Kutsche v. Ford, 222 Mich. 442, 192 N.W. 714 (1923); Vrabel v. Scholler, 369 Pa. 235, 85 A. 2d 858 (1952); Bell v. Carroll, 212 Ky. 231, 278 S.W. 541 (1925); s. 1691 California cc und die Bestimmungen in Montana, Oklahoma, North und South Dakota; dazu Kemper Construction Co. v. City of Los Angeles, 37 Cal. 2d 696, 235 P. 2d 7 (1951); ss. 510, 480 Restatement of Contracts. Dabei wird dem Anfechtungsgegner der Verzicht auf den Gewinn aus dem angefochtenen Vertrage nach der equity-Devise zugemutet: „a just and reasonable man will not insist upon profiting by the other's mistake"; Corbin III 682. Die Wiederherstellung ist ohne weiteres möglich, wenn der Vertragspartner seine Leistung noch nicht erbracht und sich auf die Erfüllung des Vertrages auch noch nicht eingestellt hat: diese Sachlage ist namentlich dann gegeben, wenn die Anfechtung vor oder mit Zugang der Annahmeerklärung (die Annahme wird nach anglo-amerikanischer Auffassung mit Absendung wirksam) oder auch kurz darauf erklärt wird; Moffett, Hodgkins & Clarke Co. v. Rochester, 178 U.S. 373, 385 (1900); Kemper Construction Co. v. City of Los Angeles, 37 Cal. 2d 696, 235 P. 2d 7 (1951); City of Baltimore v. De Luca-Davis Construction Co., Inc., 210 Md. 518, 124 A. 2d 557 (1956); James T. Taylor & Son, Inc. v. Arlington Independent School

District, 160 Tex. 617, 335 S.W. 2d 371 (1960). Hat der Vertragspartner den Vertrag bereits (auch nur teilweise) erfüllt, so setzt die Anfechtung die Rückgabe bzw. das Angebot der Rückgabe der empfangenen Leistung voraus; Scott v. Hall, 58 N.J.Eq. 42, 43 A. 50 (1899); Murray v. Sanderson, 62 Wash. 477, 114 P. 424 (1911); Bell v. Caroll, 212 Ky. 231, 278 S.W. 541 (1925); s. 1691 California cc und Kemper Construction Co. v. City of Los Angeles, 35 Cal. 2d 696, 235 P. 2d 7 (1951); entsprechende Bestimmungen gelten in Montana, Oklahoma, North und South Dakota. Unerheblich ist es, wenn der Marktwert der zurückgegebenen Kaufsache inzwischen gesunken ist; Goodrich v. Lathrop, 94 Cal. 56, 29 P. 329 (1892). Weithin anerkannte Ausnahmen von der Rückgabepflicht sind in s. 480 (2) des Restatement of Contracts zusammengefaßt. Bezeichnend für den engen Zusammenhang der Anfechtung mit einer vollen Rückabwicklung des Vertrages ist es, daß das Rückgabeangebot des Anfechtenden von der Rückgabe der eigenen Leistung des Anfechtenden abhängig gemacht werden darf; s. 1691 California cc und die ihm folgenden Vorschriften; s. 480 (3) Restatement of Contracts.

Ist die Wiederherstellung des status quo ante durch Rückgabe nicht möglich, so ist damit grundsätzlich die Anfechtung ausgeschlossen. Nur in Einzelfällen haben die Gerichte Wiederherstellung durch Zahlung von Schadensersatz zugelassen; Board of Regents v. Cole, 209 Ky. 761, 273 S.W. 508 (1925); Barker v. Fitzgerald, 204 Ill. 325, 68 N.E. 430 (1903).

In *England* gelten teilweise abweichende und jedenfalls weniger klar umschriebene Regeln. Der equity-Richter soll zwar möglichst weitgehend die frühere Lage der Parteien wiederherstellen; Paget v. Marshall (1884), 28 Ch. D. 255, 267. Dieses Gebot ist jedoch Voraussetzung einer Anfechtung offenbar nur bei innocent misrepresentation; Lagunas Nitrate Co. v. Lagunas Syndicate, (1889) 2 Ch. D. 392, 456 f. (C.A.). Die beiden zitierten Entscheidungen gestatten, den Ausgleich auch durch Zahlung von Schadensersatz herbeizuführen. Große Unsicherheit besteht in England, ob ein Kaufvertrag auch nach Annahme der Kaufsache durch den Käufer wegen innocent misrepresentation angefochten werden kann; dagegen: Leaf v. International Galleries, [1950] 2 K.B. 86 (C.A.); Long v. Lloyd, [1958] 1 W.L.R. 753 (C.A.); Cheshire-Fifoot 235 ff., insbesondere 238 ff. Das Law Reform Committee hat vorgeschlagen, die Anfechtung auch nach Annahme der Kaufsache zuzulassen; Tenth Report (Innocent Misrepresentation) 1962 no. 9. Das Gericht soll auch ermächtigt werden, nach seinem Ermessen anstelle der Anfechtung dem Irregeführten Schadensersatz zuzusprechen, wenn ihm das zuzumuten ist.

Nach *österreichischem* Recht ist die Anfechtung nur ausgeschlossen, wenn der Irrende in Kenntnis seines Anfechtungsrechts über die empfangene Leistung so verfügt, daß ihm die Rückgabe (und die Zahlung von Schadensersatz) unmöglich ist; OGH 5. 3. 1929, SZ 11 Nr. 56; Klang-Gschnitzer, Anm. B III 5 zu §§ 871–873 ABGB.

In *Deutschland* kann der Irrende nur anfechten, wenn er seine Erklärung „bei Kenntnis der Sachlage und bei verständiger Würdigung des Falles nicht abgegeben haben würde"; § 119 I BGB. Diese Qualifizierung des Anfechtungsrechtes hat keine große Bedeutung erlangt. Die Anfechtung ist hiernach in der Regel nur ausgeschlossen, wenn der Irrende trotz seines Irrtums wirtschaftlich nicht schlechter steht als bei Kenntnis der wahren Sachlage; RG 28. 3. 1930, RGZ 128, 116, 121.

(cc) *Anfechtungsfrist.* Wie bei der Anfechtung wegen mangelnder Geschäftsfähigkeit ist zu unterscheiden zwischen der selbständigen Geltendmachung des Anfechtungsrechts und einer Berufung auf dieses Recht im Wege der Einrede gegen einen Anspruch des Vertragspartners.

Die Frist für die selbständige Geltendmachung der Anfechtung läuft in fast allen Rechtsordnungen von der Entdeckung des Irrtums an. In den meisten Staaten ist sie gesetzlich genau festgelegt. Sie beträgt in der *Schweiz* 1 Jahr; Art. 31 I, II OR; in *Italien* und den *Niederlanden* 5 Jahre; Art. 1442 I, II cc; Art. 1490 BW; ebenfalls 5 Jahre in *Louisiana;* Art. 3542 cc geht nach der Rechtsprechung dem Art. 2221 cc vor, Brownson v. Weeks, 47 La. Ann. 1042, 17 So. 489 (1895); 6 Jahre in *England;* ss. 1, 26 Limitation Act, 1939; 10 Jahre in *Frankreich;* Art. 1304 I, II cc. Bei der Reform der Zivilgesetzbücher in den *Niederlanden* und *Frankreich* soll die Anfechtungsfrist auf 1 bzw. 2 Jahre verkürzt werden; Art. 3.2.17.1 E. Meijers; Art. 62 II, Livre IV 64 I Avant-projet cc.

Eine erhebliche Begrenzung der Anfechtungsfrist sehen *Österreich* und *Spanien* dadurch vor, daß sie die Frist von 3 bzw. 4 Jahren vom Abschluß des Vertrages an rechnen; Art. 1487 ABGB in der Auslegung der Rechtsprechung, siehe OGH 29. 3. 1938, SZ 20 Nr. 88; Art. 1301 span. cc.

Anstelle einer festen Frist verlangt das *deutsche* Recht eine „unverzügliche Anfechtung". Sie muß ohne schuldhaftes Zögern nach Entdeckung des Irrtums, spätestens 30 Jahre nach Vertragsschluß erfolgen; § 121 I BGB. Diese Frist wird je nach den Umständen des Einzelfalles bemessen, wobei es auf die Natur des Geschäftes sowie auch darauf ankommt, ob zwischen den Vertragsparteien noch Verhandlungen über den Irrtumstatbestand gepflogen worden sind. Bei Handelskäufen muß die Anfechtung grundsätzlich am Tage nach Entdeckung des Irrtums, bei anderen Geschäften innerhalb weniger Tage danach vorgenommen werden; RG 9. 10. 1906, RGZ 64, 159, 163; BGH 26. 1. 1962, WM 1962, 511, 513. Die sehr kurze Anfechtungsfrist wird jedoch von der Rechtsprechung teilweise dadurch umgangen, daß vor Übergabe der Kaufsache bei culpa in contrahendo des Vertragspartners (namentlich durch irreführende Angaben) der Irrende im Wege des Schadensersatzes vom Vertrag befreit wird. Dieser Anspruch ist gerichtlich binnen einer Verjährungsfrist von 3 Jahren seit Vertragsschluß geltend zu machen (siehe unten S. 90). – Eine ähnliche Regel gilt auch in den *USA*, wo die Anfechtung nach Entdeckung des Irrtums „prompt" sein muß; Grymes v. Sanders, 93 U.S. 55 (1876); Fines v. West Side Implement Co., Inc., 56 Wash. 2d 304, 352 P. 2d 1018 (1960); American Land Co. of Texas v. Dale, 55 S.W. 2d 229 (C.A. Texas, 1932); s. 1691 California cc und die ihm folgenden Gesetze. Gelegentlich wird auch lediglich ein „reasonable delay" verlangt; McNulty v. Whitney, 273 Mass. 494, 174 N.E. 121 (1930); s. 37–206 Code of Georgia; ss. 510, 483 Restatement of Contracts. Die Anfechtungsfrist nach dieser unbestimmten Formel wird jedoch großzügiger bemessen als in Deutschland, zumal es sich hierbei im allgemeinen um eine von der Jury zu entscheidende Tatfrage handelt; so wurden bei einem Börsengeschäft 10 Tage als zulässige Anfechtungsfrist angesehen; Wisbey v. Alan Shepard & Co., Inc., 268 Mass. 21, 167 N.E. 334 (1929). Im allgemeinen wird eine Frist bis zu 30 Tagen gewährt; siehe Annotation in 72 ALR 726. Nach den Umständen des Falles kommen aber auch längere Fristen vor. Zu der großzügigeren Beurteilung trägt bei, daß neben der unbestimmt umschriebenen Anfechtungsfrist in den USA eine feste Verjährungsfrist für Klagen wegen Irrtums besteht; sie läuft ebenfalls von der Entdeckung des Irrtums an und beträgt 2–10 Jahre; 2 Jahre: ss. 12.040 (4), 12.110 (1) Oregon Rev. Stat. 1963; 3 Jahre: s. 12–543 Arizona Rev. Stat. 1956; s. 338 (4) California Code of Civil Procedure; s. 5–218 Idaho Code 1948; s. 1–52 North Carolina Gen. Stat. 1953; s. 78–12–26 Utah Code 1953; 5 Jahre: s. 614.1, 614.4 Iowa Code 1962; s. 413.120 Kentucky Rev.Stat.; 10 Jahre ab Vertragsschluß in New York, Metcalf v. Metcalf, 196 Misc. 842, 92 N.Y.S. 2d 769 (1949), affirmed 302 N.Y. 822. Die Gerichte setzen gelegentlich die Anfechtungs- mit der Verjährungsfrist gleich, siehe etwa Hugill v. Keene, 204 Cal. 381, 268 P. 624 (1928), und dehnen auf diese Weise die Anfechtungsfrist auf mehrere Jahre aus.

In *Deutschland, Österreich* und *Spanien* gilt die Anfechtungsfrist auch dann, wenn die Anfechtung im Wege der *Einrede* gegen einen Anspruch des Vertragspartners geltend gemacht wird; *Deutschland:* Staudinger-Coing, Anm. 8 zu § 121 BGB; *Österreich:* Klang-Gschnitzer, Anm. B III 5 zu §§ 871–873 ABGB; *Spanien:* herrschende Ansicht siehe Manresa, Anm. I zu Art. 1301 cc, dagegen jedoch Puig Brutau I/2, 390. In den meisten anderen romanischen Ländern kann dagegen die Anfechtung durch Einrede ohne zeitliche Begrenzung ausgesprochen werden; *Frankreich:* Colin-Capitant II no. 783, Livre IV Art. 65 Avant-projet cc; *Italien:* Art. 1442 IV cc; *Niederlande:* Art. 1490 III BW, Art. 3.2.17 Absatz 3 E. Meijers. In den *USA* wird dieselbe Auffassung vertreten; siehe für Arizona Alsdorf v. Hampton, 33 Ariz. 506, 266 P. 16 (1928), und allgemein die Note in 78 ALR 1074 mit weiteren Nachweisen.

Umstritten ist, ob bei einem Irrtum über die Kaufsache, der sich mit einem Sachmangel deckt, die vorstehend bezeichnete allgemeine Anfechtungsfrist gilt (so *Österreich:* OGH 11. 7. 1932, Rspr. 1932 Nr. 309) oder die kurze Frist für die Gewährleistung wegen Sachmängeln (so *Frankreich:* Cass. 19. 7. 1960, Gaz. Pal. 1960.II.217). Durch Art. 34 des Einheitlichen Kaufgesetzes ist dieser Streit praktisch zugunsten der kaufrechtlichen Gewährleistungsfrist entschieden.

(dd) *Form der Anfechtung.* Wie bei mangelnder Geschäftsfähigkeit verlangen die *romanischen* Rechtsordnungen Anfechtung durch Klage (siehe oben S. 17); ebenso auch *Österreich:* Klang-Gschnitzer, Anm. B III 4 zu §§ 871–873 ABGB. Eine außergerichtliche Anfechtung genügt dagegen in *Deutschland,* § 143 I BGB, der *Schweiz,* Art. 31 I OR sowie in den *anglo-amerikanischen* Ländern (siehe oben S. 21).

Zu dem im *Entwurf Meijers* vorgesehenen Mittelweg siehe oben S. 21.

(ee) *Bestätigung des Vertrages.* Bestätigt der Irrende den Vertrag, so verzichtet er damit auf sein Anfechtungsrecht.

Eine Bestätigung ist nach einem allgemein anerkannten Grundsatz nur wirksam, wenn der Irrende sie in Kenntnis seines Anfechtungsrechts abgegeben hat; siehe die Nachweise oben S. 19; ergänzend für *Deutschland:* Staudinger-Coing, Anm. 5 zu § 144 BGB; *Schweiz:* Oser-Schönenberger, Anm. 23 zu Art. 31 OR.

Auch in den *USA* ist – anders als bei Bestätigung eines wegen mangelnder Geschäftsfähigkeit anfechtbaren Vertrages – eine Bestätigung immer erst nach Kenntnis des Irrtums möglich; California: Hogan v. Anthony, 52 Cal. App. 158, 198 P. 47 (1921); Illinois: Wollenberger v. Hoover, 346 Ill. 511, 179 N.E. 42 (1931); Massachusetts: McNulty v. Whitney, 273 Mass. 494, 157 N.E. 698 (1930); New York: Bach v. Tuch, 126 N.Y. 53, 26 N.E. 1019 (1891); ss. 510, 484 Restatement of Contracts. Die Bestätigung bedarf keiner Form.

(ff) *Teilanfechtung.* Bezieht sich der Irrtum nur auf einen Teil eines Kaufvertrages, so fragt es sich, ob der ganze Vertrag angefochten oder ob die Anfechtung auf einen Teil des Vertrages beschränkt werden kann; an einer teilweisen Aufrechterhaltung kann sowohl der Irrende als auch sein Vertragspartner interessiert sein.

Es ist offenbar überall selbstverständlich und daher im allgemeinen nicht ausdrücklich ausgesprochen, daß eine Teilanfechtung nur bei einem teilbaren Vertrage in Betracht kommt. Teilbar in diesem Sinn ist ein Kaufvertrag nicht, wenn er zwischen einem Käufer und einem Verkäufer über eine einzelne Sache abgeschlossen wird. Die Teilanfechtung eines solchen Kaufvertrages, etwa eines Teils des Kaufpreises, dürfte allgemein unzulässig sein, weil es dem Irrenden nicht gestattet werden kann, die ihm unerwünschte Seite des Kaufvertrages anzufechten und zugleich im Genuß der vorteilhaften Seite zu bleiben; *Deutschland:* RG 20. 9. 1928, HRR 1929 Nr. 2; RG 19. 12. 1934, RGZ 146, 234, 236; *Schweiz:* BG 30. 11. 1962, BGE 88 II 410 (412). Freilich kommt die vereinzelt zugelassene Anpassung des Vertrags (unten d) im Ergebnis einer Teilanfechtung gleich.

Ein teilbarer Kaufvertrag liegt vor, wenn eine Mehrheit von Sachen verkauft wird oder wenn mehrere Personen selbständig am Vertrage beteiligt sind. Bezieht sich in einem solchen Fall der Irrtum nur auf eine der verkauften Sachen oder irrt nur eine der Parteien, so ist eine Teilanfechtung grundsätzlich zulässig. Die Frage ist dann lediglich, ob die durch die Teilanfechtung eintretende Teilnichtigkeit des Kaufvertrages zur Nichtigkeit des ganzen Vertrages führt oder nicht. Diese Frage wird allgemein nach dem Willen der Parteien beurteilt: Ist anzunehmen, daß diese den ganzen Vertrag nicht ohne den angefochtenen Teil abgeschlossen haben würden, so ist der ganze Vertrag nichtig. Soweit gesetzliche Vorschriften über die Wirkung einer Teilnichtigkeit bestehen, stützt sich die Rechtsprechung auf diese Bestimmungen, auch wenn diese nicht unmittelbar von der durch Teilanfechtung eingetretenen Teilnichtigkeit ausgehen; *Deutschland:* RG 19. 12. 1934, RGZ 146, 234; RG 3. 6. 1930, HRR 1930 Nr. 1895 auf Grund von § 139 BGB; *Österreich:* OGH 4. 12. 1931, Rspr. 1932 Nr. 5; Klang-Gschnitzer, Anm. B III 3 zu §§ 871–873 ABGB; *Schweiz:* BG 27. 5. 1952, BGE 78 II 216 entgegen der älteren Rechtsprechung, aber mit der Literatur (Oser-Schönenberger, Anm. 71 zu Art. 20, Vorbem. 3 vor Art. 23 OR) auf Grund von Art. 20 II OR; *Frankreich:* Cass. 25. 7. 1900, S. 1902.1.317; Cour Montpellier 23. 10. 1951, D. 1952.2.15; Planiol-Ripert VI no. 184, 188; Livre IV Artt. 66, 67 Avant-projet cc; *Italien:* Artt. 1419, 1420, 1446 cc; *Niederlande:* Hof 's-Gravenhage 13. 12. 1920, N.J. 1921 S. 1012; *USA:* Simmons v. California Institute of Technology, 34 Cal. 2d 264, 209 P. 2d 581, 587 (1949); Inhabitants of Revere v. Revere Water Co., 218 Mass. 161, 105 N.E. 628 (1914); Friedman v. Richman, 213 App. Div. 467, 210 N.Y.S. 648 (1925), affirmed 241 N.Y. 576, 150 N.E. 561; Southwestern Cooperage Co. v. Kivlen, 266 S.W. 826 (C.A. Texas 1924); ss. 510, 487 Restatement of Contracts. Eine Ausnahme von der Regel ist in New York gemacht worden: Bei einem Kreditkauf hat der Verkäufer, der sich infolge von Angaben des Käufers über dessen Kreditwürdigkeit geirrt hat, die Wahl, ob er den ganzen Kaufvertrag oder ob er nur die Abrede über die Kreditierung des Kaufpreises anfechten will; Heilbronn v. Herzog, 165 N.Y. 98, 58 N.E. 759 (1900).

(gg) *Rechte des Vertragspartners.* Die Möglichkeiten des Vertragspartners des Irrenden, diesen zu einer raschen Entschließung über die Anfechtung zu bewegen oder ihn überhaupt am Vertrag festzuhalten, sind nach geltendem Recht sehr beschränkt.

Dem Irrenden eine *Frist* zur Ausübung der Anfechtungserklärung zu setzen, ist lediglich in *Frankreich* und den *Niederlanden* und auch hier nur nach der lex ferenda vorgesehen, siehe oben S. 20.

Im *deutschen* Rechtskreis und in *Italien* wird noch erörtert, ob der Vertragspartner das Anfechtungsrecht des Irrenden gegen dessen Willen dadurch ausschließen kann, daß er sich zur Erfüllung des Vertrages in dem vom Irrenden gemeinten Sinne bereit erklärt. Nach Art. 25 II *schweiz.* OR und Art. 1432 *ital.* cc ist in diesem Fall die Anfechtung des Vertrages ausgeschlossen. Dieselbe Auffassung wird auch von der Rechtslehre in *Österreich* vertreten; Ehrenzweig I/1, 234 f.; Klang-Gschnitzer, Anm. D 2 zu §§ 871–873 ABGB. In *Deutschland* ist die Frage umstritten, die überwiegende Lehre lehnt diese Möglichkeit, den Irrenden am Vertrage festzuhalten, im Regelfall wohl ab; siehe Enneccerus-Nipperdey II § 170 IV; dafür aber Staudinger-Coing, Anm. 61 zu § 119 BGB. Das Reichsgericht hat immerhin in einem Falle beiderseitigen Irrtums anerkannt, daß ein Vertragspartner, der sich auf die „richtige Geschäftsgrundlage" stelle und dementsprechend eine Erhöhung seiner Leistung anbiete, die andere Vertragspartei am Vertrage festhalten könne; RG 2. 11. 1926, Gruchot 69, 216.

b) Nichtigkeit

In einigen Fällen wird als Folge eines Irrtums von der Nichtigkeit des Vertrages gesprochen, während die Vernichtbarkeit (= Anfechtbarkeit) gemeint ist. Wird aber einem Irrtum bewußt die Wirkung absoluter Nichtigkeit beigelegt, so ist Grundlage dieses Urteils nahezu stets ein Dissens der Parteien (hierzu oben Abschnitt A I, S. 43 ff.). Hierauf beruht insbesondere die Regel des *englischen* Common Law, wonach ein beachtlicher Irrtum stets zur Nichtigkeit des Vertrages führt; siehe den leading case Raffles v. Wichelhaus (1864), 2 H. & C. 906, 159 E.R. 375: Verkauf einer Partie Baumwolle ex „Dampfer Peerless" aus Bombay. Es gab jedoch zwei Schiffe dieses Namens, die aus Bombay segelten; der Käufer meinte das im Oktober, der Verkäufer das im Dezember ankommende Schiff. Die Fälle, in denen die Voraussetzungen für die Anerkennung dieser Regel gegeben sind, sind jedoch sehr selten; im allgemeinen werden die Irrtumsfolgen vielmehr der equity entnommen. Diese knüpft an den Irrtum grundsätzlich die Anfechtbarkeit des Vertrages, in gewissen Fällen aber auch die Verweigerung der Vertragserfüllung (unten c). Nichtigkeit kann im *deutschen* Rechtskreis der Grundlagenirrtum zur Folge haben. Dasselbe gilt beim gemeinsamen Irrtum des *österreichischen* Rechts; OGH 10. 12. 1929, SZ 11 Nr. 255; Klang-Gschnitzer, Anm. B II 4 zu §§ 871–873 ABGB. In *Deutschland* ist maßgebend, ob das Festhalten am Vertrage im einzelnen Fall nach Treu und Glauben zumutbar ist: BGH 15. 11. 1951, LM Nr. 1 zu § 242 (Bd) BGB; RG 23. 9. 1929, LZ 1930, 315; RG 3. 5. 1924, RGZ 108, 105 (110). Ist das Festhalten am Vertrage zumutbar, so kann noch eine Anpassung einzelner Vertragsbestimmungen in Betracht kommen (unten d). Welchen Weg der Richter im Einzelfall geht, liegt so stark in seinem Ermessen, daß sich Regeln hierfür nicht angeben lassen.

c) Verweigerung der Vertragserfüllung

Dieser für das *anglo-amerikanische* Recht typische Rechtsbehelf beruht darauf, daß specific performance nur nach den Grundsätzen der equity gewährt wird. Die Gerichte verlangen, daß der zu erfüllende Vertrag zu angemessenen und gerechten Bedingungen abgeschlossen sein muß, und berücksichtigen in diesem Zusammenhang auch Willensmängel, selbst wenn diese für die Anfechtung des Vertrages nicht ausreichen. Andererseits werden aber auch nur Willensmängel von einer gewissen Bedeutung berücksichtigt; *England:* Malins v. Freeman, 48 E.R. 537 (1837); *USA:* Mansell v. Lord Lumber & Fuel Co., 348 Ill. 140, 180 N.E. 774 (1932); Eisenbeis v. Shillington, 348 Mo. 108, 159 S.W. 2d 641 (1941); s. 367 (c) Restatement of Contracts. Bezeichnend ist z. B., daß der einseitige Irrtum der Erfüllungsklage auch in denjenigen Staaten der *USA* entgegenstehen kann, die ihn als Anfechtungsgrund nicht genügen lassen; siehe Kappelman v. Bowie, 201 Md. 86, 93 A. 2d 266 (1952); Panco v. Rogers, 19 N.J. Super. 12, 87 A. 2d 770 (1952). Allerdings stellen die Gerichte selten ausschließlich auf den Irrtum ab, sondern beziehen alle Umstände des Vertragsschlusses mit ein, so daß sich feste Regeln, die sich auf den Willensmangel allein gründen, auch hier nicht aufstellen lassen.

Der Bestand des Vertrages wird durch Verweigerung der Vertragserfüllung nicht berührt. Die Gerichte verweisen vielmehr den Erfüllung begehrenden Vertragspartner oft ausdrücklich auf sein Recht, vom Irrenden statt der Erfüllung Schadensersatz zu verlangen. Die Entscheidungen betreffen allerdings fast stets Verträge über unbewegliches Vermögen, sehr selten solche über bewegliche Sachen.

d) Anpassung

In einigen wenigen Fällen ist der Irrtum im Vertrage von den Gerichten berichtigt und der Vertrag damit an den wahren Willen des

Irrenden angepaßt worden. Im Unterschied von der Berichtigung einer falsa demonstratio (dazu Abschnitt C, unten S. 92 f.) wird diese Anpassung nicht auf der Grundlage eines übereinstimmend vorhanden gewesenen und lediglich falsch erklärten Willens beider Parteien vorgenommen, sondern allein im Interesse des Irrenden und daher bis zu einem gewissen Grade ohne Rücksicht auf das Interesse seines Vertragspartners.

§ 872 *öst.* ABGB gestattet eine Anpassung, wenn der Irrtum ein unwesentlicher ist; die Vorschrift wird auch auf einen wesentlichen Irrtum angewendet, da es dem Irrenden freistehen sollte, seinen wesentlichen Irrtum als nebensächlich zu behandeln; OGH 14. 10. 1964, ÖJZ 1965, 101, EvBl. Nr. 65; Ehrenzweig II/1, 235 Anm. 38; anders noch OGH 9. 6. 1936, SZ 18 Nr. 99. Unwesentlich ist ein Irrtum, der einen Nebenpunkt des Vertrages betrifft, wie z. B. den Erfüllungsort, eine Vertragsstrafe oder Ähnliches. Soweit es sich hierbei um einen quantitativen Irrtum handelt, findet die Anpassung auf der Grundlage des von den Parteien tatsächlich ausgehandelten Verhältnisses zwischen Wert und Gegenwert der Leistung statt; dazu näher Klang-Gschnitzer, Anm. C II 1 zu §§ 871–873 ABGB; OLG Wien 30. 9. 1936, EvBl. 1936 Nr. 912.

In *Frankreich* hat die Rechtsprechung eine ähnliche Regel zunächst nur auf einem Sondergebiet entwickelt. Hatte der Verkäufer bei Veräußerung eines Geschäftes (fonds de commerce) beim Käufer einen Irrtum über die Höhe des Umsatzes erregt, so war dieser Irrtum, da er nur den Wert der Kaufsache betraf, kein wesentlicher (anders die *österreichische* Rechtsprechung, siehe OGH 9. 6. 1936, SZ 18 Nr. 99). In ständiger Rechtsprechung ist jedoch der Schadensersatzanspruch des Käufers wegen der Täuschung im Wege eines Abzuges vom Kaufpreis anerkannt worden; Cass. civ. 15. 2. 1898, D.P. 1898.1.192; Cour Paris 9. 11. 1899, D.P. 1900.2.210; Cour Douai 8. 2. 1907, D.P. 1908. 2.5. Diese Rechtsprechung wird jedenfalls gelegentlich auch auf den Kauf beweglicher Sachen ausgedehnt; Cour Montpellier 23. 10. 1951, D. 1952.2.15. Die Lehre rechtfertigt diese Übung nur teilweise, und zwar dann mit dem Hinweis auf den verwandten Rechtsgedanken einer Minderung des Kaufpreises bei der Gewährleistung wegen Sachmängeln; Planiol-Ripert VI no. 184, 188; dagegen Colin-Capitant II no. 658.

In *Deutschland* passen die Gerichte, wenn sie bei einem Irrtum über die Geschäftsgrundlage die Auflösung des Vertrages nicht für gerechtfertigt halten, die Leistungen der Parteien an die „richtige Geschäftsgrundlage" an; siehe z. B. BGH 16. 1. 1953, LM Nr. 12 zu § 242 (Bb) BGB (Lieferungsvertrag in Unkenntnis eines Ausfuhrverbots); auch RG 2. 11. 1926, Gruchot 69, 216.

2. Rechtsfolgen bei Nichtigkeit des Kaufvertrages

Die Rechtsfolgen der Nichtigkeit des Kaufvertrages sind einheitlich, ohne Rücksicht darauf, ob die Nichtigkeit als absolute von vornherein bestand oder zufolge einer Anfechtung erst eingetreten ist.

a) Herausgabe der empfangenen Leistung

Ist der Kaufvertrag wegen Irrtums nichtig oder vernichtet worden, so geben alle Rechtsordnungen den Vertragspartnern das Recht, etwa auf Grund des Vertrages bereits erbrachte Leistungen von der anderen Vertragspartei zurückzuverlangen. Die Rückforderungsansprüche beruhen entweder auf ausdrücklich für diesen Fall gegebenen Vorschriften; § 877 *öst.* ABGB; Livre IV Art. 68 *franz.* Avant-projet cc; Art. 1488 *nied.* BW; Art. 1303 *span.* cc, oder auf der Anwendung der allgemeinen Regeln über die Herausgabe des Eigentums bzw. einer Bereicherung; siehe etwa *Schweiz:* BG 5. 2. 1957, BGE 83 II 19; *England:* Huddersfield Banking Co., Ltd. v. H. Lister & Son, Ltd., [1895] 2 Ch. 278, 281 (C.A.). Ein etwaiges Verschulden des Irrenden kann eine Herabsetzung der ihm vom Vertragspartner herauszugebenden Leistung nicht rechtfertigen; Cass. 25. 7. 1900, S. 1902.1.317. Der Sicherung der Rückgabepflicht dient im anglo-amerikanischen Rechtskreis der Satz, wonach ein Rückgabeangebot des Irrenden bereits Voraussetzung für sein Anfechtungsrecht ist (siehe oben S. 78 f.).

Anders als bei der Rückgabepflicht einer nicht voll geschäftsfähigen Person (siehe oben S. 25) besteht kein Anlaß, die Pflicht des Irrenden zur Herausgabe der empfangenen Leistung zu mildern.

b) Schadensersatz

Einen Anspruch auf Schadensersatz mag einerseits der Irrende mit der Behauptung erheben, durch den Vertragspartner irregeführt worden zu sein; andererseits mag auch der Vertragspartner Ersatz des Schadens begehren, der ihm infolge der Anfechtung des Vertrages entsteht. Der Ersatzanspruch beider Vertragsparteien erhält praktische Bedeutung vornehmlich dann, wenn der Kaufvertrag, bei dessen Abschluß ein Irrtum unterlief, ex lege oder infolge der Anfechtung nichtig ist. In diesem Fall erblicken die kontinentalen Rechtsordnungen die Grundlage für Ersatzansprüche der Vertragsparteien übereinstimmend in dem Rechtsgedanken der culpa in contrahendo. In nahezu allen kontinentalen Rechtsordnungen ist jedoch umstritten, ob die Haftung für culpa in contrahendo eine vertragliche oder eine deliktische Haftung ist; von der Antwort auf diese Frage wird weitgehend abhängig gemacht, welche Regeln für die Beweislast, die Verjährung, die Haftung für Gehilfen usw. anzuwenden sind. Diese Einzelheiten können allerdings hier nicht behandelt werden; der Bericht kann nur die wichtigsten Voraussetzungen und den Umfang der Ersatzansprüche erörtern.

(aa) *Ersatzanspruch des Vertragspartners des Irrenden.* Ein Schaden des Vertragspartners entsteht nur, wenn der vom Irrtum berührte Vertrag ex lege oder infolge einer Anfechtung durch den Irrenden nichtig ist. Deutschland und die Schweiz regeln Voraussetzungen und Umfang des Ersatzanspruches in besonderen Bestimmungen.

Nach Art. 26 I *schweiz.* OR ist der Irrende ersatzpflichtig, wenn sein Irrtum *fahrlässig* war. Verschulden des Irrenden verlangen – nach dem Grundgedanken der culpa in contrahendo – auch die meisten anderen Länder auf dem Kontinent; so *Frankreich:* Planiol-Ripert VI no. 189; Malaurie, Juris-Classeur, Art. 1117 Anm. 8; Livre IV Art. 72 I Avant-projet cc; siehe auch Cass. 25. 7. 1900, S. 1902.1.317; *Spanien:* Puig Brutau I/2, 214; *Österreich:* Ehrenzweig II/1, 160 Anm. 19; Klang-Gschnitzer, Anm. V 1, V 2 zu § 878 ABGB. Der Nachweis einer Fahrlässigkeit des Irrenden ist in der *Schweiz* erleichtert (BG 6. 7. 1943, BGE 69 II 234, 239), da diese Voraussetzung des Ersatzanspruches für verfehlt gehalten wird (Oser-Schönenberger, Anm. 8 zu Art. 26 OR). Nach § 122 I *deut.* BGB hingegen besteht die Ersatzpflicht des Irrenden ohne Rücksicht darauf, ob er den Irrtum verschuldet hat.

Der Ersatzanspruch des Vertragspartners entfällt jedoch, wenn dieser den Irrtum der anderen Partei erkannt hatte oder ihn hätte erkennen müssen; § 122 II *deut.* BGB; Art. 26 I *schweiz.* OR; *Österreich:* so wohl Klang-Gschnitzer, Anm. B V 2 zu § 878 ABGB; *Frankreich:* Planiol-Ripert VI no. 189; Colin-Capitant II no. 790; Livre IV Art. 72 I Avant-projet cc; *Spanien:* Puig Brutau I/2, 214. Das Schweizer Bundesgericht hat ausdrücklich den Gedanken zurückgewiesen, das beiderseitige Verschulden des Irrenden und seines Vertragspartners beim Vertragsschluß könne gegeneinander abgewogen und hiernach der Schadensersatz bemessen werden; BG 6. 7. 1943, BGE 69 II 234, 240. In Deutschland muß sich jedoch der Vertragspartner ein Verschulden bei der Abwendung oder Milderung des eingetretenen Schadens entgegenhalten und dementsprechend seinen Ersatzanspruch einschränken lassen; RG 22. 1. 1927, RGZ 116, 15, 19. *Italien,* das nach den Artt. 1428, 1431 cc Erkennbarkeit des Irrtums für den Vertragspartner als Voraussetzung für die Anfechtung verlangt, schließt folgerichtigerweise einen Ersatzanspruch des Vertragspartners völlig aus.

Der *Umfang* des vom Irrenden zu ersetzenden Schadens wird allgemein begrenzt auf den Schaden, den der Vertragspartner durch sein Vertrauen auf die Gültigkeit des Vertrages erlitten hat; der Vertragspartner wird also so gestellt, als ob er den Vertrag nicht abgeschlossen hätte (sog. negatives Vertragsinteresse), nicht dagegen so, als wenn der Vertrag erfüllt worden wäre (sog. positives oder Erfüllungsinteresse), § 122 I *deut.* BGB; Art. 26 I *schweiz.* OR und dazu BG 16. 2. 1938, BGE 64 II 9, 13; *Österreich:* OGH 31. 1. 1950, ÖJZ 1951, 168 EvBl. Nr. 109; *Spanien:* Puig Brutau I/2, 214. Während nach § 122 I deut. BGB das negative Interesse nur bis höchstens zum Betrage des Erfüllungsinteresses zuerkannt werden darf, ermächtigt Art. 26 II schweiz. OR den Richter, dem Vertragspartner im Einzelfall nach Billigkeit auch mehr als das negative Interesse zuzusprechen. In *Frankreich* kann überhaupt das Erfüllungsinteresse verlangt werden; das führt oft zur Aufrechterhaltung des Vertrages; Planiol-Ripert VI no. 189; Livre IV Art. 72 I Avant–projet cc.

Wie Italien, so versagen auch die *anglo-amerikanischen* Rechtsordnungen dem Vertragspartner einen Ersatzanspruch, da sie eine allgemeine außervertragliche Haftung für fahrlässige Schadenszufügung nicht anerkennen; siehe den allgemein befolgten „leading case" Derry v. Peek (1889), L.R. 14 App. Cas. 337 (H.L.); Heilbut, Symons & Co. v. Buckleton, [1913] A.C. 30, 51 (H.L.); siehe auch s. 552 Restatement of Torts, Comment c. Die Gesetze einiger Einzelstaaten der *USA* gewähren dem Richter allerdings die Befugnis, im Anfechtungsstreit dem Vertragspartner Schadensersatz „nach Gerechtigkeit" zuzusprechen; s. 37.0703 South Dakota Code 1939; s. 32–0423 North Dakota Century Code, 1960. – In *England* zeichnet sich jedoch neuerdings eine liberalere Haltung ab; Hedley Byrne & Co., Ltd. v. Heller & Partners, Ltd., [1964] A.C. 465 (H.L.) gewährt nunmehr in außervertraglichen Rechtsverhältnissen einen Ersatzanspruch für Schäden aus fahrlässig falschen Mitteilungen, wenn zwischen den Parteien eine enge Beziehung bestand.

(bb) *Ersatzanspruch des Irrenden.* Der Ersatzanspruch des Irrenden gegenüber seinem Vertragspartner beruht ebenfalls auf dem Rechtsgedanken der culpa in contrahendo; durch das Verhalten des Vertragspartners muß der Irrtum des Irrenden erregt worden sein. Eine Ersatzpflicht wird in erster Linie in Betracht kommen bei Nichtigkeit des Kaufvertrages; sie wird aber vereinzelt auch für den Fall erwogen, daß der Kaufvertrag vom Irrenden nicht angefochten wird.

Bei *Nichtigkeit des Vertrages* haftet der Vertragspartner für den schuldhaft verursachten Schaden, der sich nicht bereits durch die Nichtigkeit des Vertrages beseitigen läßt (z. B. Kosten für den Abschluß des Vertrages, Verlust des Gewinnes aus einem besseren Geschäft); *Deutschland:* Soergel-Siebert, Anm. 8 zu § 122 BGB; siehe auch BGH 31. 1. 1962, NJW 1962, 1197; *Österreich:* OGH 31. 1. 1951, ÖJZ 1951, 168 EvBl. Nr. 109; *Schweiz* BG 9. 7. 1929, BGE 55 II 184, 189; Guhl 179; *Frankreich:* Planiol-Ripert VI no. 189; Livre IV Art. 72 I Avant-projet cc. Nach Art. 1489 *nied.* BW ist der Vertragspartner nach Anfechtung zum Schadensersatz verpflichtet, „wenn dafür Gründe bestehen"; diese

Wendung ist so zu verstehen, daß die Ersatzpflicht eintritt, wenn die Voraussetzungen einer unerlaubten Handlung nach Art. 1401 BW erfüllt sind (HR 25. 4. 1947, N.J. 1947 no. 270), insbesondere wenn der Vertragspartner den Irrtum erkannt hatte; Pitlo 320; noch weitergehend Kamphuisen 102. Auch *Italien* gibt in Art. 1338 cc eine auf alle Ungültigkeitsgründe zugeschnittene gesetzliche Regel: der Vertragspartner, der das Bestehen eines Ungültigkeitsgrundes erkannt hat oder hätte erkennen sollen und dennoch die andere Partei nicht aufgeklärt hat, ist bei Schuldlosigkeit der anderen Partei zum Ersatz ihres durch Vertrauen auf die Gültigkeit des Vertrages erlittenen Schadens verpflichtet. Auch Livre IV Art. 72 I des *franz.* Avant-projet cc sieht eine derartige allgemeine Ersatzpflicht vor, beschränkt diese jedoch nicht auf das negative Interesse; der Richter soll vielmehr als Schadensersatz die Erfüllung des Vertrages anordnen können.

Nach der *deutschen* Rechtsprechung ist der Ersatzanspruch des Irregeführten nicht von der Anfechtung abhängig, dient vielmehr gelegentlich geradezu als Ersatz der Anfechtung, indem der Irregeführte so gestellt wird, als habe er den Vertrag nicht abgeschlossen; RG 22. 1. 1927, RGZ 116, 15, 18; BGH 31. 1. 1962, NJW 1962, 1197; OLG Köln 19. 3. 1931, JW 1931, 3227. Damit wird insbesondere die sehr kurze Anfechtungsfrist umgangen (oben S. 80 f.).

Im *anglo-amerikanischen* Rechtskreis ist dagegen ein Ersatzanspruch wegen fahrlässiger Irreführung grundsätzlich ausgeschlossen; siehe die Leitentscheidung Derry v. Peek (1889), L.R. 14 App. Cas. 337 (H.L.). Schadensersatz kann auch nicht in der Form gewährt werden, daß der Irregeführte Minderung des Kaufpreises verlangt; Rutherford v. Acton-Adams, [1915] A.C. 866, 868 (P.C.); Gilchester Properties, Ltd. v. Gomm, [1948] 1 All E.R. 493, 497. Die englische Grundsatzentscheidung Derry v. Peek wird grundsätzlich auch in den meisten Einzelstaaten der *USA* anerkannt. Einige Staaten gewähren jedoch ausdrücklich einen Ersatzanspruch, teilweise unter Qualifikation der innocent misrepresentation als „constructive fraud"; siehe Stein v. Treger, 182 F. 2d 696, 699 (C.A. D.C. 1949); Schlechter v. Felton, 134 Minn. 143, 158 N.W. 813 (1916); Weston v. Brown, 82 N.H. 157, 131 A. 141 (1925); Ham v. Hart, 58 N.M. 550, 273 P. 2d 748 (1954); International Products Co. v. Erie Railroad Co., 244 N.Y. 331, 155 N.E. 662 (1927); Trust Co. of Norfolk v. Fletcher, 152 Va. 868, 148 S.E. 785 (1929); Title 7 ss. 107, 108 Code of Alabama 1940; ss. 1573, 3343 California cc. In einigen anderen Staaten wird ein ähnliches Ergebnis auf Umwegen erzielt, indem mit einer Vermutung oder einer Pflicht zur Kenntnis gearbeitet wird; Prosser, Handbook of the Law of Torts (1941) 741. Schadensersatz wird jedoch in diesem Fall – einem allgemeinen Prinzip des anglo-amerikanischen Rechts folgend, siehe Corbin V 462, 920 f.; §§ 381,

384 Restatement of Contracts – nur gewährt, wenn der Vertrag vom Irrenden nicht angefochten worden ist. Schadensersatz und Anfechtung schließen sich aus. Dieser Regel liegt der Gedanke zugrunde, den Irrenden nicht doppelt zu entschädigen; eine doppelte Entschädigung würde ihm tatsächlich zugesprochen werden, wenn er nach der Anfechtung den Ersatz des Erfüllungsinteresses erhalten würde. Eine Beschränkung des Ersatzanspruches auf das sog. negative Interesse wird in diesem Zusammenhang in der Praxis offenbar nicht in Betracht gezogen (siehe dagegen die Bemerkung bei Corbin V 922). Auch in *England* macht sich in jüngster Zeit eine größere Liberalität bei der Gewährung von Schadensersatz bemerkbar. Das House of Lords hat seine Grundsatzentscheidung Derry v. Peek kürzlich für außervertragliche misrepresentations aufgegeben (oben S. 89). Das Law Reform Committee schlägt für eine *schuldhafte* „innocent" misrepresentation bei Vertragsschluß die Einführung einer Ersatzpflicht des Irreführenden vor, und zwar unabhängig von den beschränkenden Voraussetzungen einer Anfechtung des Vertrages; die Beweislast für die Schuldhaftigkeit der Irreführung soll der Irreführer tragen; Tenth Report, 1962, nos. 18, 21.

Inwieweit dem Irrenden bei *Nichtanfechtung* des Kaufvertrages ein Ersatzanspruch wegen Irreführung zugebilligt wird, ist für die kontinentalen Rechtsordnungen nicht leicht auszumachen. Man wird davon ausgehen können, daß die oben für den Fall der Nichtigkeit oder Anfechtung mitgeteilten Regeln über den Schadensersatz auch bei Gültigkeit des Vertrages den Ersatzanspruch des Irregeführten bestimmen.

C. Uneigentlicher Irrtum

Zum uneigentlichen Irrtum werden, wie oben S. 46 dargelegt, der Erklärungs- und der Übermittlungsirrtum gerechnet. In beiden Fällen entsteht der Irrtum nicht bei der Bildung des Willens, sondern bei der Niederlegung und Übermittlung des richtig gebildeten Willens an den Vertragspartner.

I. Erklärungsirrtum

1. Grundsatz

§ 119 I *deut.* BGB („Wer ... eine Erklärung dieses Inhalts überhaupt nicht abgeben wollte, ...") und Art. 1433 *ital.* cc erwähnen den Erklärungsirrtum ausdrücklich; er soll nach denselben Regeln behandelt werden wie ein echter Irrtum. Eine Besonderheit stellt § 32 I der *skand.* Vertragsgesetze dar, der den Erklärungsirrtum regelt, während es bekanntlich für den echten Irrtum keine detaillierte Vorschrift gibt. Die

Gleichstellung des Erklärungs- mit einem echten Irrtum ist heute in den meisten Rechtsordnungen auch ohne ausdrückliche gesetzliche Bestimmung anerkannt, wobei außerhalb des romanischen Rechtskreises der Erklärungsirrtum zumeist nicht einmal als selbständiger Irrtumsfall angesehen wird. *Österreich:* OGH 1. 7. 1915, GlUNF Nr. 7513; OGH 20. 3. 1917, Slg. Nr. 1823; Klang-Gschnitzer, Anm. A II 1 zu §§ 871–873 ABGB; *Schweiz:* Oser-Schönenberger, Anm. 8 zu Art. 24 OR; Gmür-Becker, Anm. 6 zu Art. 23 OR; Guhl 108; *Frankreich:* Colin-Capitant II no. 626; Planiol-Ripert VI no. 190; *Spanien:* Manresa, Anm. VIII zu Art. 1282 cc; Puig Brutau I/2, 204 f.; *England:* Garrard v. Frankel (1862), 54 E.R. 961; Webster v. Cecil (1861), 54 E.R. 812; *USA:* Harran v. Foley, 62 Wis. 584, 22 N.W. 837 (1885); Mutual Life Insurance Co. of New York v. Simon, 151 F. Supp. 408 (D.C. D.N.Y. 1957).

Voraussetzungen und Folgen eines erheblichen Erklärungsirrtums richten sich also nach den unter B dargelegten Regeln über den echten Irrtum. Nach § 32 I der *skandinavischen* Vertragsgesetze, die eine gesetzliche Regelung des echten Irrtums nicht enthalten, tritt eine Bindung an eine irrtümlich abgegebene Erklärung nicht ein, wenn der Vertragspartner den Irrtum erkannte oder hätte erkennen müssen. Eine ähnliche Regel sieht Art. 3.2.3 Abs. 1 Satz 1 des *Entwurfes Meijers* vor; im Unterschied zum echten Irrtum soll ein Erklärungsirrtum jedoch schon dann anfechtbar sein, wenn der Irrtum für den Vertragspartner „deutlich erkennbar" war und nicht erst bei positiver Kenntnis des Irrtums.

2. Sonderregel

In einem bestimmten Punkte rechtfertigt sich allerdings eine besondere Behandlung des Erklärungsirrtums: im Gegensatz zum eigentlichen Irrtum kann ein Erklärungsirrtum auch dann bestehen, wenn der innere Wille der Vertragsparteien übereinstimmt. In diesem Fall kann unter bestimmten Umständen trotz des Erklärungsirrtums ein wirksamer Vertrag zustandekommen.

Erkennt der Vertragspartner des Irrenden dessen wahren Willen trotz des Erklärungsirrtums und schließt er den Vertrag im Vertrauen darauf ab, so ist der Erklärungsirrtum des Irrenden unerheblich. Noch häufiger tritt der Erklärungsirrtum erst bei der schriftlichen Fixierung eines mündlich vollständig ausgehandelten Vertrages auf, ohne daß eine der Vertragsparteien zunächst den Fehler im Vertragstext bemerkt. In beiden Fällen ist der Erklärungsirrtum unbeachtlich nach der Maxime „falsa demonstratio non nocet". Maßgebend ist in diesen Fällen nicht der erklärte, sondern der übereinstimmende wahre Wille der Vertragspartner. Das ist ganz allgemein anerkannt; *Deutschland:* RG 8. 6. 1920, RGZ 99, 147; 13. 12. 1924, RGZ 109, 334; RG 29. 10. 1907, RGZ 66, 427; *Österreich:* OGH 20. 5. 1953, SZ 26 Nr. 129; OGH 15. 2.

1899, GlUNF Nr. 513; *Schweiz:* Oser-Schönenberger, Anm. 3, 4 zu Art. 18 OR; *Frankreich:* Cass. 22. 11. 1864, S. 1865.1.23; Cass. 5. 12. 1876, S. 1877, 1.414; *Italien:* Cass. 18. 1. 1955, Giur. Cass. civ. 1955.III.12; *Spanien:* Puig Brutau I/2, 205, 207. Im anglo-amerikanischen Rechtskreis hat diese Regel eine eigentümliche, viel gebrauchte prozessuale Ausprägung erfahren. Ein schriftlicher Vertrag, der den ursprünglich übereinstimmenden Willen beider Vertragsparteien unrichtig wiedergibt, kann vom Gericht durch „reformation" korrigiert werden; *England:* Craddock Brothers v. Hunt, [1923] 2 Ch. 136, 159; Frederick E. Rose (London), Ltd. v. William H. Pim & Co., Ltd., [1953] 2 Q.B. 450, 461; Cheshire-Fifoot 186ff.; *USA:* Crowell v. Holdsworth, 264 Mass. 303, 162 N.E. 334 (1928); Antley v. Smith, 219 La. 525, 53 So. 2d 401 (1951); Sardo v. Fidelity & Deposit Co., 100 N.J. Eq. 332, 134 A. 774 (1926); Tit. 9 s. 59 Code of Alabama; s. 3399 California cc; s. 37–207 Code of Georgia; s. 37.0601 South Dakota Code 1939; ss. 505, 507 Restatement of Contracts. Eine ähnliche Befugnis zur Berichtigung schriftlicher Verträge hat auch die *französische* Rechtsprechung in Anspruch genommen (siehe die oben zitierten Entscheidungen). Diese Regel soll von Livre IV Art. 10 Avant-projet cc bestätigt werden; die Berichtigung soll uneingeschränkt statthaft sein bei offensichtlichen Fehlern, bei anderen Fehlern dagegen nur dann, wenn der Vertrag noch nicht erfüllt worden ist oder die Erfüllung ohne Schaden für den Vertragspartner unterbrochen werden kann.

II. Übermittlungsirrtum

Ein Übermittlungsirrtum entsteht, wenn die Erklärung von dem Erklärenden selbst seinem inneren Willen gemäß gegenüber einer Zwischenperson festgelegt worden ist, dann aber bei der Übermittlung an den Vertragspartner verstümmelt wird. Die Gefahr einer Verstümmelung besteht vor allem bei Telegrammen sowie bei einer mündlichen, durch Boten überbrachten Erklärung.

Die meisten Rechtsordnungen beurteilen den Übermittlungsirrtum ebenso wie den Erklärungsirrtum nach den Regeln des echten Irrtums; § 120 *deut.* BGB; § 871 *öst.* ABGB („dem anderen zugegangene Erklärung"), siehe Klang-Gschnitzer, Anm. A III zu §§ 871–873 ABGB; Art. 27 *schweiz.* OR; Art. 1433 *ital.* cc; *Frankreich:* Colin-Capitant II no. 626.

Alle diese Rechtsordnungen gehen also davon aus, dass die entstellte Erklärung für den Erklärenden an sich verbindlich ist, freilich aber wegen ihrer Abweichung von seinem inneren Willen als irrtümlich angefochten werden kann. Die Bindung des Erklärenden wird – außer wenn der Empfänger den Übermittlungsweg veranlaßt hat – auch in den *Niederlanden* anerkannt; Ktg. Haarlem 11. 5. 1923, N.J. 1923 S. 650;

Rb. Tiel 7. 5. 1909, W. no. 8886; Pitlo 158; Art. 3.2.4 Abs. 3 E. Meijers. Die Anfechtung des Übermittlungsirrtums nach den allgemeinen Regeln dürfte aber auch dort zugelassen werden.

§ 32 II der *skandinavischen* Vertragsgesetze führt ebenfalls zu diesem Ergebnis. Allerdings soll der Erklärende an seine entstellte Erklärung nicht gebunden sein; aber er muß dem Vertragspartner von dieser Unverbindlichkeit nach Entdeckung des Übermittlungsfehlers unverzüglich Mitteilung machen, da sonst die Erklärung gültig wird. Eine solche befristete einseitige Unverbindlichkeit ist rechtsvergleichend als Anfechtbarkeit zu beurteilen (siehe oben S. 77 f.).

In *England* und *Spanien* dagegen wird eine bei der Übermittlung entstellte Erklärung nicht dem Erklärenden zugerechnet; *England:* Henkel v. Pape (1870), L.R. 6 Ex. 7; *Spanien:* Puig Brutau I/2, 205. Es bedarf also keiner Anfechtung. Mangels Willenseinigung kommt ein Vertrag nicht zustande, so daß der Empfänger den Schaden trägt.

In den *USA* sind die Meinungen zu dieser Frage geteilt. In einigen Staaten gilt – wie in England –, daß der Absender durch ein falsch übermitteltes Telegramm nicht gebunden wird; McKee v. Western Union Telegraph Co., 158 Ky. 143, 164 S.W. 348 (1914); Holtz v. Western Union Telegraph Co., 294 Mass. 543, 3 N.E. 2d 180 (1936); Mt. Gilead Cotton Oil Co. v. Western Union Telegraph Co., 171 N.C. 705, 89 S.E. 21 (1916); Harper v. Western Union Telegraph Co., 133 S.C. 55, 130 S.E. 119 (1925); Western Union Telegraph Co. v. Cowin & Co., 20 F. 2d 103 (C.A. 8th, 1927). Andere Staaten dagegen halten – wie die Niederlande – diejenige Vertragspartei für gebunden, die den Übermittlungsweg ausgesucht oder bestimmt hat; das ist regelmäßig der Absender; Ayer v. Western Union Telegraph Co., 79 Me. 493, 10 A. 495 (1887); Western Union Telegraph Co. v. Flint River Lumber Co., 114 Ga. 576, 40 S.E. 815 (1902); Estherwood Rice Mill, Inc. v. Western Union Telegraph Co., 127 So. 2d 231 (C.A. La. 1961) – es sei denn, daß der Empfänger telegraphische Antwort auf seine Anfrage verlangt hatte, Butler v. Foley, 211 Mich. 668, 179 N.W. 34 (1920), oder daß er Anlaß hatte, einen Irrtum zu vermuten; Germain Fruit Co. v. Western Union Telegraph Co., 137 Cal. 598, 70 P. 658 (1902). Diese zweite Ansicht entspricht offenbar mehr den Anschauungen des amerikanischen Geschäftsverkehrs, da die Absender verstümmelter Telegramme sich meistens gegenüber ihrem Vertragspartner an die falsch übermittelte Erklärung für gebunden halten und Ersatz ihres Schadens von der Telegraphengeselschaft zu erlangen versuchen. Aus demselben Grunde wird eine Anfechtung wegen Irrtums nicht erwogen, obwohl sie von diesem Standpunkt aus möglich sein müßte; siehe Corbin I s. 105, S. 334.

Ähnlich wie bei einem Erklärungsirrtum ist es theoretisch möglich, daß der Vertragspartner den Übermittlungsirrtum und auch den wahren Willen des Absenders kennt und daraufhin seine eigene Erklärung abgibt. Auch hier würde der Rechtsgedanke von der Unschädlichkeit einer falsa demonstratio eingreifen und daher ein Vertrag wirksam zustandekommen. Wie beim Erklärungsirrtum, so sieht Livre IV Art. 10 *franz.* Avant-projet cc auch beim Übermittlungsirrtum die Berichtigung vor (siehe dazu oben 1 b). Kennt dagegen der Empfänger den Übermittlungsfehler und den wahren Willen des Absenders nicht, so wird häufig der Abschluß des Vertrages am Dissens der Parteien scheitern; so ausdrücklich *ital.* Cass. 22. 5. 1951, Foro padano 1951.2. 58. Daraus ergibt sich, daß der Übermittlungsirrtum wie der Erklärungsirrtum keine besonders große praktische Bedeutung erlangt.

D. Rechtsvergleichung

I. Stellung des Irrtums

Über die Stellung des Irrtums unter den Voraussetzungen für die Gültigkeit von Kaufverträgen besteht im wesentlichen Übereinstimmung. Insbesondere ist man sich heute nahezu einig über das Verhältnis des Irrtums zum Dissens: erst wenn feststeht, daß sich Angebot und Annahme nach ihrem äußeren objektiven Sinn entsprechen, kann die Frage gestellt werden, ob ein Vertragspartner einen Irrtum in seiner Erklärung geltend machen kann und welche Wirkungen dies auf den Kaufvertrag hat.

Bestritten ist das Verhältnis zwischen Irrtum und Unmöglichkeit. In diesem Bericht wird aus praktischen Erwägungen ein Irrtum über die Möglichkeit der Vertragserfüllung im Rahmen der Unmöglichkeitslehre behandelt.

II. Eigentlicher Irrtum

Im Bereich des eigentlichen Irrtums, der bei der Willensbildung auftritt, sind die objektiven und die subjektiven Voraussetzungen von den Wirkungen des Irrtums zu unterscheiden.

1. Gegenstand

Der Gegenstand des rechtserheblichen Irrtums wird in den einzelnen Rechtsordnungen mit sehr unterschiedlicher Genauigkeit präzisiert. Am zuverlässigsten sind die gesetzlichen Kataloge, die Italien und die Schweiz aufgestellt haben. Im Ergebnis werden die hier in Anlehnung an das römische und gemeine Recht aufgezählten Irrtumsfälle von der Rechtsprechung aller anderen Länder ebenfalls grundsätzlich anerkannt. Nicht beachtet werden jedoch im anglo-amerikanischen Rechtskreis der Irrtum über Eigenschaften des Vertragspartners und der Irrtum über die Rechtsnatur des Vertrages; beim Rechtsirrtum besteht in den anglo-amerikanischen Rechtsordnungen eine eindeutige Tendenz zur Anerkennung. Noch stark im Flusse ist die Entwicklung des Grundlagenirrtums, der bisher erst im deutschen Rechtskreis (außer in Österreich) einen festen Platz gefunden hat, während er im anglo-amerikanischen Rechtskreis als selbständiger Irrtumsfall überhaupt noch nicht und in der Rechtspraxis nur sehr zurückhaltend für relevant gehalten wird.

Dieser Katalog der objektiven, im normalen Kaufvertrag erheblichen Irrtumsfälle beruht auf dem typischen Willen der Parteien. Die Parteien können den Katalog jedoch im Einzelfall einschränken oder auch erweitern. Daß die Parteien hierzu in der Lage sind, wird überall übereinstimmend angenommen. Vielfach wird z. B. ein Irrtum des Verkäufers über den Wert der verkauften Sache oder ein Irrtum des Käufers eines Sachinbegriffes über Menge, Maße oder Gewichte der Einzelsachen als nach dem Parteiwillen unerheblich betrachtet.

Art. 34 des Einheitlichen Kaufgesetzes unterstellt den Irrtum des Käufers über die Identität der Kaufsache oder über ihre Quantität, Qualität, Eigenschaften oder Wert den kaufrechtlichen Regeln über die Vertragswidrigkeit der Lieferung. Entsprechendes gilt nach Art. 53 für einen Irrtum des Käufers über rechtliche Eigenschaften der Kaufsache; sie werden wie ein Rechtsmangel behandelt. Der Irrtum des Verkäufers über alle diese tatsächlichen und rechtlichen Eigenschaften der Kaufsache sowie alle anderen Irrtümer sowohl des Käufers als des Verkäufers sind auch im Bereich des Einheitsgesetzes nach den Irrtumsregeln zu beurteilen.

2. *Subjektive Voraussetzungen*

In der Frage, ob und inwieweit der rechtserhebliche Irrtum auch von subjektiven Voraussetzungen abhängen soll, unterscheiden sich die Rechtsordnungen sehr erheblich. Keinerlei Gewicht haben subjektive Momente in Deutschland und der Schweiz für die Wirkung des Irrtums auf den Bestand des Kaufvertrages, wohl aber für die Nebenfolgen.

Ein Verschulden des Irrenden schließt jedenfalls dann, wenn es nicht ganz leicht ist, in den romanischen Ländern (außer in Italien und den Niederlanden) sowie im anglo-amerikanischen Rechtskreis die Geltendmachung des Irrtums aus; in Italien und den Niederlanden spielt das Verschulden des Irrenden – obwohl Gesetzgebung bzw. Rechtsprechung es an sich für unerheblich erklärt haben – in der Praxis doch vereinzelt noch eine gewisse Rolle.

Subjektive Momente in der Person des Vertragspartners des Irrenden – Erkennbarkeit, Kenntnis, Veranlassung des Irrtums – sind in Österreich, Italien und den Niederlanden sowie im anglo-amerikanischen Rechtskreis maßgebend. Italien und Österreich begnügen sich mit der Erkennbarkeit des Irrtums für den Vertragspartner, während die Niederlande und die anglo-amerikanischen Länder im Grundsatz Kenntnis verlangen. Der (bewußten, fahrlässigen oder schuldlosen) Veranlassung des Irrtums wird nur in Österreich und den anglo-amerikanischen Rechtsordnungen ausdrücklich Bedeutung beigelegt; aber andere Rechtsordnungen tragen ihr doch jedenfalls in Einzelfällen Rechnung.

In allen Rechtsordnungen ist es der Zweck der subjektiven Voraussetzungen – trotz ihrer Verschiedenheit im einzelnen –, die rechtliche Beachtlichkeit der objektiv erheblichen Irrtumsfälle weiter einzuschränken. Im Interesse der Rechtsklarheit verzichten auf diese Filterwirkung der subjektiven Voraussetzungen Deutschland und die Schweiz; als Ausgleich für den hierdurch erweiterten Kreis der rechtserheblichen Irrtümer ist der Irrende bei Geltendmachung des Irrtums entweder in jedem Fall (Deutschland) oder doch bei wenig mehr als leichter Fahrlässigkeit (Schweiz) ersatzpflichtig.

3. *Wirkungen*

Die Wirkungen des Irrtums weichen zwar in Einzelheiten, nicht aber in ihrer grundsätzlichen Ausgestaltung von den Wirkungen mangelhafter Geschäftsfähigkeit ab. Daher ist in erster Linie auf die rechtsvergleichende Würdigung in Teil 1 dieses Berichtes zu verweisen (oben S. 30 ff.). Es lassen sich folgende wesentliche Abweichungen feststellen:

a) Für den *Bestand* des Kaufvertrages spielt die schwebende Unwirksamkeit überhaupt keine und die absolute Nichtigkeit keine ins Gewicht fallende Rolle; bedeutsam ist vor allem die Anfechtung (bzw. relative Nichtigkeit) des Kaufvertrages. Da das Anfechtungsrecht nur dem Irrenden zusteht und von ihm im Prinzip nach Belieben ausgeübt werden kann, werden seine Interessen auf Kosten der Interessen des Vertragspartners stark bevorzugt.

Einen Schutz zugunsten des Vertragspartners geben nur das deutsche Recht und die anglo-amerikanischen Rechtsordnungen, indem sie eine (allerdings erst ab Entdeckung des Irrtums laufende) nach Tagen bemessene Anfechtungsfrist vorsehen (S. 80 f.). Die bis zu 10 Jahren ausgedehnten Anfechtungsfristen der romanischen Rechtsordnungen erscheinen für den Handelsverkehr untragbar, es sei denn, die Anfechtungsfrist wird wenigstens (wie in Österreich und Spanien) durch den Vertragsabschluß in Lauf gesetzt. Zusätzlichen Schutz erhält der

Vertragspartner durch die anglo-amerikanische Regel, nach der Voraussetzung der Anfechtung die Fähigkeit des Anfechtenden ist, den Vertragspartner in den status quo ante zurückzuversetzen (S. 78 ff.).

Die Einführung der in den romanischen Ländern vorgesehenen befristeten Aufforderung an den Irrenden, sich über die Anfechtung zu erklären, würde die ungünstige Lage des Vertragspartners entscheidend verbessern. Eine gewisse Erleichterung bietet dem Vertragspartner schon heute die in der Schweiz und in Italien anerkannte Befugnis, eine Anfechtung durch Erfüllung des Vertrages in dem vom Irrenden gemeinten Sinn auszuschließen (S. 84) oder den Vertrag durch Richterspruch anpassen zu lassen; hierzu gehört auch die in der anglo-amerikanischen Rechtsprechung zugelassene Verweigerung der Vertragserfüllung durch den Irrenden.

b) Über die *Nebenfolgen des Irrtums* besteht wieder weitgehend Einigkeit.

Alle Rechtsordnungen geben den Vertragsparteien das Recht, etwa auf Grund des Vertrages bereits erbrachte Leistungen *zurückzufordern*. Für den Vertragspartner des Irrenden ist dieses Recht in den anglo-amerikanischen Rechtsordnungen dadurch besonders geschützt, daß die Anfechtung von der Fähigkeit des Irrenden zur Rückgewähr abhängig gemacht wird.

Der *Schadensersatzanspruch des Vertragspartners* des Irrenden ist von einigen Rechtsordnungen in Beziehung gesetzt zum Umfang des Anfechtungsrechts. So steht in Deutschland und der Schweiz, wo auf eine Begrenzung der objektiven Irrtumsfälle durch subjektive Voraussetzungen verzichtet wird, dem Vertragspartner des Irrenden ein Schadensersatzanspruch zu ohne oder doch bereits bei leichtem Verschulden des Irrenden (S. 88). Andererseits versagen Italien und die anglo-amerikanischen Rechtsordnungen, die durch subjektive Anforderungen die Irrtumsfälle einschränken, dem Vertragspartner des Irrenden einen Ersatzanspruch. In Österreich, Frankreich und Spanien dagegen ist der Vertragspartner des Irrenden – obwohl die Irrtumsfälle durch subjektive Voraussetzungen in seiner Person eingeschränkt werden – bei Anfechtung zum Ersatz seines Schadens berechtigt, falls der Irrende seinen Irrtum verschuldet hat. In Frankreich kann als Ersatz sogar die Aufrechterhaltung des Vertrages verlangt werden.

Ein *Ersatzanspruch des Irrenden* gegenüber seinem Vertragspartner wird von der Mehrzahl der europäischen Länder unter dem Gesichtspunkt der culpa in contrahendo gewährt, wenn der Vertragspartner den Irrtum schuldhaft hervorgerufen hat. Dieser Ersatzanspruch besteht sicher dann, wenn der Irrtum zur Nichtigkeit des Kaufvertrages geführt hat und der Schaden des Irrenden hierdurch allein noch nicht behoben ist. Ob ein Ersatzanspruch etwa auch dann besteht, wenn der

Irrende den Vertrag nicht angefochten hat, ist schwer zu sagen. Wegen der Möglichkeit der Anfechtung wird diese Frage wenig aktuell werden.

Im anglo-amerikanischen Rechtskreis ist dagegen ein Ersatzanspruch wegen fahrlässiger oder schuldloser Irreführung im Prinzip ausgeschlossen. In einigen Einzelstaaten der USA wird allerdings dem Irrenden Schadensersatz zugesprochen, wenn er den Vertrag nicht anficht.

III. Uneigentlicher Irrtum

Unter dem Begriff des uneigentlichen Irrtums werden teilweise zwei verschiedene Irrtumsfälle zusammengefaßt: der Erklärungs- und der Übermittlungsirrtum.

Der Erklärungsirrtum wird in allen Rechtsordnungen nach Voraussetzungen und Wirkungen wie ein echter Irrtum bei der Willensbildung behandelt. Auch in der Anerkennung der Maxime „falsa demonstratio non nocet" sind sich alle Rechtsordnungen einig. Der Ausnahmefall, den diese Regel erfaßt, rechtfertigt die Unterscheidung des Erklärungs- vom echten Irrtum nicht, da die Unbeachtlichkeit der falsa demonstratio ebenso gut als Ausnahme zu den allgemeinen Grundsätzen des Irrtumsrechts begriffen werden kann.

Dagegen wird der Übermittlungsirrtum verschieden behandelt; die Mehrzahl der kontinental-europäischen Länder sowie zahlreiche Einzelstaaten der USA halten den Absender durch eine falsch übermittelte Erklärung für gebunden; die europäischen Vertreter dieser Ansicht geben dem Absender jedoch ein Anfechtungsrecht. Spanien, England und einige Staaten der USA lehnen dagegen eine Bindung des Absenders ab.

Der Überblick über die inhomogene Gruppe des uneigentlichen Irrtums läßt es nicht geraten erscheinen, diesen Begriff als solchen rechtsvergleichend und in der Rechtsvereinheitlichung zu benutzen. Es empfiehlt sich vielmehr, die beiden Fälle des uneigentlichen Irrtums ausdrücklich und gesondert zu regeln.

§ 3

ARGLISTIGE TÄUSCHUNG (FRAUD)

A. Vorbemerkungen

I. Arglistige Täuschung und Irrtum

Die arglistige Täuschung ist in allen untersuchten Rechtsordnungen nach Tatbestand und Rechtsfolgen eng mit dem Irrtum verwandt. Der wesentliche Unterschied liegt darin, daß die arglistige Täuschung im Gegensatz zum Irrtum notwendigerweise vom Vertragspartner oder einem Dritten erregt sein muß. Die „innocent misrepresentation" des anglo-amerikanischen Rechts sowie auch der veranlaßte Irrtum des österreichischen Rechts (siehe ferner oben S. 70, 73 ff.) berücksichtigen jedoch auch schon im Rahmen des Irrtumsrechtes eine Auslösung des Irrtums durch den Vertragspartner des Irrenden. Da die Irrtumserregung durch andere wesentlich für die arglistige Täuschung ist, wird sie von manchen im Gegensatz zum Irrtum nicht als reiner Willensmangel betrachtet, sondern auch als Bestandteil des Rechtes der unerlaubten Handlungen.

Die Zusammenhänge und Übergänge zwischen Irrtum und arglistiger Täuschung rechtfertigen es, die Regelung der arglistigen Täuschung in enger Anlehnung an den Irrtum darzustellen. Dieser Abschnitt stützt sich daher in Aufbau und Inhalt auf die eingehenden Darlegungen des vorangehenden § 2 über den Irrtum.

II. Arglistige Täuschung und Vertragswidrigkeit der Kaufsache

Art. 34 des Einheitlichen Kaufgesetzes schließt bei Vertragswidrigkeit der Kaufsache weitergehende Rechtsbehelfe des *Käufers* aus. Nach seinem Wortlaut schließt Art. 34 zwar *alle* anderen Rechtsbehelfe des Käufers aus; nach der Entstehungsgeschichte der Vorschrift ist jedoch zweifelhaft, ob auch die Regeln über die arglistige Täuschung darunter fallen sollten.

Art. XI Abs. 2 der Schlußakte der Haager Kaufrechtskonferenz von 1951 hatte die Sonderkommission lediglich mit der Prüfung beauftragt, ob nicht alle Ansprüche wegen *Irrtums* ausgeschlossen werden sollten. Dementsprechend schlossen die ursprünglichen Vorschläge zu Art. 34 des Einheitlichen Kaufgesetzes nur die Rechtsbehelfe des Käufers wegen Irrtums aus (Art. 37 a nach der Fassung auf der Sitzung in Nizza April 1953, Dokument No. 97, S. 18) und behielten teilweise ausdrücklich die Rechtsbehelfe wegen arglistiger Täuschung vor (Art. 3 Abs. 3 des Vorschlags Rabel, Dokument No. 78; Art. 37a nach der Fassung eines Unterkomitees vom April 1954, Dokument No. 109, S. 5). Gegenüber dem zuletzt erwähnten Entwurf brachte Meijers vor, es sollten alle Rechtsbehelfe des Käufers, die auf eine Anfechtung oder Nichtigkeit des Vertrages hinauslaufen, ausgeschlossen werden (Dokument No. 146, S. 7). Die daraufhin beratene Neufassung von Art. 37a (jetzt: Art. 34) behielt jedoch wiederum ausdrücklich die Rechtsbehelfe wegen arglistiger Täuschung vor (Dokument No. 114). Erst das Redaktionskomitee ließ im September 1954 in Lugano den Vorbehalt zugunsten der arglistigen Täuschung fallen, ohne daß ein Grund für diese Änderung erkennbar ist (Dokument No. 157, S. 2). Noch im Mai 1956 bedauerte Wortley bei Beratung von Art. 41 (jetzt: Art. 34), daß der Käufer keine Rechtsbehelfe wegen arglistiger Täuschung haben solle; auf die Antwort von Riese, daß eine arglistige Täuschung nach wie vor geltend gemacht werden könne, bat Wortley, diese Erläuterung im Begleitbericht zu erwähnen (Dokument No. 217, S. 9). Tatsächlich heißt es im Bericht der Sonderkommission an die Haager Konferenz, daß Art. 41 (jetzt: Art. 34) die Regeln über die arglistige Täuschung nicht ausschließe (S. 58). – Auf der Haager Kaufrechts-Konferenz von 1964 gab es einen neuen Vorstoß, die Rechtsbehelfe wegen arglistiger Täuschung in Art. 34 ausdrücklich vorzubehalten. Mehrere Delegierte, die Sonderkommission selbst und Tunc als ihr Sprecher bestätigten erneut, daß Art. 34 die Geltendmachung einer arglistigen Täuschung nicht ausschließe. Dennoch verzichtete man auf einen ausdrücklichen Vorbehalt, weil das Einheitliche Kaufgesetz möglichst wenig den Bereich der Vertragsgültigkeit berühren sollte, der nach Art. 8 außerhalb seines Geltungsbereichs bleibt.

Der Vorbehalt der Rechte des Käufers wegen arglistiger Täuschung hat freilich in Art. 34 des Einheitlichen Kaufgesetzes keinen Ausdruck gefunden. Dieser Bericht wird jedoch davon ausgehen, daß die Regeln über die arglistige Täuschung durch die Vorschriften des Einheitlichen Kaufgesetzes über die Vertragswidrigkeit der Kaufsache nicht berührt werden sollen.

Im übrigen kann, soweit diese Auffassung nicht geteilt wird, die Tragweite von Art. 34 dem vorangehenden § 2 über den Irrtum ohne weiteres entnommen werden.

B. Voraussetzungen

I. Gesetzliche Formeln

Im *deutschen* Rechtskreis sind die Voraussetzungen der arglistigen Täuschung gesetzlich nicht näher umschrieben. Dagegen deuten die *romanischen* Rechtsordnungen nach dem Vorbild von Art. 1116 des *französischen* cc den Inhalt der arglistigen Täuschung wenigstens an, indem sie von „manoeuvres", „raggiri", „kunstgrepen", „manquinaciones" oder „artifices" der täuschenden Vertragspartei sprechen; Artt. 1116 *franz.* cc, Art. 1439 *ital.* cc, Art. 1364 *nied.* BW, Art. 1269 *span.* cc, Art. 1847 *Louis.* cc. Eine Aufzählung von Täuschungsformen enthalten s. 1572 des *California* cc und die entsprechenden Vorschriften der ihm folgenden Staaten der USA.

Ein zutreffendes Bild von den Voraussetzungen der arglistigen Täuschung vermitteln diese gesetzlichen Formeln jedoch nicht.

II. Täuschungsfälle

Dem Abschnitt über die Irrtumsfälle entsprechend (oben S. 50ff.), sollen zunächst die als rechtserheblich anerkannten Täuschungsfälle für die einzelnen Rechtsordnungen festgestellt werden.

Die kontinental-europäischen Rechtsordnungen, welche beim Irrtum besonders prononciert das Merkmal der Wesentlichkeit des Irrtums entwickelt hatten, verzichten auf dieses Erfordernis bei der arglistigen Täuschung. Art. 28 I *schweiz.* OR sagt ausdrücklich, daß der durch Täuschung erregte Irrtum kein wesentlicher zu sein brauche. In den anderen Ländern des europäischen Kontinents und in den USA haben Rechtsprechung und Schrifttum es ebenfalls übereinstimmend abgelehnt, die entsprechenden gesetzlichen Einschränkungen des rechtserheblichen Irrtums auf die arglistige Täuschung zu übertragen; *Deutschland:* RG 22. 11. 1912, RGZ 81, 13, 16; *Österreich:* OGH 17. 10. 1928, Rspr. 1929, Nr. 1; 3. 2. 1932, SZ 14 Nr. 18; *Italien:* Cass. 8. 6. 1948, Giurisp. compl. Cass. civ. 1948. II. 349; *Niederlande:* HR 27. 1. 1950, N.J. 1950 no. 559; *Spanien:* Puig Brutau I/2, 231; *USA:* De Joseph v. Zambelli, 392 Pa. 24, 139 A. 2d 644 (1958); New York Life Insurance Co. v. McLaughlin, 112 Vt. 402, 26 A. 2d 108 (1942); siehe auch Art. 1847 Nr. 2 Louis. cc.

Ohne jede objektive Anforderung an die Täuschungshandlung läßt sich freilich nicht auskommen.

1. Täuschung über Tatsachen

In den meisten Rechtsordnungen wird mehr oder minder ausdrücklich verlangt, daß getäuscht werden muß über Tatsachen und nicht nur über subjektive Ansichten, Anpreisungen oder Meinungen. Subjektive Ansichten (euphemistisch auch als dolus bonus bezeichnet) spielen bei Kaufverträgen besonders auf seiten des Verkäufers eine erhebliche Rolle. In keiner Rechtsordnung darf der Käufer die Anpreisungen der Ware ohne weiteres für bare Münze nehmen; solches „puffing" ist keine arglistige Täuschung; *Deutschland:* Staudinger-Coing, Anm. 25 zu § 123 BGB; *Schweiz:* Oser-Schönenberger, Anm. 6 zu Art. 28 OR; *Frankreich:* Cour Douai 8. 2. 1907, D. 1908.2.5; *Italien:* Mirabelli, Anm. 1 zu Art. 1439 f. cc; *Spanien:* Manresa, Anm. I zu Art. 1269 cc; *England:* Chitty I no. 263; *USA:* s. 474 Restatement of Contracts.

Der Grundsatz bedarf allerdings näherer Präzisierung: Der Entwurf Meijers beschränkt ihn zu Recht auf Anpreisungen „in allgemeinen Formulierungen"; Art. 3.2.10 Absatz 3 Satz 2. Für die Unterscheidung zwischen Tatsache und Ansicht kommt es nicht auf die Form der Behauptung an, sondern auf deren Gehalt; Krankowski v. Knapp, 268 Ill. 183, 108 N.E. 1006 (1915); American Guaranty Co. v. Sunset Realty & Planting Co., 208 La. 772, 23 So. 2d 409, 449 (1945); Edward Barron Estate Co. v. Woodruff Co., 163 Cal. 561, 126 P. 351 (1912).

Umstritten ist die Beurteilung von Behauptungen des Verkäufers über den Wert der Kaufsache. Die Rechtsprechung hat besonders eindeutig in den *USA* solche Angaben, falls sie unwahr sind, grundsätzlich nicht als täuschend behandelt; Gordon v. Butler, 105 U.S. 553, 557 (1881); Southern Development Co. v. Silva, 125 U.S. 247 (1888); Hood v. Cline, 35 Wash. 2d 192, 212 P. 2d 110 (1949); Rothermel v. Phillips, 292 Pa. 371, 141 A. 241 (1928); American Guaranty Co. v. Sunset Realty & Planting Co., 208 La. 772, 23 So. 2d 409 (1945); Art. 1847 Nr. 3 Louisiana cc. In einer Reihe von Fällen haben jedoch die Gerichte die falschen Angaben des Verkäufers über den Wert der Kaufsache als arglistige Täuschung angesehen, so insbesondere Angaben eines sachverständigen Verkäufers gegenüber einem erkennbar nicht sachverständigen Käufer, der sich auf den Fachmann verläßt; *Deutschland:* RG 23. 11. 1922, Recht 1923 Nr. 713; *Österreich:* Klang-Gschnitzer, Anm. B I 1 zu § 870 ABGB; *Frankreich:* Cour Paris 22. 1. 1953, Gaz. Pal. 1953.1.137, bestätigt durch Cass. 1. 2. 1960, J.C.P. 1960.IV.43; *USA:* Phelps v. Grady, 168 Cal. 73, 141 P. 926 (1914); Gugel v. Neitzel, 248 Mich. 312, 226 N.W. 869 (1929); Art. 1847 no. 4 Louisiana cc. Täuschend sind auch falsche Wertangaben, die nicht leicht nachzuprüfen sind; *Schweiz:* OG Zürich 10. 5. 1911, Zür. Rspr. XI Nr. 13; Art. 1847 no. 3 *Louis.* cc. Gibt der Verkäufer seinen Einkaufspreis unzutreffend an, so wird hierin im allgemeinen keine Täuschung gesehen; *Frankreich:* Trib. civ. Seine 7. 3. 1951, Gaz. Pal. 1951.1.263; *USA:* Boles v. Merrill, 173 Mass. 491, 53 N. E. 894 (1899). Anders, wenn der frühere Einkaufspreis Grundlage des nunmehr zu vereinbarenden Kaufpreises sein soll; *Deutschland:* RG 4. 4. 1913, LZ 1914, 183; *USA:* McBee v. Deusenberry, 99 W. Va. 176, 128 S.E. 378 (1925); Stewart v. Salisbury Realty & Ins. Co., 159 N.C. 230, 74 S.E. 736 (1912), oder wenn ein fiktives schriftliches Angebot eines Dritten vorgelegt wird; *England:* Lindsay Petroleum Co. v. Hurd, (1874) L.R. 5 P.C. 221, 243. Tatsächliche und daher zur Täuschung geeignete Angaben sind die unrichtige Mitteilung des für Steuerzwecke festgestellten Wertes einer Sache; Yorke v. Taylor, 332 Mass. 368, 124 N.E. 2d 912 (1955) oder wertbildender Faktoren wie etwa Angaben über die Einnahmen oder den Gewinn aus der Kaufsache; *Deutschland:* RG 12. 2. 1919, Recht 1919 Nr. 1249; *Schweiz:* OG Appenzell-Ausserrhoden 26. 1. 1960, SJZ 59 (1963) 25; *USA:* Trautwein v. Bozzo, 35 N.J. Super. 270, 113 A. 2d 848 (1955); Smith v. Werkheiser, 152 Mich. 177, 115 N.W. 964 (1908).

Auf seiten des Käufers wird in den *USA* eine falsche Angabe seiner Vermögensverhältnisse als arglistige Täuschung betrachtet; Lang v. Giraudo, 311 Mass. 132, 40 N.E. 2d 707 (1942). Ob eine Täuschung über die bereits bei Vertragsschluß bestehende Absicht, den Kaufpreis nicht zu zahlen (oder den Kaufvertrag nicht zu erfüllen), eine arglistige Täuschung ist, wird verschieden beurteilt. In *Deutschland* wird diese Frage in der Regel verneint, da das Fehlen der Erfüllungsabsicht eine schwer beweisbare und leicht wechselnde innere Tatsache ist und der Vertragspartner die Vertragserfüllung durch die normalen Rechtsbehelfe erzwingen kann; RG 24. 10. 1940, DR 1941, 201; RG 26. 1. 1901, RGZ 48, 282, 284; ähnlich Cour Bruxelles 18. 1. 1933, Pas. 1933.2.68 (73); anders wird nur entschieden, wenn der Käufer in hohem Maße überschuldet ist; RG 23. 9. 1922, LZ 1923, 20; RG 29. 5. 1908, RGZ 69, 13, 15. Im anglo-amerikanischen Rechtskreis, der keinen Rechtsanspruch auf Erfüllung kennt, wird dagegen im Fehlen der Erfüllungsabsicht grundsätzlich eine arglistige Täuschung gesehen; für *England* siehe Ex parte Whittaker (1875), L.R. 10 Ch. App. 446, 449 per L.J. Mellish; *USA:* Seaboard Terminal & Refrigeration Co. v. Droste, 80 F. 2d 95 (C.C.A. 2d 1935); Helms v. Duckworth, 249 F. 2d 482 (C.C.A. D.C. 1957); Feldman v. Witmark, 254 Mass. 480, 150 N.E. 329 (1926); Baldwin v. Childs, 249 N.Y. 212, 163 N.E. 737 (1928); Pelton v. Witcher, 319 S.W. 2d 400 (Tex. Civ. App. 1958); s. 473 Restatement of Contracts; s. 1572 (4) California cc und die entsprechenden Vorschriften in Montana, Oklahoma sowie North und South Dakota. S. 2–702 UCC gibt neuerdings eine Sonderregel: Hat ein Käufer auf Kredit den Verkäufer während der drei Monate vor Lieferung schriftlich über seine Zahlungsabsicht oder -fähigkeit getäuscht, so kann der Verkäufer die Ware herausverlangen. Andere Ansprüche auf Rückgabe wegen solcher Täuschungen sind ausgeschlossen; ebenso schneidet die tatsächliche Erlangung der Ware alle anderen Ansprüche „hinsichtlich der Ware" (gegen den insolventen Käufer) ab. Damit wird praktisch eine Anfechtung überflüssig gemacht; im Grunde aber handelt es sich nur um eine Ausdehnung des Verfolgungsrechtes des Verkäufers gegen den insolventen Käufer und damit um eine Regel des Insolvenzrechtes.

2. *Verschweigen von Tatsachen*

Alle untersuchten Rechtsordnungen erkennen an, daß auch das Verschweigen von Tatsachen arglistige Täuschung sein kann. Diese Regel kann jedoch nur unter bestimmten Voraussetzungen eingreifen. Die Bestimmung dieser Voraussetzungen ist jedoch selbst innerhalb einer einzelnen nationalen Rechtsordnung schwierig und zweifelhaft.

Einig ist man sich über den Ausgangspunkt: Schweigen ist nur dann arglistige Täuschung, wenn eine Pflicht zur Aufklärung bestanden hat; *Deutschland:* Staudinger-Coing, Anm. 23 zu § 123 BGB; *Österreich:* Klang-Gschnitzer, Anm. B I 2 zu § 870 ABGB; OGH 10. 3. 1954, SZ 27 Nr. 63; *Schweiz:* BG 11. 7. 1903, BGE 29 II 526, 534; Guhl 120; *Frankreich:* Malaurie, Juris-Classeur Art. 1116 no. 14; *Niederlande:* HR 14. 11. 1924, N.J. 1925 S. 96; Hofmann-van Opstall I 345; Art. 3.2.10 Absatz 3 des Entwurfs Meijers; *England:* Brownlie v. Campbell (1880), L.R. 5 A.C. 925, 950 (H.L.); Fox v. Mackreth, 30 E.R. 148 (1788); *USA:* Title 7 s. 109 Code of Alabama 1940; s. 37–704 Code of Georgia; s. 472 Restatement of Contracts umschreibt die Fälle, in denen das „privilege of non-disclosure" wegfällt. Eine Aufklärungspflicht kann durch Gesetz oder Vertrag, vor allem aber auch durch die Verkehrssitte begründet werden; *Deutschland:* Staudinger-Coing, Anm. 23 zu § 123 BGB; *Schweiz:* Gmür-Becker, Anm. 6 zu Art. 28 OR; *Niederlande:* HR 14. 11. 1924, N.J. 1925 S. 96.

Die entscheidende Frage, wann die Verkehrssitte eine Aufklärung des Vertragspartners gebietet, läßt sich generell nur schwer beantworten. Rechtsprechung und Rechtslehre betonen immer wieder, daß die Antwort entscheidend von den Umständen jedes Einzelfalles abhänge. Für den Kaufvertrag wird allgemein eine Pflicht, den Vertragspartner über *sämtliche* für den Vertrag wesentliche Umstände aufzuklären, abgelehnt, da es sich um einen Leistungsaustausch zwischen Parteien mit gegensätzlichen Interessen handele; *Deutschland:* RG 27. 3. 1906, RGZ 62, 149, 151; *Schweiz:* Gmür-Becker, Anm. 6 zu Art. 28 OR; *England:* Walters v. Morgau (1861), 45 E. R. 1056; Bell v. Lever Brothers, Ltd., [1932] A.C. 161, 227 per Lord Atkin; *USA:* Amend v. Hurley, 293 N.Y. 587, 59 N. E. 2d 416 (1944); Rothermel v. Phillips, 292 Pa. 371, 141 A. 241 (1928); Phillips Petroleum Co. v. Daniel Motor Co., 149 S.W. 2d 979 (Tex. Civ. App. 1941).

In *Italien* wird offenbar von der Rechtsprechung eine Aufklärungspflicht nur hinsichtlich der für den Vertragsschluß wesentlichen Umstände angenommen, Cass. 23. 6. 1943, Giur. ital. 1943.I.1.468, ohne daß allerdings Rechtsprechung und Schrifttum ein Kriterium für die Abgrenzung der wesentlichen Umstände ausgebildet hätten.

In anderen Ländern ist eine Aufklärungs*pflicht* vor allem in folgenden Situationen angenommen worden:

a) Der Verkäufer muß die ihm bekannten verborgenen Mängel der Kaufsache mitteilen, wenn diese auch bei ordnungsgemäßer Untersuchung der Kaufsache nicht entdeckt werden können; *Deutschland:* RG 20. 3. 1940, HRR 1941 Nr. 69; siehe auch RG 23. 6. 1936, RGZ 151, 361, 366; *Frankreich:* Trib. civ. Belfort 16. 7. 1934, D.H. 1934, 583; Cass. soc. 30. 5. 1947, S. 1949.1.24; *USA:* siehe oben S. 74.

b) Eine sachverständige Vertragspartei, auf die sich der Vertragspartner erkennbar verläßt, darf diesem die wahre Beschaffenheit der Kaufsache nicht verschweigen; *Deutschland:* RG 19. 5. 1916, Warn. 1916 Nr. 244; *USA:* siehe oben S. 74 f.

c) Gibt eine Partei Auskunft, so muß die Auskunft vollständig und richtig sein; arglistig täuscht, wer nur einen Teil der Wahrheit sagt und dadurch einen falschen Eindruck hervorruft; dies gilt auch, wenn die Auskunft freiwillig gegeben worden ist; *Deutschland:* RG 19. 5. 1916, Warn. 1916 Nr. 244; RG 27. 3. 1906, RGZ 62, 149, 151; *Schweiz:* BG 15. 11. 1912, BGE 38 II 608, 614; *England:* Oakes v. Turquand and Harding (1867), L.R. 2 H.L. 325, 342 f.; *USA:* Equitable Life Insurance Co. of Iowa v. Halsey, Stuart & Co., 312 U.S. 410, 425 (1941); Pashley v. Pacific Electric Co., 25 Cal. 2 d 226, 153 P. 2 d 325 (1944); American Guaranty Co. v. Sunset Realty & Planting Co., 208 La. 772, 23 So. 2 d 409 (1945); Everett v. Gilliland, 47 N.M. 269, 141 P. 2 d 326 (1943); Dennis v. Thomson, 240 Ky. 727, 43 S.W. 2 d 18 (1931); In re Dryden's Estate, 155 Neb. 552, 52 N.W. 2 d 737 (1952). Ändern sich die Umstände, die der anderen Vertragspartei auf Befragen mitgeteilt worden sind, während der Vertragsverhandlungen wesentlich, so muß die Auskunft ergänzt werden; *England:* With v. O'Flanagan, [1936] 1 Ch. 575 (C.A.).

Keine Aufklärungspflicht besteht dagegen in aller Regel hinsichtlich solcher Umstände, die der andere Vertragspartner kennt oder kennen muß bzw. selbst feststellen muß und kann; *Frankreich:* Cass. soc. 1. 4. 1954, J.C.P. 1954.II.8384; *Belgien:* Cass. 22. 5. 1953, Pas. 1953.I.731; *Niederlande:* HR 14. 11. 1924, N.J. 1925 S. 96; *Spanien:* T.S. 8. 4. 1903. Insbesondere ist der Käufer im allgemeinen nicht verpflichtet, den Verkäufer von sich aus über seine Vermögenslage aufzuklären; *Schweiz:* BG 14. 6. 1913, BGE 39 II 271, 277; BG 23. 1. 1897, BGE 23 I 181, 190, die Absicht einer Weiterveräußerung mitzuteilen; *Frankreich:* Cass.

civ. 30. 5. 1927, S. 1928.1.105, oder seinen Abnehmer zu benennen; *Schweiz:* BG 11. 7. 1903, BGE 29 II 526, 534.

3. *Täuschung über die Personenidentität (Handeln unter falschem Namen, false impersonation)*

Für die Täuschung über die Personenidentität gelten teilweise von den allgemeinen Regeln der arglistigen Täuschung etwas abweichende Regeln, die daher gesondert darzustellen sind. Arglistig über seine Identität täuscht A, wenn er unter dem Namen B auftritt und mit C einen Vertrag abschließt.

Eine solche Täuschung über die Identität durch einen Vertragspartner wird in mehreren Rechtsordnungen nicht ausschließlich unter dem Gesichtspunkt der arglistigen Täuschung und der durch sie hervorgerufenen Einwirkung auf den Kaufvertrag beurteilt. So hat in der *Schweiz* und in *Deutschland* in solchen Fällen bisher nicht die Anfechtung wegen arglistiger Täuschung im Vordergrund gestanden, sondern die Frage, ob der Handelnde persönlich haftet. In beiden Ländern wurde eine solche Haftung unter entsprechender Anwendung der für einen Vertreter ohne Vertretungsmacht geltenden Regeln bejaht; *Schweiz:* BG 11. 5. 1925, BGE 51 II 212, 219; App. Bern 9. 7. 1940, Schweiz. JZ 37 (1940/41) 353; *Deutschland:* RG 16. 12. 1922, RGZ 106, 68, 73; OLG Stuttgart 6. 10. 1931, HRR 1932 Nr. 751; LG Frankenthal 2. 7. 1952, MDR 1954, 232. In den *anglo-amerikanischen* Ländern hat die arglistige Täuschung über die Identität durch einen Vertragspartner bisher praktische Bedeutung nahezu ausschließlich für solche Fälle gehabt, in denen der getäuschte Vertragspartner die Kaufsache von dem Rechtsnachfolger des Schwindlers herausverlangt hat. Diese Vindikation soll sich nach bisher herrschender Auffassung danach richten, ob der Schwindler Eigentum an der Kaufsache erworben hat oder nicht, was wiederum davon abhängt, ob der Kaufvertrag zwischen dem Schwindler und dem Getäuschten lediglich anfechtbar oder ob er nichtig ist. Mit Hilfe eines vertragsrechtlichen Grundsatzes wird also das sachenrechtliche Problem des gutgläubigen Erwerbs des Eigentums eines Dritten gelöst! Deshalb sind die anglo-amerikanischen Entscheidungen nur von begrenztem Wert für das Rechtsverhältnis zwischen Käufer und Verkäufer. S. 2–403 (1) Satz 3 Buchstabe a) des amerikanischen Uniform Commercial Code ordnet nunmehr auch ausdrücklich an, daß der gutgläubige Erwerb des Eigentums durch die Täuschung über die Identität des Käufers nicht berührt wird.

Sieht man von diesen zusätzlichen Aspekten des Problems der arglistigen Täuschung über die Personenidentiät ab, so wird in den meisten Rechtsordnungen danach unterschieden, ob der Vertrag durch Korrespondenz oder ob er unter Anwesenden abgeschlossen worden ist.

a) Vertragsschluß durch Korrespondenz

In den *Niederlanden* hat die Rechtsprechung beim Handeln im Namen einer *fiktiven Gesellschaft* teilweise den Abschluß eines Vertrages mit dem Handelnden persönlich abgelehnt; Rb. Arnhem 29. 6. 1922, N.J. 1923 S. 848; Hof 's-Gravenhage 3. 11. 1927, N.J. 1928 S. 1461; ebenso in den *USA:* School Sisters of Notre Dame v. Kusnitt, 125 Md. 323, 93 A. 928 (1915); teilweise hat sie dagegen einen Vertrag mit dem Handelnden persönlich bejaht und dem Vertragspartner grundsätzlich ein Anfechtungsrecht zuerkannt (jedoch in concreto abgelehnt); Ktg. Rotterdam 27. 9. 1909, W. no. 9067, S. 4. In dem letzten Sinn auch *England:* King's Norton Metal Co., Ltd. v. Eldrige, Merrett & Co., Ltd. (1897), 14 T.L.R. 99 (C.A.) (Herausgabe-Klage). Die Anfechtung wurde dagegen zugelassen bei einem langfristigen Kaufvertrag; Fay v. Hill, 249 F. 415 (C.C.A. 8th, 1918).

Ähnlich ist in den Niederlanden der Fall beurteilt worden, daß ein Einzelkaufmann unter einer fiktiven Firma auftritt. Der Vertrag gilt als mit dem Kaufmann persönlich abgeschlossen, eine Anfechtung wegen Irrtums über die Person wird zwar grundsätzlich zugelassen, bei Kaufverträgen jedoch in concreto regelmäßig abgelehnt; Hof Amsterdam 6. 11. 1916, W. no. 10 122, S. 2, und 24. 3. 1922, W. no. 10 919, S. 2.

Tritt der Käufer dagegen unter dem Namen einer *tatsächlich bestehenden Firma* mit gutem Ruf auf, ohne jedoch hierzu berechtigt zu sein, so ist nach anglo-amerikanischer Auffassung der Vertrag grundsätzlich nichtig bzw. überhaupt nicht zustandegekommen; *England:* Cundy v. Lindsay (1878), L. R. 3 A. C. 459 (H.L.); *USA:* Phelps v. McQuade, 220 N.Y. 232, 115 N.E. 441, 442 (1917; obiter dictum); Alexander v. Swackhamer, 105 Ind. 81, 4 N.E. 433 (1886); ebenso *Deutschland:* RG 19. 1. 1918, Recht 1918 Nr. 471.

b) Vertrag unter Anwesenden

Bei einem Vertrag inter praesentes nehmen die meisten Rechtsordnungen an, daß der Vertrag mit der konkreten Person, die unter falschem Namen aufgetreten ist, abgeschlossen wurde. Ob ein solcher Vertrag wegen Personenirrtums angefochten werden kann, entscheidet sich nach den Regeln über die arglistige Täuschung über die Personenidentität; *Deutschland:* OLG Celle 13. 7. 1925, Recht 1925 Nr. 1768 (Anfechtung wegen Irrtums und wegen arglistiger Täuschung ausgeschlossen); siehe auch RG 15. 3. 1919, RGZ 95, 188, 190; *USA:* Zweig v. Schwartz, 31 A. 2d 857 (C.A. D.C., 1943); Edmunds v. Merchants' Transportation Co., 135 Mass. 283 (1883); Hickey v. McDonald Bros., 151 Ala. 497, 44 So. 201 (1907); Phelps v. McQuade, 220 N.Y.

232, 115 N.E. 441, 442 (1917); Sheppard v. Holt, 119 Okla. 168, 249 P. 302 (1926); Martin v. Green, 117 Me. 138, 102 A. 977 (1918).

In *England* besteht dagegen nur eine Vermutung, mit dem Anwesenden persönlich abzuschließen, wobei der getäuschte Vertragspartner den Vertrag wegen arglistiger Täuschung anfechten kann; Philipps v. Brooks, Ltd., [1919] 2 K.B. 243; Dennant v. Skinner and Collom, [1948] 2 K.B. 164, 168. Diese Vermutung kann jedoch widerlegt werden: weist der getäuschte Vertragspartner nach, daß er nur mit demjenigen, unter dessen Namen der Täuschende aufgetreten war, hatte abschließen wollen, so kommt ein Vertrag überhaupt nicht zustande. An diesen Nachweis werden bei einem Kreditkauf nur geringe Anforderungen gestellt; Ingram v. Little, [1961] 1 K.B. 31 (C.A.) Diese englische Regel wird auch in einem Staate der *USA* befolgt; Missouri: Windle v. Citizens' Nat. Bank, 216 S.W. 1023 (Mo.App. 1919).

4. Kausalzusammenhang zwischen Täuschung und Vertragsschluß

Die Notwendigkeit eines Kausalzusammenhangs zwischen der arglistigen Täuschung und dem abgeschlossenen Kaufvertrag ist so selbstverständlich, daß sie meistens nicht ausdrücklich hervorgehoben wird. § 30 II der *skandinavischen* Vertragsgesetze knüpft an die Feststellung einer Täuschungshandlung sogar die Vermutung, daß die Täuschung für die Erklärung des Getäuschten kausal gewesen ist; der Vertragspartner des Getäuschten hat also das Fehlen eines Kausalzusammenhangs zu beweisen. Auch in anderen Rechtsordnungen wird oft vom Vorliegen einer Täuschungshandlung auf den Kausalzusammenhang mit der Erklärung des Getäuschten geschlossen, so daß ebenfalls dem Vertragspartner der Beweis des Gegenteils obliegt; siehe etwa *Deutschland:* Soergel-Siebert, Anm. 17 zu § 123 BGB; *Schweiz:* Oser-Schönenberger, Anm. 12 zu Art. 28 OR.

In vielen Rechtsordnungen ist darüber hinaus anerkannt, daß die arglistige Täuschung nicht der alleinige Grund für den Vertragsschluß gewesen sein muß; es genügt vielmehr, daß die Täuschung *eine* der Ursachen war; *Deutschland:* RG 3. 4. 1933, Warn. 1933 Nr. 92; RG 25. 6. 1930, LZ 1930, 1379; RG 15. 11. 1911, RGZ 77, 309, 314; *Österreich:* Klang-Gschnitzer, Anm. B II zu § 870 ABGB; *Schweiz:* BG 4. 5. 1938, BGE 64 II 142, 147; *England:* Edgington v. Fitzmaurice (1882), L.R. 29 Ch. D. 459, 481, 483, 485 (C.A.); *USA:* Ochs v. Woods, 221 N.Y. 335, 117 N.E. 305 (1917); McGrath v. C.T. Sherer Co., 291 Mass. 35, 195 N.E. 913 (1935); Miller v. Latham, 276 S.W. 2d 858 (Tex. Civ. App. 1954); MacDonald v. De Fremery, 168 Cal. 189, 142 P. 73 (1914); Taylor v. Lounsbury-Soule Co., 106 Conn. 41, 137 A. 159 (1927).

Die Frage, ob die arglistige Täuschung kausal gewesen sein muß nur für den Abschluß des Kaufvertrages als solchen oder ob es genügt, wenn die Täuschung lediglich den Inhalt des in jedem Fall abzuschließenden Vertrages berührt hat, ist in diesem Zusammenhang unerheblich. Diese Unterscheidung ist in einigen Rechtsordnungen allerdings für die Rechtsfolgen der arglistigen Täuschung bedeutsam (siehe unten S. 114 f.). Jedoch sind die Voraussetzungen auch dieses sogenannten dolus incidens dieselben wie die der allgemeinen arglistigen Täuschung.

III. Subjektive Voraussetzungen

Eine arglistige Täuschung ist nur rechtserheblich, wenn sowohl der Täuschende als auch sein getäuschter Vertragspartner bestimmte subjektive Voraussetzungen erfüllen.

1. Voraussetzungen in der Person des Täuschenden

Die meisten Rechtsordnungen erfordern für die Annahme einer arglistigen Täuschung ein Doppeltes: Der täuschende Vertragsteil muß die Unwahrheit seiner Behauptung gekannt haben, und er muß sich außerdem bewußt gewesen sein, durch die falsche Behauptung den Vertragspartner zu einer Willenserklärung zu bestimmen; *Deutschland:* Soergel-Hefermehl, Anm. 21, 25 zu § 123 BGB; *Österreich:* OGH 10. 3. 1954, SZ 27 Nr. 63; Klang-Gschnitzer, Anm. B I zu § 870 ABGB; *Schweiz:* BG 2. 10. 1914, BGE 40 II 534, 538; Gmür-Becker, Anm. 9 zu Art. 28 OR; *Schweden:* v. Seth-Karlgren 156; *Frankreich:* Cass. civ. 2. 11. 1954, Gaz. Pal. 1955.1.74; Cour Paris 20. 12. 1934, Gaz. Pal. 1935.1.316; *Niederlande:* HR 27. 1. 1905, W. no. 8 175; HR 28. 2. 1930, N.J. 1930 S. 1258; *Spanien:* Manresa, Anm. I zu Artt. 1269 f. cc; *USA:* Seeger v. Odell, 18 Cal. 2d 409, 115 P. 2d 977 (1941); Rothermel v. Philipps, 292 Pa. 371, 141 A. 241 (1928); White Sewing Machine Co. v. Bullock, 161 N.C. 1, 76 S.E. 634 (1912); s. 471 Restatement of Contracts. Nur in *England* wird offenbar auf das zusätzliche Element der Täuschungsabsicht verzichtet; siehe Derry v. Peek (1889), 14 A.C. 337, 374 per Lord Herschel (H.L.); Cheshire-Fifoot 229; dafür jedoch offenbar Chitty I no. 271.

Im deutschen Rechtskreis wird meist noch ausdrücklich betont, daß beide subjektive Elemente nicht schon bei grob fahrlässiger Unkenntnis der Unwahrheit der Behauptung und der Täuschungsmöglichkeit vorliegen; andererseits reicht jedoch der sog. dolus eventualis aus, d. h. es genügt, daß der Täuschende mit der Möglichkeit rechnete, seine Behauptung sei unwahr und sie werde den Vertragspartner beim Vertragsschluß bestimmen; *Deutschland:* RG 14. 11. 1935, JW 1936, 988; RG 14. 3. 1929, JW 1929, 3161; RG 22. 11. 1912, RGZ 81, 13, 16; *Schweiz:* BG 11. 4. 1927, BGE 53 II 143, 150.

Daß der Täuschende neben der Absicht zur Täuschung noch eine

Absicht gehabt haben müsse, den getäuschten Vertragspartner durch die Täuschung zu schädigen, wird in Deutschland und Österreich ausdrücklich abgelehnt; *Deutschland:* RG 30. 4. 1925, RGZ 111, 5, 7; *Österreich:* OGH 10. 3. 1954, SZ 27 Nr. 63; dagegen offenbar in *Spanien* angenommen; T.S. 31. 10. 1924. Sachlich dürfte die Täuschungsabsicht allerdings meistens mit einer Schädigungsabsicht zusammenfallen.

2. *Voraussetzungen in der Person des Getäuschten*

a) Übereinstimmend wird das Vorliegen einer arglistigen Täuschung ausgeschlossen, wenn der Getäuschte den wahren Sachverhalt kennt. In diesem Fall fehlt ein ursächlicher Zusammenhang zwischen der Täuschungshandlung und dem rechtsgeschäftlichen Verhalten des Vertragspartners; dieser kann nicht getäuscht worden sein. *Deutschland:* RG 7. 6. 1920, LZ 1920, 887; *Schweiz:* Oser-Schönenberger, Anm. 10 zu Art. 28 OR; *Niederlande:* HR 18. 6. 1926, N.J. 1926 S. 1078; *England:* Cheshire-Fifoot 224; *USA:* Traders & General Insurance Co. v. Bailey, 127 Tex. 322, 94 S.W. 2d 134 (1936); siehe auch Lilienthal v. Suffolk Brewing Co., 154 Mass. 185, 28 N.E. 151 (1891); Wegefarth v. Wiessner, 134 Md. 555, 107 A. 364 (1919).

b) Keine Einigkeit besteht dagegen, wenn dem Getäuschten ein Schuldvorwurf zu machen ist, daß er die Täuschung nicht durchschaut habe. Die Einstellung der Rechtsordnungen deckt sich weithin mit der Antwort auf die ähnlich gelagerte Frage, ob ein Irrtum entschuldbar sein muß (vgl. oben S. 69 f.). Im deutschen Rechtskreis schließen Vertrauensseligkeit und selbst grobe Fahrlässigkeit des Getäuschten die Annahme einer arglistigen Täuschung nicht aus; *Deutschland:* BGH 17. 11. 1960, BGHZ 33, 302, 310; RG 25. 6. 1930, LZ 1930, 1379; *Österreich:* OGH 27. 3. 1954, SZ 27 Nr. 63; OGH 2. 11. 1931, EvBl. 1932 Nr. 80; *Schweiz:* BG 8. 6. 1906, BGE 32 II 337, 350; ebenso auch *England:* Redgrave v. Hurd (1881), 20 Ch. D. 1, 13, 23 (C.A.). Die romanischen Rechtsordnungen versagen dagegen dem Getäuschten, dessen Unkenntnis des wahren Sachverhalts auf Fahrlässigkeit beruht, die Berufung auf die arglistige Täuschung; *Frankreich:* Cass. soc. 1. 4. 1954, J.C.P. 1954.II.8384; *Italien:* Cass. 4. 7. 1943, Rep. Foro it. 1943–45, s. v. obbligazioni e contratti no. 77–78.

Mit diesem letzten Standpunkt deckt sich in der Sache derjenige des Rechtes der *USA*. Hier ist zwar ein Verschulden des Getäuschten im Prinzip unerheblich; Otto Baedeker & Associates, Inc., v. Hamtramck State Bank, 257 Mich. 435, 241 N.W. 249 (1932); Seeger v. Odell, 18 Cal. 2d 409, 115 P. 2d 977 (1941); Yorke v. Taylor, 332 Mass. 368, 124 N.E. 2d 912 (1955); Fargo Gas & Coke Co. v. Fargo Gas & Electric Co., 4 N.D. 219, 59 N.W. 1066 (1894). Jedoch wird dem Vertragspartner des Täuschenden ein „right to rely" dann abgesprochen, wenn er nach den Umständen genau dieselben Möglichkeiten wie der Täuschende hat, dessen Behauptung nachzuprüfen; Danann Realty Corp. v. Harris, 5 N.Y. 2d 317, 157 N.E. 2d 597 (1959); Schmidt v. Landfield, 20 Ill. 2d 89, 169 N.E. 2d 229 (1960); Rothermel v. Phillips, 292 Pa. 371, 141 A. 241 (1928); Marantz v. Weisberg, 33 S.W. 2d 505 (Tex. Civ. App. 1930); Miles F. Bixler Co. v. Argyros, 206 Iowa 1081, 221 N.W. 828 (1928); Welsh v. Kelly-Springfield Tire Co., 213 Ind. 188, 12 N.E. 2d 254 (1938). Fehlt ein „right to rely", so stellt demnach die fahrlässige Unkenntnis von dem wahren Sachverhalt ein Verschulden dar, und dieses schließt eine arglistige Täuschung aus.

IV. Täuschung durch Dritte

Kann A seinen Kaufvertrag mit B anfechten wegen einer arglistigen Täuschung, die ein Dritter begangen hat? Die Frage läuft praktisch darauf hinaus, ob und unter welchen Voraussetzungen sich B die Täuschungshandlung des Dritten anrechnen lassen muß.

Grundsätzlich bejaht wird ein Anfechtungsrecht auf Grund der Täuschung eines Dritten vom deutschen, skandinavischen und angloamerikanischen Rechtskreis. Im deutschen und skandinavischen Rechtskreis ist die Anfechtung allerdings nur zulässig, wenn der Vertragspartner des Getäuschten die Täuschung durch den Dritten gekannt hat oder hätte erkennen müssen; § 123 II 1 *deut.* BGB; § 875 S. 2 *öst.* ABGB; Art. 28 II *schweiz.* OR; § 30 I *skand.* Vertragsgesetze. Ebenso ist die Rechtslage in den USA und offenbar auch in England; *USA:* Rose v. Jerome Harvey Development Co., 113 N.J. Eq. 161, 166 A. 149 (1933); Bryant v. Stohn, 260 S.W. 2d 77 (Tex.Civ.App. 1953); Kilkus v. Shakman, 254 Mass. 274, 150 N.E. 186 (1926); s. 477 Restatement of Contracts. Nur bei Kenntnis: Art. 1847 no. 9 Louisiana cc; s. 1689 (b) (1) California cc und die entsprechenden Bestimmungen in Montana, Oklahoma, North und South Dakota; *England:* Peek v. Gurney (1873), L.R. 6 H.L. 377, 392; siehe auch Lloyd v. Grace, Smith & Co., [1912] A.C. 716 (H.L.).

In den romanischen Ländern (außer Italien) ist dagegen nach dem Vorbild von Art. 1116 *franz.* cc rechtserheblich nur ein dol des Vertragspartners; Art. 1364 *nied.* BW; *Spanien:* Art. 1269 cc und T.S. 8. 3. 1929. Diese gesetzliche Regel wird von der Rechtswissenschaft teilweise geradezu abgelehnt; *Frankreich:* Planiol-Ripert VI no. 194, 204, oder doch jedenfalls eng ausgelegt (erkennt eine Vertragspartei, daß ihr Vertragspartner von einem Dritten getäuscht worden ist, und nutzt sie den dadurch hervorgerufenen Irrtum für ihre eigenen Zwecke aus, so wird darin eine arglistige Täuschung der Vertragspartei erblickt; *Frankreich:* Planiol-Ripert VI no. 204; *Niederlande:* Pitlo 171;

Spanien: Puig Brutau I/2, 230; Manresa, Anm. II zu Artt. 1269 f. cc). Auf dieser Linie hat auch Art. 1439 II ital. cc das *italienische* Recht kodifiziert; es gestattet eine Anfechtung, wenn die Täuschungshandlung dem Vertragspartner des Getäuschten bekannt war und er daraus Vorteile gezogen hat.

Die Reformentwürfe *Frankreichs* und der *Niederlande* geben die „romanische" Regel völlig auf. Art. 3.2.10 Absatz 5 des Entwurfes Meijers schließt sich vorbehaltlos der Regel des deutschen Rechtskreises an. Livre IV Art. 16 des französischen Avant-projet cc geht sogar wesentlich weiter, indem er die arglistige Täuschung jeder beliebigen Person für rechtserheblich erklärt; damit wird dem Vertragspartner des Getäuschten der ihm sonst allgemein zugebilligte Schutz genommen, der in dem Erfordernis liegt, Kenntnis oder fahrlässige Nichtkenntnis von der Täuschungshandlung des Dritten gehabt zu haben.

Alle Rechtsordnungen sehen eine Sonderregel, welche die Anfechtung von Verträgen wegen Täuschungen durch Dritte einschränkt oder ausschließt, als Ausnahmebestimmung an, die nach allgemeinen Grundsätzen eng ausgelegt wird. Daher besteht Einverständnis, nicht als „Dritten" anzusehen jeden rechtsgeschäftlichen Vertreter oder sonstige Abschlußgehilfen einer Vertragspartei; Täuschungen durch diese Personen muß sich also der Geschäftsherr wie eigene Handlungen selbst dann anrechnen lassen, wenn er sie nicht kannte; *Deutschland:* BGH 17. 11. 1960, BGHZ 33, 302, 309; BGH 8. 2. 1956, BGHZ 20, 36, 41; RG 27. 10. 1909, RGZ 72, 133; *Österreich:* OGH 4. 2. 1954, ÖJZ 1954, 199 EvBl. Nr. 131; OGH 2. 12. 1931, EvBl. 1932 Nr. 88; *Schweiz:* BG 2. 10. 1914, BGE 40 II 534, 542; *Frankreich:* Cass. req. 17. 10. 1934, D.H. 1934, 522; Cass. req. 20. 11. 1905, S. 1906.1.124; *Niederlande:* HR 28. 2. 1930, N.J. 1930 S. 1258; *USA:* Fairchild v. McMahon, 139 N.Y. 290, 34 N.E. 779 (1893); Schultheis v. Sellers, 223 Pa. 513, 72 A. 887 (1909); Woodward v. Barringer, 24 So. 2 d 200 (La. App. 1945); White Sewing Mach. Co. v. Bullock, 161 N.C. 1, 76 S.E. 634 (1912); Wagoun v. Chicago Burlington & Quincy R.R., 155 Neb. 132, 50 N.W. 2d 810 (1952); s. 477 Restatement of Contracts, ss. 259, 264 Restatement of Agency 2 d (1958).

C. Wirkungen

Die Wirkungen der arglistigen Täuschung entsprechen weitgehend – stärker noch als die Voraussetzungen – den Wirkungen des Irrtums. Auf den entsprechenden Abschnitt des vorangehenden § 2 über den Irrtum (oben S. 77 ff.) kann daher grundsätzlich verwiesen werden.

I. Bestand des Kaufvertrages

1. Anfechtbarkeit

a) Grundsatz

Auch bei der arglistigen Täuschung ist die Anfechtbarkeit des Vertrages die Hauptfolge; §§ 123, 142 I *deut.* BGB; § 30 Satz 1 *skand.* Vertragsgesetze; Art. 1117 *franz.* cc, Livre IV Artt. 52, 54 II Avant-projet cc; Art. 1485 *nied.* BW, Art. 3.2.10 Absatz 1 E. Meijers; Art. 1427 *ital.* cc; Artt. 1300, 1265 *span.* cc; *USA:* s. 1689 California cc und die entsprechenden Bestimmungen in Montana, Oklahoma, North und South Dakota; Art. 1881 Louisiana cc; siehe ferner s. 476 (1) Restatement of Contracts sowie die oben unter B zitierten Entscheidungen; *England:* Cheshire-Fifoot 229 sowie die oben unter B zitierten Entscheidungen.

In *Österreich* und in der *Schweiz* wird wie beim Irrtum bestimmt, daß der Getäuschte den Vertrag nicht halten muß bzw. daß er für ihn nicht verbindlich sei; § 870 ABGB, Art. 28 I OR. Auch damit ist in der Sache die Anfechtbarkeit ausgesprochen (oben S. 77).

b) Dolus incidens

Der Grundsatz der Anfechtbarkeit wird allerdings von den meisten romanischen Rechtsordnungen auf solche Täuschungen beschränkt, die nicht lediglich den Inhalt des Vertrages, sondern den Abschluß des Vertrages selbst bestimmt haben (dolus causam dans contractui); die Anfechtung wegen eines lediglich den Inhalt des Vertrages betreffenden dolus incidens in contractum ist dagegen ausgeschlossen. Diese Beschränkung der Anfechtbarkeit ist ausdrücklich niedergelegt in den Artt. 1440 *ital.* cc und 1270 II *span.* cc; sie ist aber auch in Frankreich und Belgien anerkannt; *Frankreich:* Cass civ. 15. 2. 1898, D. 1898.1.192; Conseil d'Etat 14. 12. 1923, Gaz. Pal. 1924.1.128; *Belgien:* Cass. 23. 12. 1926, Pas. 1927.1.113. Dolus incidens ist anzunehmen, wenn der Getäuschte ohne die Täuschung den Kaufvertrag zu günstigeren Bedingungen abgeschlossen haben würde (Art. 1440 *ital.* cc; Cass. 26. 5. 1953, Rep. Foro it. 1953, s. v. obbligazioni e contratti no. 417–418), so daß sich der Täuschende auf diese Weise den Vertragsschluß erleichtert; *Spanien:* T.S. 31. 10. 1924. Praktisch die größte Bedeutung hat eine Täuschungshandlung des Verkäufers, die den Käufer zur Bewilligung eines höheren Kaufpreises bestimmt; *Frankreich:* Conseil d'Etat 14. 12. 1923, Gaz.Pal. 1924.1.128; Cass. civ. 15. 2. 1898, D. 1898.1.192; *Belgien:* Cass. 23. 12. 1926, Pas. 1927.1.113; *Spanien:* T.S. 27. 6. 1894.

Im übrigen entsprechen die Voraussetzungen des dolus incidens denen des dolus causam dans vollständig; *Italien:* Cass. 21. 5. 1949,

Giur. compl. Cass. civ. 1949, 471; Cass. 26. 5. 1953, Rep. Foro it. 1953, s. v. obbligazioni e contratti no. 417–418; in *Spanien* verlangt die Rechtsprechung, daß der dolus incidens wie jede arglistige Täuschung erheblich sein muß (siehe Art. 1270 I cc), während beim dolus causam dans auf dieses zusätzliche Erfordernis verzichtet wird, da die Erheblichkeit der Täuschung durch den Abschluß des Vertrages erwiesen ist; T.S. 10. 5. 1910.

Der Ausschluß der Anfechtbarkeit bei dolus incidens berührt nicht die anderen Rechtswirkungen der arglistigen Täuschung, insbesondere nicht die Schadensersatzpflicht des Täuschenden; so ausdrücklich Art. 1440 *ital.* cc, Art. 1270 II *span.* cc. In *Frankreich* und *Belgien* führt die Ersatzpflicht des täuschenden Verkäufers in der Regel zu einer Minderung des Kaufpreises; Conseil d'Etat 14. 12. 1923, Gaz.Pal. 1924. 1.128; Cass. civ. 15. 2. 1898, D. 1898.1.192; *Belgien:* Cass. 23. 12. 1926, Pas. 1927.1.113.

Im deutschen Rechtskreis ist der dolus incidens von der Rechtsprechung meist ausdrücklich zurückgewiesen worden; *Deutschland:* RG 6. 7. 1910, Warn. 1910 Nr. 314; *Österreich:* OGH 10. 3. 1954, SZ 27 Nr. 63. Auch das *Schweizer* Bundesgericht, welches dieser Unterscheidung früher gefolgt war (BG 6. 3. 1914, BGE 40 II 114), hat sie 1938 in einem sorgfältig begründeten Grundsatzurteil aufgegeben; BG 4. 5. 1938, BGE 64 II 142. Nach einer Entscheidung aus dem Jahre 1955 ist bei einem dolus incidens hinsichtlich eines untergeordneten Vertragspunktes die Anfechtbarkeit des Vertrages nach Treu und Glauben ausgeschlossen; der Getäuschte kann lediglich Herabsetzung des Kaufpreises verlangen; BG 7. 6. 1955, BGE 81 II 213. Hierin liegt offenbar eine beschränkte Wiederanerkennung des dolus incidens.

In den *Niederlanden* sollte eine 1833 eingefügte Neufassung von Art. 1364 BW dolus incidens und dolus causam dans gleichstellen; Art. 3.2.10 E. Meijers beläßt es hierbei (siehe die Begründung zu dieser Bestimmung). Auch Livre IV Art. 13 des *französischen* Avant-projet cc gibt die Unterscheidung zwischen den beiden Arten des dol auf, die im französischen Schrifttum auch meist abgelehnt wird; Planiol-Ripert VI no. 207; Colin-Capitant II no. 663.

c) Anfechtungsrecht

Das Anfechtungsrecht steht, wie sich aus den oben angeführten Vorschriften über die Anfechtbarkeit ergibt, nur dem Getäuschten zu (siehe auch oben S. 78).

d) Anfechtungsgrund

Als Anfechtungsgrund genügt in den meisten Rechtsordnungen die nach Abschnitt B beachtliche arglistige Täuschung.

Von dieser Regel machen – wie bei der Anfechtung wegen mangelnder Geschäftsfähigkeit und wegen Irrtums – die *USA* und *England* eine Ausnahme. Sie lassen die Ausübung des Anfechtungsrechts grundsätzlich nur zu, wenn der Anfechtende den Vertragspartner in den *status quo ante* zurückversetzen kann; *USA:* Neblett v. MacFarland, 92 U.S. 101 (1875); Pryor v. Oak Ridge Development Corp., 97 Fla. 1085, 119 So. 326 (1928); Bellefeuille v. Medeiros, 335 Mass. 262, 139 N.E. 2d 413 (1957); s. 480 (1) Restatement of Contracts; s. 1691 California cc und die entsprechenden Bestimmungen in Montana, Oklahoma, North und South Dakota; s. 20–906 Code of Georgia; *England:* Hulton v. Hulton, [1917] 1 K.B. 813, 821, 825 (C.A.); Spence v. Crawford, [1939] 3 All E.R. 271, 279, 288 (H.L.). Ist Rückerstattung in specie jedoch nicht möglich, so wird das Gericht auf Grund seiner equity-Befugnisse die Anfechtung unter anderen Auflagen zulassen, welche die Rechte des Anfechtungsgegners wahren; *USA:* Buffalo Builders' Supply Co. v. Reeb, 247 N.Y. 170, 159 N.E. 899 (1928); Bellefeuille v. Medeiros, 335 Mass. 262, 139 N.E. 2d 413 (1957); Hernig v. Harris, 117 N.J. Eq. 146, 175 A. 169 (1934); Record v. Rochester Trust Co., 89 N.H. 1, 192 A. 177 (1937); *England:* die oben zitierten Entscheidungen. In diesem Rahmen kann das Gericht z. B. anordnen, daß bei einer vom Anfechtenden zu vertretenden Unmöglichkeit der Rückerstattung in natura der Geldwert zu erstatten ist; *USA:* Green v. Duvergey, 146 Cal. 379, 80 P. 234 (1905); Putnam v. Bolster, 216 Mass. 367, 103 N.E. 942 (1914); Gray v. Trick, 243 Mich. 388, 220 N.W. 741 (1928); Basye v. Paola Refining Co., 79 Kan. 755, 101 P. 658 (1909). Ist die Unmöglichkeit der Rückgabe dagegen vom Vertragspartner des Anfechtenden zu vertreten oder durfte der Anfechtende das Empfangene ohnehin behalten, so kann die Rückerstattungspflicht auch ganz entfallen; *USA:* Gates v. Raymond, 106 Wis. 657, 82 N.W. 530 (1900); Kramer v. Mericle, 195 Iowa 404, 192 N.W. 257 (1923); Harvey v. Thomas, 150 Okla. 106, 300 P. 772 (1931); s. 480 (2) Restatement of Contracts; Morris v. Cole, 218 Cal. 676, 24 P. 2d 785 (1933); Deibel v. Kreiss, 50 N.E. 2d 1000 (Ohio App. 1943). Die Rückerstattung und damit die Anfechtung wird nicht dadurch ausgeschlossen, daß der Marktwert der zu erstattenden Sache inzwischen gesunken ist; *England:* Armstrong v. Jackson, [1917] 2 K.B. 822, 828.

In den *USA* ist die Anfechtung darüber hinaus teilweise noch davon abhängig gemacht worden, daß dem Anfechtenden durch die Täuschung ein Vermögensschaden entstanden sein muß. Ein Vermögensschaden wird namentlich in solchen Fällen verlangt, in denen die Kaufsache zwar nicht ganz vertragsgemäß ist, die Abweichung aber nicht etwa so stark ist, daß von einer völlig verschiedenen Ware gesprochen werden muß. Einen Vermögensschaden verlangen z. B. folgende Staaten: Florida: Pryor v. Oak Ridge Development Corp., 97 Fla. 1085, 119 So. 326 (1929); Idaho: Kloppenburg v. Mays, 60 Idaho 19, 88 P. 2d 513 (1939); Montana: Mason v. Madson, 90 Mont. 489, 4 P. 2d 475 (1931); Nebraska: Cooper v. Marr, 149 Neb. 211, 30 N.W. 2d 563 (1948); New Hampshire: Record v. Rochester Trust Co., 89 N.H. 1, 192 A. 177 (1937); Texas: Safety Casualty Co. v. McGee, 133 Tex. 233, 127 S.W. 2d 176 (1939); Larson v. Sterling Mut. Ins. Co., 153 S.W. 2d 177 (Civ. App. 1941). Kein Vermögensschaden ist dagegen in folgenden Staaten erforderlich: Georgia: Crowell v. Brim, 191 Ga. 288, 12 S.E. 2d 585 (1940); Kansas: Lassen v. Marland Production Co., 133 Kan. 313, 299 P. 947 (1931); Louisiana: Orr v. Walker, 236 La. 740, 109 So. 2d 77 (1959); Minnesota: Spiess v. Brandt, 230 Minn. 246, 41 N.W. 2d 561 (1950). In anderen Staaten, wie z. B. California, schwanken die Gerichte: Vermögensschaden verlangen Spreckels v. Gorrill, 152 Cal. 383, 92 P. 1011 (1907); Darraw v. Houlihan, 205 Cal. 271, 272 P. 1049 (1928); auf einen Vermögensschaden verzichten dagegen Fuhrman v. American National Building & Loan Ass., 126 Cal. App. 202, 14 P. 2d 601 (1932); Hefferan v. Freebairn, 34 Cal. 2d 383, 214 P. 2d 386 (1950); Earl v. Saks & Co., 36 Cal. 2d 602, 226 P. 2d 340 (1951).

e) Anfechtungsfrist

Für die Anfechtungsfrist bei arglistiger Täuschung gelten im Prinzip dieselben Bestimmungen wie bei der Anfechtungsfrist wegen Irrtums (siehe oben S. 80 ff.).

In *Deutschland* tritt allerdings an die Stelle der „unverzüglichen Anfechtung" eine Frist von einem Jahr nach Entdeckung der arglistigen Täuschung; § 124 BGB. In Deutschland und in der Schweiz ist die Geltendmachung der Anfechtung im Wege der Einrede bei arglistiger Täuschung nicht befristet; *Deutschland:* RG 24. 4. 1928, JW 1928, 2972; RG 29. 3. 1912, RGZ 79, 194, 197; *Schweiz:* Oser-Schönenberger, Anm. 16 zu Art. 60 OR; Gmür-Becker, Anm. 13 zu Art. 31 OR; vgl. BG 16. 12. 1958, BGE 84 II 621, 625.

f)–h) Für die *Form der Anfechtung,* die *Bestätigung* sowie die *Teilanfechtung* gelten die entsprechenden Ausführungen zum Irrtum (siehe oben S. 82 ff.).

i) Rechte des Vertragspartners

Nur *Frankreich* und die *Niederlande* gewähren in ihren Reformentwürfen dem Vertragspartner des Getäuschten die Möglichkeit, dem Getäuschten eine Frist zur Ausübung der Anfechtungserklärung zu setzen (siehe oben S. 20).

Die beim Irrtum dem Vertragspartner des Irrenden in einigen Rechtsordnungen eröffnete Möglichkeit, die Anfechtung des Vertrages durch Angebot der vom Irrenden gemeinten Erfüllung des Vertrages auszuschließen (oben S. 84), besteht bei arglistiger Täuschung nicht. In der *Schweiz* und in *Italien* fehlen entsprechende gesetzliche Bestimmungen, und der *österreichische* Oberste Gerichtshof hat dem Vertragspartner des Getäuschten diese Befugnis ausdrücklich versagt; OGH 17. 10. 1928, Rspr. 1929 Nr. 1; anders allerdings die Rechtslehre, siehe Klang-Gschnitzer, Anm. C 2 zu § 870 ABGB; Ehrenzweig I/1, 229.

2. *Nichtigkeit*

Im *anglo-amerikanischen* Rechtskreis führt eine arglistige Täuschung in einigen Sonderfällen zur Nichtigkeit des unter dem Einfluß der Täuschung zustandegekommenen Vertrages. Das ist in erster Linie der Fall, wenn der Irrende darüber getäuscht wird, daß er eine Willenserklärung überhaupt abgibt (namentlich durch Unterschrift unter ein vorbereitetes Schriftstück) oder daß er eine Willenserklärung zu einem bestimmten Vertrage abgibt (fraud in the inception, Einrede des „non est factum"); *USA:* Whipple v. Brown Bros. Co., 225 N.Y. 237, 121 N.E. 748 (1919); Babcock v. Farwell, 245 Ill. 14, 91 N.E. 683 (1910); CIT. Corp. v. Panac, 25 Cal. 2d 547, 154 P. 2d 710 (1944); Meyers v. Murphy, 181 Md. 98, 28 A. 2d 861 (1942); Price v. Rosenberg, 200 Mass. 36, 85 N.E. 887 (1908); Mackey v. Peterson, 29 Minn. 298, 13 N.W. 132 (1892); s. 475 Restatement of Contracts; *England:* Foster v. Mackinnon (1869), L. R. 4 C.P. 704; Lewis v. Clay (1898), 67 L.J.Q.B. 224; Carlisle and Cumberland Banking Co. v. Bragg, [1911] 1 K.B. 489; Muskham Finance, Ltd. v. Howard, [1963] 1 All E.R. 81 (C.A.). Nichtigkeit tritt auch bei bestimmten Fällen der Täuschung über die Personenidentität ein (siehe oben S. 108 f.).

II. Herausgabe der empfangenen Leistung

Ist der Kaufvertrag wegen arglistiger Täuschung nichtig oder durch Anfechtung vernichtet worden, so können die Vertragspartner nach allen Rechtsordnungen etwa auf Grund des Vertrages bereits erbrachte Leistungen zurückverlangen. Insoweit gelten dieselben Rechtsnormen wie bei der Herausgabe auf Grund eines wegen Irrtums nichtigen Vertrages (siehe oben S. 87).

III. Schadensersatz

Ein Anspruch auf Schadensersatz wird überall nur dem getäuschten Vertragspartner zuerkannt. Grund und Umfang des Ersatzanspruches sind verschieden, wenn Ersatz des Schadens nach Anfechtung des Vertrages oder wenn Schadensersatz ohne Anfechtung des Vertrages verlangt wird.

1. Nichtigkeit

Bei Nichtigkeit des Vertrages (infolge Anfechtung oder ipso jure) haftet der Vertragspartner des Getäuschten für einen infolge der Täuschung eingetretenen Schaden. Diese Ersatzpflicht ist für die arglistige Täuschung nur in *Österreich* ausdrücklich selbständig ausgesprochen; § 874 ABGB. Für alle anderen Rechtsordnungen ergibt sich die Ersatzpflicht daraus, daß die arglistige Täuschung nahezu stets zugleich auch eine unerlaubte Handlung ist, für deren Folgen der Täuschende nach den allgemeinen Bestimmungen verantwortlich ist. Auch der anglo-amerikanische Rechtskreis gewährt diesen Ersatzanspruch: Der früher anerkannte allgemeine Grundsatz, daß Anfechtung und Schadensersatz wegen „deceit" sich ausschließen – *USA:* Strong v. Strong, 102 N.Y. 69, 5 N.E. 799 (1886); Karn v. Pidcock, 225 Ore. 506, 357 P. 2d 509 (1960); Breshears v. Callender, 23 Idaho 348, 131 P. 15 (1913); Stewart v. Salisbury Realty & Insurance Co., 159 N.C. 230, 74 S.E. 736 (1912) –, ließ auch bei Anfechtung noch Raum für den Ersatz der sog. „special damages"; Linderman Machine Co. v. Hillenbrand Co., 75 Ind. App. 111, 127 N.E. 813 (1920); Copeland v. Reynolds, 86 N.H. 110, 164 A. 215 (1933); Comment e zu s. 549 Restatement of Torts. S. 2–721 Satz 2 UCC gibt nunmehr den Grundsatz selbst auf; die Vorschrift läßt ausdrücklich Schadensersatz zu, auch wenn der Kaufvertrag anfechtbar ist oder wenn die Ware dem Verkäufer zurückgegeben worden ist.

Der Umfang des zu ersetzenden Schadens ist begrenzt, da infolge der Anfechtung der belastende Vertrag als solcher bereits dahingefallen ist. Auf dem europäischen Kontinent werden daher neben der Anfechtung vornehmlich nur die Kosten des Vertragsabschlusses ersetzt (negatives Interesse); *Deutschland:* RG 11. 6. 1910, Warn. 1910 Nr. 313; *Österreich:* Klang-Gschnitzer, Anm. II 2a zu § 874 ABGB; *Schweiz:* Oser-Schönenberger, Anm. 34 zu Art. 31 OR; *Frankreich:* Planiol-Ripert VI no. 208; *Spanien:* Puig Brutau I/2, 235. Zu demselben Ergebnis führte in den *USA* der Ersatz der „special damages" (siehe voriger Absatz). S. 2–721 Satz 1 UCC gleicht jedoch nunmehr die Rechtsbehelfe wegen Täuschung an die kaufrechtlichen Rechtsbehelfe (aus Gewährleistung, siehe Comment) an; daraus ergibt sich wohl der Ersatz des vollen (positiven) Interesses des Getäuschten.

2. Nichtanfechtung

Auch bei Nichtanfechtung des Kaufvertrages hat der Getäuschte einen Schadensersatzanspruch wegen der in der Täuschung liegenden unerlaubten Handlung; so ausdrücklich § 874 *öst.* ABGB; *Deutschland:* RG 10. 11. 1921, RGZ 103, 154, 160; RG 1. 11. 1913, RGZ 83, 241; RG 2. 10. 1907, RGZ 66, 335; *Frankreich:* Planiol-Ripert VI no. 208; Livre

IV Art. 17 Avant-projet cc; *Niederlande:* HR 16.12.1932, N.J. 1933 S. 458; *USA:* siehe die Belege im vorletzten Absatz, ferner s. 3343 California cc; s. 525 Restatement of Torts; *England:* Mullett v. Mason (1866), L.R. 1 C.P. 559. In der *Schweiz* erkennen Gesetz (Art. 31 III OR) und Rechtsprechung einen Ersatzanspruch nur unter besonderen Umständen an; grundsätzlich wird in der unterlassenen Anfechtung die Ursache für denjenigen Schaden des Getäuschten gesehen, der durch die Anfechtung hätte abgewendet werden können; BG 25. 9. 1935, BGE 61 II 228, 234; BG 24. 1. 1914, BGE 40 II 40, 43. Eine weitergehende Ersatzpflicht wird jedoch bejaht, wenn dem Getäuschten eine Anfechtung nicht zuzumuten war, insbesondere weil sie für ihn nachteiliger wäre als das Festhalten am Vertrage (siehe die zitierten Entscheidungen des BG).

Der Ersatzanspruch richtet sich, wenn der Getäuschte an dem Vertrage festhält, auf den Schaden, der ihm durch den unter dem Einfluß der Täuschung zustandegekommenen Vertragsschluß entsteht. Über den Umfang des Schadensersatzanspruchs im einzelnen besteht allerdings Streit und Unsicherheit. In einigen Ländern wird dem Getäuschten als Schaden die Differenz zwischen dem tatsächlichen Wert und dem vertraglich zugesagten Wert der empfangenen Leistung zuerkannt (positives oder Erfüllungsinteresse), so namentlich in *Deutschland;* in Analogie zu dem gesetzlichen Ersatzanspruch bei arglistig verschwiegenen Mängeln der Kaufsache oder Fehlen zugesicherter Eigenschaften (§ 463 BGB), siehe die oben angeführte ständige Rechtsprechung des RG; *Österreich:* OGH 28. 3. 1956, ÖJZ 1956, 296 EvBl. Nr. 149; teilweise einschränkend Klang-Gschnitzer, Anm. II 3 a zu § 874 ABGB; *USA:* die Mehrheit der Einzelstaaten, siehe z. B. Massachusetts: Cedar v. McCarthy, 320 Mass. 618, 70 N.E. 2d 698 (1947); Michigan: Chapman v. Bible, 171 Mich. 663, 137 N.W. 533 (1912); Ohio: Gray v. Gordon, 96 Ohio St. 490, 117 N.E. 891 (1917); Oregon: Selman v. Shirley, 161 Ore. 582, 85 P. 2d 384, 91 P. 2d 312 (1939); Tennessee: Shwab v. Walters, 147 Tenn. 638, 251 S.W. 42 (1923); offenbar auch ss. 2–721, 2–708 UCC; wohl auch *England:* Mullett v. Mason (1866), L.R. 1 C.P. 559, 563.

Andere Rechtsordnungen ersetzen dem Getäuschten dagegen nur den Unterschied zwischen dem tatsächlichen Wert der empfangenen Leistung und dem Wert der dafür gegebenen Gegenleistung; sie gleichen also nur den durch den Vertragsschluß entstandenen Vermögensverlust aus, versagen dem Getäuschten dagegen den etwaigen Gewinn aus dem Vertrag. Auf das negative Interesse beschränkt den Ersatzanspruch insbesondere die *Schweiz;* BG 28. 4. 1921, BGE 47 II 183, 188; BG 29. 5. 1914, BGE 40 II 370, 372; *USA:* die Minderheit der Einzelstaaten; siehe z. B. die 1935 eingeführte Bestimmung der s. 3343

California cc; New York: Reno v. Bull, 226 N.Y. 546, 124 N.E. 144 (1919); New Jersey: Mitchell v. Bassett, 99 N.J.L. 110, 123 A. 761 (1924); Pennsylvania: Browning v. Rodman, 268 Pa. 575, 111 A. 877 (1920); s. 549 Restatement of Torts.

In den *romanischen* Rechtsordnungen spielt die Frage des Umfanges des Ersatzanspruches offenbar keine wesentliche Rolle. Die französischen Gerichte z. B. ersetzen – ohne Begründung im einzelnen – wohl jeden nachweisbaren Schaden.

Einige Länder gestatten unter dem Titel des Schadensersatzes auch die Aufhebung des unter Täuschung zustandegekommenen Vertrages inter partes. Auf diesem Wege wird insbesondere in *Deutschland* die einjährige Anfechtungsfrist umgangen; BGH 31. 1. 1962, NJW 1962, 1197, 1198; RG 6. 2. 1914, RGZ 84, 131; RG 29. 3. 1912, RGZ 79, 194, 197; *Österreich:* Klang-Gschnitzer, Anm. I 3 zu § 874 ABGB; *Spanien:* Puig Brutau I/2, 235. Diese Aufhebung des Vertrages kommt einer Anfechtung nahe, hat jedoch – anders als diese – keine Wirkung gegenüber Dritten.

D. Rechtsvergleichung

In der Beurteilung von Voraussetzungen und Folgen der arglistigen Täuschung besteht eine weitreichende Übereinstimmung.

1. Die *objektiv erheblichen Täuschungsfälle* werden von keiner Rechtsordnung mit der Unterscheidung zwischen erheblicher und unerheblicher Vertragsbestimmung umschrieben. Getäuscht werden kann vielmehr über alle Tatsachen. Dagegen darf man sich nicht verlassen auf bloße Anpreisungen und unter gewissen Umständen auch nicht auf Meinungsäußerungen des Vertragspartners; solche Ansichten können jedoch im Einzelfall rechtserheblich sein, so namentlich bei besonderem Sachverstand einer Partei oder bei fehlenden Prüfungsmöglichkeiten für die andere. Wenn der anglo-amerikanische Rechtskreis auch den Mangel des Erfüllungswillens hierzu rechnet, so dürfte dies aus dem dort fehlenden Rechtsanspruch auf Vertragserfüllung zu erklären sein. Auch bei Beurteilung der Fälle, in denen eine Aufklärungspflicht besteht, deren Verletzung eine arglistige Täuschung darstellt, besteht weithin Übereinstimmung. Dagegen wird die arglistige Täuschung über die Personenidentität in Einzelheiten unterschiedlich bewertet; dieser Divergenz kommt jedoch keine in das Gewicht fallende praktische Bedeutung zu.

Über die *subjektiven Voraussetzungen* der arglistigen Täuschung in der Person des Täuschenden besteht Einigkeit. Beim Getäuschten schließt eine Kenntnis des wahren Sachverhalts nach allgemeiner Ansicht eine Täuschung aus; hingegen wird ein Verschulden des Getäuschten bei der Verkennung der wahren Lage verschieden bewertet. Im deutschen Rechtskreis und in England ist es unerheblich, im romanischen Rechtskreis und in den USA schließt es dagegen eine arglistige Täuschung aus.

In der Behandlung von *Täuschungen durch Dritte* stimmen trotz des sehr strengen Ausgangspunktes des romanischen Rechtskreises die Lösungen in den praktisch wesentlichen Fällen überein. Ein Unterschied besteht nur noch in der Beurteilung der Täuschungshandlungen solcher Dritter, die nicht Abschlußgehilfen oder Vertreter des Vertragspartners des Getäuschten sind; auch hier ist jedoch im romanischen Rechtskreis eindeutig die Tendenz zur Einbeziehung aller Täuschungen durch dritte Personen erkennbar, soweit der Vertragspartner des Getäuschten sie gekannt hat oder hätte erkennen müssen.

2. Für den *Bestand des Kaufvertrages* hat die arglistige Täuschung im Prinzip überall die Folge, daß der Vertrag für den Getäuschten anfechtbar ist. Allerdings wird dieser Grundsatz in den romanischen Rechtsordnungen meistens auf Fälle des dolus causam dans beschränkt. Der theoretisch einleuchtende und im Interesse des Rechtsverkehrs vielleicht erwünschte Ausschluß einer Anfechtung wegen dolus incidens belastet allerdings die praktische Rechtsanwendung mit schwierigen Abgrenzungsfragen. Im übrigen decken sich die Wirkungen der arglistigen Täuschung für den Bestand des Kaufvertrages mit den Wirkungen des Irrtums, so daß auf die Zusammenfassung am Ende des § 2 (oben S. 97 ff.) verwiesen werden kann.

Bei der *Abwicklung* der angefochtenen Kaufverträge, mit deren Erfüllung bereits begonnen wurde, besteht Übereinstimmung. Für den Vertragspartner des Getäuschten ist im anglo-amerikanischen Rechtskreis der Anspruch auf Rückgabe gewährter Leistungen dadurch besonders geschützt, daß die Anfechtung grundsätzlich von der Fähigkeit des Getäuschten zur Rückgewähr abhängig ist.

Schadensersatz wegen arglistiger Täuschung kann überall nur der Getäuschte verlangen. Alle Rechtsordnungen gewähren einen Ersatzanspruch, da in einer arglistigen Täuschung fast immer eine unerlaubte Handlung liegt. Ein Schadensersatzanspruch nach Anfechtung des Vertrages wird allgemein auf das negative Interesse beschränkt. Keine Einigkeit besteht dagegen über den Umfang des Ersatzanspruches, wenn das Anfechtungsrecht nicht ausgeübt wurde. Deutschland und die Mehrzahl der Einzelstaaten der USA sprechen sich bewußt für den Ersatz des Schadens aus, der bei Nichterfüllung des Vertrages entstehen muß (positives Interesse); die Schweiz und die Minderheit der Einzelstaaten der USA beschränken den Ersatzanspruch dagegen auf das negative Interesse.

Soweit Schadensersatz durch Naturalersatz zugelassen wird, läuft dies praktisch auf eine Anfechtung etwas geringerer Wirkung hinaus; Bedeutung hat diese Regel jedoch nur für die Ausschaltung einer kurzen gesetzlichen Anfechtungsfrist.

§ 4

DROHUNG

A. Vorbemerkung

Bei der Drohung wird der Wille der bedrohten Vertragspartei offen und unverhüllt gebeugt, während der Einfluß der arglistigen Täuschung auf den Willen des Getäuschten versteckt und ihm selbst unbewußt ist. Die Drohung erzeugt ebenso wie die arglistige Täuschung einen Willensmangel und ist zugleich unerlaubte Handlung.

I. Drohung und Zwang

In den kontinentalen Rechtsordnungen wird deutlich zwischen Drohung (vis compulsiva) und Zwang (vis absoluta) unterschieden. Eine Erklärung, die unter unwiderstehlicher physischer Gewalt erzwungen ist, stellt nur den Schein einer Willenserklärung dar; Rechtsfolgen hat diese Erklärung für den Gezwungenen nicht; es bedarf keiner Anfechtung; *Deutschland:* Soergel-Siebert, Anm. 32 zu § 123 BGB; *Österreich:* Klang-Gschnitzer, Anm. A I zu § 870 ABGB; *Schweiz:* Oser-Schönenberger, Anm. 8 zu Art. 29 OR; *Frankreich:* Holleaux, Anm. zu Cass. civ. 3. 11. 1959, D.H. 1960, 188; *Italien:* Trib. Milano 8. 8. 1950, Giur. It. 1950.I.2.645; Mirabelli, Anm. 1 zu Artt. 1434–1438 cc; *Niederlande:* Hofmann-van Opstall I 341; *USA:* s. 494 Restatement of Contracts. Diese Auffassung herrscht auch in *Spanien,* obwohl Art. 1267 cc, der sogar ausdrücklich zwischen „intimidación" und „violencia" unterscheidet, und andere Vorschriften wie die Artt. 1268, 1301 cc Drohung und Zwang gleich behandeln; Puig Brutau I/2, 216 f.

II. Drohung und Ausnutzung einer Notlage

Während die kontinental-europäischen Rechtsordnungen die Drohung im allgemeinen scharf von der Ausnutzung einer Notlage unterscheiden, wird eine solche Grenze im anglo-amerikanischen Rechtskreis nicht mehr gezogen. Das erklärt sich daraus, daß der im Common Law ganz eng beschränkte Anwendungsbereich der „duress" durch die sehr elastische Equity-Institution der „undue influence" eine wesentliche Ergänzung erfahren hat. Die Drohung kann daher für die anglo-amerikanischen Rechtsordnungen nur unter Einbeziehung der „undue influence" dargestellt werden; damit wird jedoch zugleich das weite Gebiet der Ausnutzung wirtschaftlicher und moralischer Überlegenheit betreten. Es hat bisher vom anglo-amerikanischen Standpunkt aus jeder Anlaß gefehlt, beide Bereiche abzugrenzen. Die hier vorzunehmende Unterscheidung muß daher vage bleiben.

III. Drohung und Vertragswidrigkeit der Kaufsache

Das Problem einer Abgrenzung von Drohung und Vertragswidrigkeit der Kaufsache stellt sich nicht. Ein Zusammenhang zwischen beiden Fragen ist nicht erkennbar. Auch bei den Erörterungen, die zur Einfügung des jetzigen Art. 34 des Einheitlichen Kaufgesetzes geführt haben, ist die Drohung als Anfechtungsgrund nicht erwähnt worden. Wie bei der arglistigen Täuschung läßt Art. 34 des Einheitlichen Kaufgesetzes – trotz seines Wortlautes – die Berücksichtigung einer Drohung als Willensmangel zu.

B. Voraussetzungen

I. Objektive Voraussetzungen

1. Gesetzliche Formeln

Im *romanischen* Rechtskreis ist eine Drohung rechtserheblich, wenn sie ihrer Art nach einen vernünftigen Menschen beeindruckt und in ihm die Befürchtung erweckt, mit seiner Person oder seinem Vermögen einem erheblichen und gegenwärtigen Übel ausgesetzt zu werden; Art. 1112 I *franz.* cc; Art. 1435 Satz 1 *ital.* cc; Art. 1360 I *nied.* BW; Art. 1267 II *span.* cc; ähnlich Art. 1851 *Louisiana* cc. Nach Art. 30 I *schweiz.* OR kann sich auf eine Drohung berufen, wer nach den Umständen annehmen muß, daß er oder eine ihm nahe verbundene Person an Leib und Leben, Ehre oder Vermögen mit einer nahen und erheblichen Gefahr bedroht ist. Die ss. 1569, 1570 California cc und die entsprechenden Regeln der Staaten North und South Dakota, Montana und Oklahoma beschreiben „duress" als rechtswidrige Freiheitsberaubung gegenüber der Person des Bedrohten oder seiner nahen Angehörigen sowie als rechtswidrige Zurückhaltung der Vermögenswerte dieser Personen und „menace" als die Androhung dieser Übel. Weiter sind die Umschreibungen von duress in s. 20–503 Code of Georgia.

Rechtspraxis und Rechtslehre haben jedoch diese gesetzlichen Formeln noch um wesentliche Punkte ergänzt; auch die Rechtspraxis derjenigen Staaten, denen eine gesetzliche Konkretisierung der objektiven Voraussetzungen fehlt, ist zumindestens auf dem Kontinent zu ganz ähnlichen Ergebnissen gelangt.

Als objektive Voraussetzungen sind im einzelnen die Drohung selbst, der Kausalzusammenhang zwischen Drohung und Vertragsschluß sowie die Rechtswidrigkeit darzustellen.

2. *Art der rechtserheblichen Drohung*

Die Art der rechtserheblichen Drohung umschreiben die unter 1. wiedergegebenen gesetzlichen Formeln teilweise nach Mittel und Gegenstand der Drohung, teilweise nur nach dem Gegenstand der Drohung, teilweise auch nach dem allgemeinen Charakter der Drohung. Diese Umschreibungen sind jedoch weder erschöpfend noch in jedem Fall rechtserheblich.

a) Ankündigung eines vom Drohenden beherrschten Übels

In einigen Rechtsordnungen wird trotz Fehlens einer gesetzlichen Norm übereinstimmend ausgesprochen, daß Drohung die Ankündigung eines künftigen Übels ist, dessen Eintritt der Drohende nach seiner Behauptung beeinflussen kann; *Deutschland:* RG 6. 1. 1941, Warn. 1941 Nr. 66; RG 31. 1. 1936, Seuff. A. 90 Nr. 80; *Italien:* App. Torino 27. 4. 1951, Foro padano 1951.I.745; *Spanien:* Puig Brutau I/2, 222; *England:* Ware and De Freville, Ltd. v. Motor Trade Association, [1921] 3 K.B. 40, 82 per Atkin, L.J.

Aus dieser Umschreibung der Drohung wird im deutschen Rechtskreis gefolgert, daß die bloße Ausnutzung einer Befürchtung oder einer Zwangslage, in der sich der Vertragspartner befindet, keine rechtserhebliche Drohung darstellt; *Deutschland:* RG 3. 12. 1915, Soergel-Siebert, Anm. 33 zu § 123 BGB; *Österreich:* Klang-Gschnitzer, Anm. A II zu § 870 ABGB; *Schweiz:* Oser-Schönenberger, Anm. 3 Art. 29 OR. Im *romanischen* Rechtskreis ist dementsprechend auch ausdrücklich festgelegt, daß der bloße „metus reverentialis" nicht die Folgen einer Drohung hat; Art. 1114 *franz.* cc; Art. 1437 *ital.* cc; Art. 1362 *nied.* BW; Art. 1267 IV *span.* cc; Art. 1854 *Louisiana* cc. Ebenso unerheblich ist die auf sozialer Abhängigkeit beruhende „contrainte morale"; *Frankreich:* Cass. civ. 23. 12. 1936, S. 1937.1.109; Cass civ. 26. 3. 1928, D.P. 1930.1.145; siehe auch Art. 1267 IV *span.* cc.

Das Erfordernis der Ankündigung eines vom Drohenden beherrschten Übels schließt aber vor allem aus, den bloßen Hinweis einer Vertragspartei auf eine bereits eingetretene oder bevorstehende Gefahrenlage für den Vertragspartner als Drohung zu betrachten;

Deutschland: BGH 26. 6. 1952, BGHZ 6, 348, 351; BGH 14. 6. 1951, BGHZ 2, 287; RG 6. 1. 1941, Warn. 1941 Nr. 66; *Schweiz:* BG 29. 1. 1898, BGE 24 II 79, 83; *Italien:* Cass. 15. 7. 1952, Giur. compl. Cass. civ. 1953.II. 186. Im *romanischen* Rechtskreis, dem bisher eine umfassende Norm für die Beurteilung sittenwidriger, in Ausnutzung wirtschaftlicher Überlegenheit abgeschlossener Geschäfte fehlte, wird die hier angedeutete Grenze noch nicht so klar gezogen. Mit der zunehmenden Einsicht in die Eigenart dieses Sachverhaltes wird aber auch die angegebene Grenze der Drohung stärker hervortreten. Ähnliches gilt für den *anglo-amerikanischen* Rechtskreis, in dem der umfassende Anwendungsbereich der „undue influence" bzw. der in den USA außerordentlich erweiterte Begriff der „duress" es ausschließen, die Drohung von der Ausnutzung der Notlage des Vertragspartners eindeutig abzugrenzen.

b) Mittel und Gegenstand der Drohung

Das anglo-amerikanische Common Law hat eine Drohung zunächst nur bei Anwendung bestimmter konkreter Drohungsmittel anerkannt. Rechtserheblich waren nur die körperliche Gewalt gegen eine Person, ihre Freiheitsberaubung oder die Androhung dieser Übel (duress of the person). Auf diesem Standpunkt beharrt das *englische* Recht im Prinzip auch heute noch; Cheshire-Fifoot 244 f.; Chitty I nos. 332 ff. Drohungen, die das Vermögen des Bedrohten gefährden, werden jedoch in England mit Hilfe der Equity-Regeln über „undue influence" erfaßt, deren Anwendung nicht an bestimmte Drohungsmittel gebunden ist. In den *USA* ist dasselbe Ergebnis durch eine außerordentliche Erweiterung des duress-Begriffes selbst erreicht worden. Zunächst wurde die „duress of goods" anerkannt, die allerdings nur vorliegt, wenn dem Bedrohten Sachen weggenommen oder ihm gehörige Sachen vorenthalten werden (siehe die unter 1 zitierten gesetzlichen Vorschriften in California und den ihm folgenden Staaten). Über diesen engen Tatbestand hinaus wurde bald auch die „duress of property" und dann die allgemeine wirtschaftliche „business compulsion" als rechtserheblich bezeichnet. Heute kommt es auch in den USA auf die Art des Drohungsmittels und damit auf den Gegenstand der Drohung nicht mehr an; siehe s. 20–503 Code of Georgia; s. 493 (e) Restatement of Contracts.

Bedeutung haben die Drohungsmittel für einen Sonderfall nur noch in *Skandinavien.* Die §§ 28, 29 der Vertragsgesetze unterscheiden zwischen dem Zwang, der durch Gewalt gegen die Person oder durch Drohung mit der Folge unmittelbarer Gefahr (für die Person) herbeigeführt wird, und anderen Drohungen; diese zwei Arten der Drohung werden jedoch nur dann verschieden behandelt, wenn sie von Dritten ausgehen (dazu unten S. 137).

c) Objekte der Drohung

Die Aufzählung der möglichen Objekte einer Drohung, welche die unter 1 angeführten gesetzlichen Vorschriften des romanischen Rechtskreises und der Schweiz enthalten, hat ebenfalls keine praktische Bedeutung, da sie nicht abschließend ist. Das wird insbesondere für die auffallend kasuistische Aufzählung der *Schweiz* betont; Oser-Schönenberger, Anm. 3 zu Art. 30 OR; Gmür-Becker, Anm. 2 zu Art. 30 OR; es gilt jedoch auch in den anderen romanischen Ländern; *Frankreich:* Planiol-Ripert VI no. 191; *Spanien:* Puig Brutau I/2, 223.

d) Erheblichkeit des angedrohten Übels

Die *romanischen* Rechtsordnungen und die *Schweiz* ergänzen die gesetzliche Definition durch das Erfordernis, daß die drohende Gefahr erheblich sein müsse (siehe oben 1). Die Erheblichkeit der Drohung hat jedoch als objektives Merkmal keine selbständige Bedeutung erlangt. So wird in Frankreich und Italien „Erheblichkeit" angenommen, wenn das angedrohte Übel der bedrohten Person die Freiheit der Entscheidung raubt; Planiol-Ripert VI no. 191; Mirabelli, Anm. 2 zu Artt. 1434–1438 cc; damit wird auf die subjektiven Voraussetzungen der Drohung verwiesen (siehe unten II 2).

e) Baldiger Eintritt des angedrohten Übels

Die Artt. 30 I *schweiz.* OR und 1267 II *span.* cc verlangen ein nahe bevorstehendes Übel. Die Artt. 1112 *franz.* cc und 1360 *nied.* BW werden ebenfalls entgegen ihrem Wortlaut dahin ausgelegt, daß nicht eine gegenwärtige Gefahr, sondern die gegenwärtige Drohung mit einem nahe bevorstehenden Übel erforderlich ist; *Frankreich:* Planiol-Ripert VI no. 191; Malaurie, J. Cl. no. 12 zu Artt. 1111–1115; *Niederlande:* HR 27. 4. 1923, N.J. 1923 S. 836.

In den anderen kontinentalen Rechtsordnungen wird ebenfalls festgehalten, daß die Drohung die Ankündigung eines künftigen Übels sein müsse, nicht ein bloßer Hinweis auf bereits eingetretene Umstände; *Deutschland:* Soergel-Siebert, Anm. 33 zu § 123 BGB. Bei einem zu weit in der Zukunft liegenden Übel kann der Kausalzusammenhang zwischen der Drohung und dem Vertragsabschluß durch den Bedrohten fehlen; *Italien:* Cass. 18. 5. 1951, Rep. Foro it. 1951, s. v. obbligazioni e contratti no. 451; Cass. 16. 7. 1949, ibidem 1949 no. 399.

Selbständige Bedeutung hat das Erfordernis des baldigen Eintritts des angedrohten Übels offenbar kaum; das Zeitelement wird im Rahmen der subjektiven Erheblichkeit der Drohung (siehe unten II 2) sowie bei Prüfung des Kausalzusammenhangs berücksichtigt. Der italienische Codice civile und die Reformentwürfe in Frankreich und den Niederlanden erwähnen denn auch dieses Erfordernis nicht mehr.

f) Abwendung der Drohung durch Rechtsmittel

In einigen Rechtsordnungen wird erörtert, ob der Bedrohte sich seinem Vertragspartner gegenüber auf eine Drohung berufen kann, obwohl er die ihm zur Verfügung stehenden Rechtsmittel zur Abwendung der Drohung nicht benutzt hat. Diese Frage ist gerade für den Handelsverkehr bedeutsam, da sie besonders häufig im Kaufrecht auftaucht: Der Verkäufer teilt dem Käufer, der die Ware inzwischen weiterverkauft hat, kurz vor dem Liefertermin mit, daß „Hindernisse" aufgetreten seien, und stellt den Käufer vor die Wahl, in einen höheren Kaufpreis oder die Lieferung einer anderen Ware einzuwilligen oder aber überhaupt nichts zu erhalten. In einigen Ländern hat die Rechtsprechung eine Weigerung, einen mit dem Bedrohten geschlossenen Vertrag zu erfüllen, als Drohung anerkannt und dem Bedrohten daher die Anfechtung des „Ersatzvertrages" gestattet; *Schweiz:* BG 6. 10. 1906, BGE 32 II 641, 646; *Frankreich:* Trib. comm. Marseille 5. 1. 1928, Gaz. Pal. 1928.1.369; *Niederlande:* HR 27. 4. 1923, N.J. 1923 S. 836. In Deutschland und in den USA wird im Prinzip der entgegengesetzte Standpunkt vertreten in der Erwägung, daß dem bedrohten Vertragspartner die Rechtsbehelfe wegen Vertragsverletzung offen stehen; *Deutschland:* RG 5. 1. 1917, Recht 1917 Nr. 1767; *USA:* Hartsville Oil Mill v. U.S., 271 U.S. 43, 49 (1926); Sillimann v. U.S., 101 U.S. 465, 470 (1879); New York: Halperin v. Wolosoff, 282 App. Div. 876, 124 N.Y.S. 2d 572 (1953); Missouri: Powel v. Grand Lodge, 349 Mo. 955, 163 S.W. 2d 1038 (1942). In den USA wird daher in der Weigerung der Vertragserfüllung doch eine Drohung gesehen, wenn sich die Folgen der Vertragsverletzung durch ein Rechtsmittel entweder überhaupt nicht oder jedenfalls nicht gänzlich abwenden lassen; Bundesrecht: Hartsville Oil-Fall wie oben; Hazelhurst Oil Mill & Fertilizer v. U.S., 42 F. 2d 331, 339 (Ct. Claims 1930); New York: Harmony v. Bingham, 12 N.Y. 99, 116 (1854); Wou v. Galbreath-Ruffin Realty Co., 22 Misc. 2d 463, 195 N.Y.S. 2d 886, 888 (1959); California: Thompson Crane & Trucking Co. v. Eyman, 124 Cal. App. 904, 267 P. 2 d 1043 (1954); New Jersey: Hochman v. Zigler's Inc., 139 N.J. Eq. 139, 50 A. 2d 97 (1946). Die Gerichte stellen immer stärker darauf ab, ob die Benutzung eines Rechtsbehelfes dem Betroffenen nach den Umständen zuzumuten war; siehe für New Jersey: Ross Systems v. Linden Dari-Delite, Inc., 35 N.J. 329, 173 A. 2d 258, 262 (1961).

3. Kausalzusammenhang zwischen Drohung und Vertragsschluß

Es versteht sich von selbst, daß der inkriminierte Vertrag auf der Drohung *beruhen* muß. Unter diesem Gesichtspunkt ist z. B. in *Italien* der Drohung mit einem zu entfernten Übel die Rechtserheblichkeit abgesprochen worden (siehe oben 2 e).

Der Nachweis des Kausalzusammenhanges zwischen Drohung und Vertragsabschluß obliegt nach allgemeinen Grundsätzen dem Bedrohten. Einige Rechtsordnungen erleichtern (wie bei der arglistigen Täuschung, siehe oben S. 109) dem Bedrohten diesen Nachweis. So hat das *deutsche* Reichsgericht anerkannt, daß eine rechtserhebliche Drohungshandlung die Vermutung begründet, daß die daraufhin abgegebene Erklärung des Bedrohten durch die Drohung verursacht worden ist; RG 10. 6. 1912, Recht 1912 Nr. 2503; ähnlich für die *Schweiz:* Oser-Schönenberger, Anm. 22 zu Art. 29 OR.

Daß die Drohung nicht die einzige Ursache oder das einzige Motiv für den Vertragsschluß gewesen sein muß, wird nur von Art. 1859 *Louisiana* cc ausdrücklich hervorgehoben; siehe auch s. 492 Restatement of Contracts, Comment f. Dieselbe Regel dürfte in Analogie zu dem für die arglistige Täuschung allgemein vertretenen Rechtssatz (siehe oben S. 109) auch für die anderen Rechtsordnungen gelten.

Daß Fragen des Kausalzusammenhanges bei der Drohung keine wesentliche Rolle spielen, dürfte damit zu erklären sein, daß die Erheblichkeit der Drohung ohne Rücksicht auf die Drohungsmittel nur nach den subjektiven Verhältnissen des Bedrohten beurteilt wird (unten II 2, S. 135 f.).

4. *Rechtswidrigkeit*

Alle Rechtsordnungen stellen das Erfordernis der Widerrechtlichkeit auf; in einigen ist es auch kodifiziert. Das bedeutet jedoch nicht, daß auch über Gegenstand und praktische Bedeutung dieser Voraussetzung Einigkeit besteht.

a) Gegenstand der Rechtswidrigkeit

Im *deutschen* Rechtskreis beziehen Gesetzgebung und Doktrin die Widerrechtlichkeit nicht auf die Drohung selbst; widerrechtlich muß vielmehr die Bestimmung des Bedrohten zum Vertragsschluß gewesen sein; so ausdrücklich § 123 I *deut.* BGB und Art. 29 I *schweiz.* OR; ähnlich § 870 *öst.* ABGB, der eine „ungerechte Furcht" verlangt. Eine rechtserhebliche Drohung liegt nämlich nicht nur vor, wenn nur das in Aussicht gestellte Übel (nicht aber der erstrebte Erfolg) rechtswidrig ist. Widerrechtlich ist vielmehr auch eine Bestimmung, wenn der verfolgte Zweck (nicht aber das angedrohte Übel) rechtswidrig ist oder wenn weder Zweck noch angedrohtes Übel an sich rechtswidrig sind, wohl aber der Einsatz einer Drohung zur Erlangung der konkreten Willenserklärung nicht angemessen ist; *Deutschland:* Soergel-Siebert, Anm. 37–39 zu § 123 BGB; Staudinger-Coing, Anm. 12a, 12b zu § 123 BGB; *Österreich:* Klang-Gschnitzer, Anm. A III 3 zu § 870 ABGB; ähnlich *Schweiz:* Oser-Schönenberger, Anm. 16, 17 zu Art. 29 OR. Im deutschen Rechtskreis wird die Widerrechtlichkeit also deshalb auf die Bestimmung des Bedrohten zur Abgabe einer Willenserklärung bezogen, weil unter der „Drohung" nur das angedrohte Übel verstanden wird. Im Ergebnis muß jedoch jede Art der Drohung, um rechtserheblich zu sein, auch widerrechtlich sein.

Im *romanischen* Rechtskreis muß ebenfalls jede rechtserhebliche Drohung einen rechtswidrigen Charakter haben, obwohl diese Voraussetzung nicht gesetzlich festgelegt ist; *Frankreich:* Planiol-Ripert VI no. 196; Colin-Capitant II no. 661; *Niederlande:* Hofmann-van Opstall I 341; Art. 3.2.10 Absatz 2 E. Meijers; *Spanien:* Puig Brutau I/2, 224; Manresa, Anm. III zu Art. 1267 cc. Die Artt. 28 und 29 der *skandinavischen* Vertragsgesetze fordern ausdrücklich, daß die Drohung rechtswidrig sein muß.

Art. 1435 Satz 1 *ital.* cc verlangt, daß das angedrohte Übel rechtswidrig sein muß. Die Rechtsprechung fühlt sich jedoch hieran nicht gebunden und erkennt eine Widerrechtlichkeit der Drohung auch bei Unbedenklichkeit des angedrohten Übels an, wenn z. B. der angestrebte Zweck nicht gerechtfertigt ist; Nachweise bei Mirabelli, Anm. 2 zu Artt. 1434–1438 cc.

Der *anglo-amerikanische* Rechtskreis bezieht wie der italienische Codice civile die Widerrechtlichkeit in erster Linie auf das angedrohte Übel; *England:* Cheshire-Fifoot 245; *USA:* s. 492 Restatement of Contracts. In den USA haben jedoch das Restatement und die ihm folgende Rechtsprechung hervorgehoben, daß die Rechtswidrigkeit einer Drohung nicht davon abhängt, daß das angedrohte Übel an sich rechtswidrig ist; s. 492 Restatement of Contracts, Comment g; New Jersey: Rubenstein v. Rubenstein, 20 N.J. 359, 120 A. 2d 11, 15 (1956); Wolf v. Marlton Corp., 57 N.J. Super. 278, 154 A. 2d 625, 630 (App. Div. 1959); „unjust" oder „unconscionable": Idaho: Newland v. Child, 73 Idaho 530, 254 P. 2d 1066, 1072 (1953); Nebraska: Carpenter Paper Co. v. Kearney Hub Publishing Co., 163 Neb. 145, 78 N.W. 2d 80, 84 (1956); Delaware: Fowler v. Mumford, 48 Del. 282, 102 A. 2d 535, 538 (Super. Ct. 1954); Utah: Fox v. Piercey, 119 Utah 367, 227 P. 2d 763, 766, 767 (1951). Im Ergebnis haben aber auch die englischen Gerichte den Begriff der Widerrechtlichkeit weit ausgelegt.

Trotz der divergierenden Ansätze bei Bestimmung des Gegenstandes der Widerrechtlichkeit ist man sich über das Ergebnis heute nahezu einig: Voraussetzung einer rechtserheblichen Drohung ist ihre Rechtswidrigkeit.

b) Praktische Bedeutung

Der Gebrauch eines rechtswidrigen Mittels (auch bei erlaubtem Zweck) und die Rechtswidrigkeit des angestrebten Zweckes (auch bei erlaubtem Mittel) konstituieren allgemein die Widerrechtlichkeit einer Drohung. Hier kann sich bei internationalen Kaufverträgen nur die Frage stellen, nach welchem nationalen Recht die Rechtswidrigkeit von Mittel oder Zweck zu beurteilen ist; die *englischen* Gerichte bestimmen die Widerrechtlichkeit der Drohung nach dem Recht des Erfüllungsortes des auf Grund der Drohung abgeschlossenen Vertrages; Kaufman v. Gerson, [1904] 1 K.B. 591 (C.A.); Société des Hôtels Réunis, S.A. v. Hawker, 29 T.L.R. 578 (K.B. 1913). Dazu wird in Teil 3 dieses Berichtes über die Gesetzwidrigkeit Stellung genommen (siehe unten S. 146 f.).

Praktische Bedeutung hat das Problem der Widerrechtlichkeit der Drohung aber erst dann, wenn eine Vertragspartei ein materielles oder prozessuales Recht ausübt oder auszuüben ankündigt, um einen Anspruch gegen den Vertragspartner durchzusetzen, und dieser behauptet, unter dem Einfluß dieser Drohung den Vertrag abgeschlossen zu haben. Hier sind also Mittel und Zweck an sich erlaubt, und es kann sich höchstens fragen, ob *dieses* konkrete Mittel zur Erreichung jenes bestimmten Zweckes eingesetzt werden durfte.

Die praktische Bedeutung dieser Frage haben den *schweizerischen* und den *italienischen* Gesetzgeber von 1942 sowie die *französische* Reformkommission bewogen, die Ausübung von Rechten als besonderen Drohungs-Tatbestand ausdrücklich zu regeln. Art. 1438 *ital.* cc erklärt die Drohung mit der Ausübung eines Rechtes nur dann als rechtserheblich, wenn damit unberechtigte Vorteile erstrebt werden; ähnlich sind die Artt. 1856, 1857 *Louisiana* cc zu verstehen. Livre IV Art. 15 I *franz.* Avant-projet cc sieht in der „normalen" Ausübung eines Rechtes oder ihrer Ankündigung keinen Anfechtungsgrund – eine elegante Formel. Sie dürfte sich im Ergebnis mit der italienischen Vorschrift decken. Enger erscheint die *Schweizer* Vorschrift in Art. 30 II OR, da sie eine Notlage des Bedrohten und die Abforderung übermäßiger Vorteile voraussetzt. Übermäßig ist jedoch nach der Rechtsprechung schon der Vorteil, auf den kein Anspruch besteht; BG 21. 11. 1950, BGE 76 II 346, 369. Ebenso umschreibt die *italienische* Rechtsprechung den unberechtigten Vorteil des Art. 1438 cc; Cass. 2. 10. 1954, Giustizia civile 1954, 2180; Cass. 28. 3. 1950, Giur. It 1950.I.1.889.

Die Rechtsprechung auch derjenigen Länder ohne gesetzliche Regelung der Frage ist überwiegend zu entsprechenden Ergebnissen gelangt. Am häufigsten ist die Androhung einer *Strafanzeige* von der betroffenen Partei vor den Gerichten als Anfechtungstatbestand geltend gemacht worden. Unzweifelhaft ist jedermann berechtigt, Strafanzeige zu erstatten. In *England* und in einigen Einzelstaaten der *USA* ist freilich ein Vertrag, in welchem dem strafrechtlich verdächtigen Vertragspartner das Unterlassen der Anzeige oder der Förderung eines Verfahrens in einer schwerwiegenden Strafsache zugesagt wird, wegen Verstoßes gegen das öffentliche Interesse an der Strafverfolgung nichtig; *England:* Keir v. Leeman, 115 E. R. 118 (1844); Williams v. Bailey (1866), L.R. 1 H.L. 200; Jones v. Merionetshire Permanent Building Society, [1892] 1 Ch. 173 (C.A.); *USA:* Corbin VI A, s. 1421. In New York und in New Jersey ist ein solcher Vertrag aus diesem Grunde selbst dann nichtig, wenn der Schuldige durch Drohung des Geschädigten zur Eingehung des Vertrages bewogen wurde, da Drohender und Bedrohter „in pari delicto" seien; Union Exchange National Bank of New York v. Joseph, 231 N.Y. 250, 131 N.E. 905, 906 (1921); Slater v. Gittleman, 104 N.J. Eq. 107, 144 A. 598 (1929). In der Mehrzahl der Einzelstaaten der USA nimmt dagegen die *Androhung* einer Strafverfolgung dem daraufhin abgeschlossenen Vertrag das Odium, ein Geschäft über die Strafklage zu sein; Alabama: May v. Draper, 220 Ala. 214, 124 So. 89, 90 (1929); Georgia: Thrift Credit Union v. Moore, 88 Ga. App. 92, 76 S.E. 2d 129, 131 (1953); Massachusetts: Bryant v. Peck & Whipple Co., 154 Mass. 460, 28 N.E. 678, 679 (1891) per Holmes, J.; Montana: Clifford v. Great Falls Gas Co., 68 Mont. 300, 216 P. 1114, 1116 (1923); Washington: Bertschinger v. Campbell, 99 Wash. 142, 168 P. 977, 982 (1917); Wyoming: United States Fidelity & Guaranty Co. v. Cook, 43 Wyo. 356, 5 P. 2d 294, 300 (1931); vgl. ferner Williston V 4513 f., § 1614. Das gilt erst recht, wenn der Geschädigte zwar mit der Strafverfolgung gedroht, jedoch in dem (regelmäßig zur Wiedergutmachung des Schadens geschlossenen) Vertrage keine Zusage über die Behandlung der strafrechtlichen Seite des Falles gemacht hat; *USA:* Thorn v. Pinkham, 84 Me. 101, 24 A. 718 (1891); Miller v. Minor Lumber Co., 98 Mich. 163, 57 N.W. 101 (1893); Corbin aaO; *England:* Chitty I no. 336. In diesen beiden Fällen greifen also die normalen Regeln über die Drohung ein.

In den meisten Rechtsordnungen ist die Drohung mit einer Strafanzeige an sich noch nicht rechtswidrig, wenn die Strafanzeige gerechtfertigt war oder der Anzeigende das in guten Treuen annehmen durfte. Das gilt jedoch zunächst nur dann, wenn die Drohung mit der Strafanzeige benutzt wird, um vom *Täter* den Ersatz des durch die Straftat angerichteten Schadens zu erlangen; hingegen ist die Erwirkung von Vorteilen, die über die Wiedergutmachung des angerichteten Schadens hinausgehen oder mit ihr überhaupt nichts zu tun haben, überall rechtswidrig; *Deutschland:* BGH 23. 9. 1957, BGHZ 25, 217, 220; RG 6. 1. 1941, Warn. 1941 Nr. 66; *Österreich:* Ehrenzweig I/1, 225; *Frankreich:* Cass. req. 6. 4. 1903, S. 1904.1.505; Cass. civ. 30. 6. 1954, J. C. P. 1954.II.8325; *Niederlande:* Hof Amsterdam 20. 3. 1940, N.J. 1940 no. 808; *Italien:* Cass. 31. 1. 1953, Rep. Foro it. 1953 s. v. obbligazioni e contratti no. 406–408; *Spanien:* T.S. 23. 12. 1935;

Puig Brutau I/2, 225; *England:* Flower v. Sadler (1882), 10 Q.B.D. 572 (C.A.); Fischer & Co. v. Apollinaris Co., (1875), 10 Ch. App. 297.

In den *USA* wechselt die Rechtsprechung von Staat zu Staat. In einigen Staaten ist die Dohung mit einer Strafanzeige schlechthin rechtswidrig, da sie das Strafrecht für persönliche Belange mißbrauche; Alabama: Hartford Fire Ins. Co. v. Kirkpatrick, 111 Ala. 456, 20 So. 651, 654 (1896); California: Morrill v. Nightingale, 93 Cal. 452, 28 P. 1068 (1892); Shasta Water Co. v. Croke, 128 Cal. App. 2d 760, 276 P. 2d 88, 91 (1954); Massachusetts: Morse v. Woodworth, 155 Mass. 233, 29 N.E. 525, 528 (1892); Missouri: Hensinger v. Dyer, 147 Mo. 219, 48 S.W. 912 (1898); Montana: Portland Cattle Loan v. Featherley, 74 Mont. 531, 241 P. 322, 325 (1925); Pennsylvania: Fillman v. Ryon, 168 Pa. 484, 32 A. 89, 90 (1895); Henderson v. Plymouth Oil Co., 13 F. 2d 932, 941 (W.D. Pa. 1926); dabei macht es unter Umständen einen Unterschied aus, ob die Parteien sich über die Höhe des zu ersetzenden Schadens noch nicht einig waren oder ob auch hierüber schon Einigkeit bestand. Diese letzte Unterscheidung spielt möglicherweise auch in denjenigen Staaten eine Rolle, die – wie in Europa – grundsätzlich eine Rechtswidrigkeit der Drohung ablehnen, wenn der Schädiger lediglich Ersatz des angerichteten Schadens verspricht; Idaho: Wilbur v. Blanchard, 22 Ida. 517, 126 P. 1069, 1073 (1912); Illinois: Kronmeyer v. Buck, 258 Ill. 586, 101 N.E. 935, 939 (1913); New York: Deshong v. City of New York, 176 N.Y. 475, 68 N.E. 880, 881 (1903); Oregon: Guinn v. Sumpter Valley Ry. Co., 63 Ore. 368, 127 P. 987, 989 (1912); Pennsylvania: Fountain v. Bigham, 235 Pa. 35, 84 A. 131, 135 (1912); Texas: Thompson v. Hicks, 100 S.W. 357, 358 (C.A. Texas 1907); Washington: Ingebright v. Seattle Taxicab & Transfer Co., 78 Wash. 433, 139 P. 188, 189 (1914); Wyoming United States Fidelity & Guaranty Co. v. Cook, 43 Wyo. 356, 5 P. 2d 294, 298 (1931); Kansas: Thompson v. Niggley, 53 Kan. 664, 35 P. 290, 291 (1894); Maine: Hilborn v. Bucknam, 78 Me. 482, 7 A. 272, 273 (1886).

Die Drohung mit einer nach Wissen des Drohenden unberechtigten Strafanzeige ist überall rechtswidrig; *Deutschland:* RG 6. 1. 1941, Warn. 1941 Nr. 66; *Österreich:* OGH 3. 5. 1929, ZBl. 1929 Nr. 196; *Frankreich:* Cass. req. 10. 11. 1908, D. 1909.1.16; *USA:* Bertschinger v. Campbell, 99 Wash. 142, 168 P. 977, 980 (1917); *England:* Chitty I no. 334.

Entsprechende Erwägungen wie bei der Drohung mit einer Strafanzeige gelten bei Drohung mit anderen Rechtsbehelfen wie einer Zivilklage, der Zwangsvollstreckung, dem Antrag auf Eröffnung des Konkursverfahrens usw. Die *amerikanische* Rechtsprechung nimmt eine rechtswidrige Drohung nicht schon bei Androhung der Zivilklage wegen eines bösgläubig behaupteten Anspruches, sondern erst dann an, wenn eine solche Klage durch Pfändung oder durch Drohung mit

Pfändung von Vermögenswerten des Beklagten eingeleitet wird; Colorado: Moise Bros. Co., Inc. v. Jamison, 89 Colo. 278, 1 P. 2d 925, 928 (1931); Georgia: Fenwick Shipping Co. v. Clarke Bros., 133 Ga. 43, 65 S.E. 140, 142 (1909); Finch v. J.M. Cox Co., 19 Ga. App. 256, 91 S.E. 281, 282 (1917); Illinois: Spaids v. Barrett, 57 Ill. 289, 11 Am. Rep. 10, 12 (1870); Washington: Carpenter v. Gooley, 176 Wash. 67, 28 P. 2d 264, 265 (1934). Die Drohung mit dem Einsatz wirtschaftlicher Macht (z. B. Boykott durch einen Lieferverband) hat in der Rechtsprechung früher eine erhebliche Rolle gespielt; Tatbestände dieser Art sind jedoch heute nahezu überall in kartellrechtlichen Sondergesetzen ausdrücklich geregelt.

II. Subjektive Voraussetzungen

Wie bei den anderen Willensmängeln, sind die subjektiven Voraussetzungen in der Person des Drohenden und diejenigen in der Person des Bedrohten gesondert zu behandeln.

1. Voraussetzungen in der Person des Drohenden

Subjektive Anforderungen an den Drohenden werden kaum erörtert. Insbesondere wird nirgends verlangt, daß der Drohende mit Absicht und im Bewußtsein der Rechtswidrigkeit gehandelt haben müsse; ausdrücklich hiergegen jedoch die *deutsche* und *italienische* Rechtsprechung; RG 6. 1. 1941, Warn. 1941 Nr. 66; RG 29. 2. 1924, RGZ 108, 102, 104; Cass. 13. 3. 1944, Giur. compl. Cass. civ. 1944, 546; ebenso für die Schweiz: Oser-Schönenberger, Anm. 12 zu Art. 29 OR; Gmür-Becker, Anm. 5 zu Art. 29 OR; *USA:* Corrigan v. Heard, 225 S.W. 2d 446, 450 (Civ. App. Tex. 1949); Williston V 4503; s. 492 Restatement of Contracts, Comment a. Die Rechtsprechung fordert, soweit sie die Frage überhaupt behandelt hat, daß der Drohende sich bewußt gewesen sein muß, durch die Drohung den Bedrohten zu beeinflussen; *Deutschland:* RG 6. 1. 1941, Warn. 1941 Nr. 66; RG 29. 2. 1924, RGZ 108, 102, 104; RG 14. 2. 1922, RGZ 104, 79; ähnlich für die *Schweiz:* BG 28. 2. 1919, BGE 45 II 73, 83, und für die *Niederlande:* Hofmann-van Opstall I 343. Umstritten ist, ob der Drohende die Tatsachen gekannt haben muß, die seine Drohung widerrechtlich machen; dafür *Deutschland:* BGH 23. 9. 1957, BGHZ 25, 217, 224; wohl auch die *Schweiz:* BG 28. 2. 1919, BGE 45 II 73, 83; anders offenbar *Italien:* Cass. 28. 3. 1950, Giur. it. 1950. I.1.889.

Die inneren Voraussetzungen in der Person des Drohenden haben deswegen eine so geringe Bedeutung, weil alle Rechtsordnungen die subjektiven Verhältnisse des Bedrohten in den Vordergrund rücken.

2. *Voraussetzungen in der Person des Bedrohten*

In Art. 1112 *franz.* cc und den entsprechenden Bestimmungen der anderen romanischen Rechtsordnungen (Artt. 1360 *nied.* BW, 1435 *ital.* cc, 1267 II, III *span.* cc, 1851 Louisiana cc) werden zwei verschiedene Maßstäbe aufgestellt, um die subjektive Erheblichkeit der Drohung für die Person des Bedrohten zu beurteilen: einerseits muß die Drohung eine „personne raisonnable", „a person of ordinary firmness" beeindruckt haben; andererseits ist hierbei aber auf das Alter, das Geschlecht und den Stand des Bedrohten Rücksicht zu nehmen. Den Widerspruch zwischen diesen beiden Kriterien haben die verschiedenen romanischen Rechtsordnungen unterschiedlich gelöst.

Auf die gesamten physischen und psychischen Verhältnisse des Bedrohten ohne Rücksicht auf einen objektiven Menschentyp stellen Frankreich und Spanien ab. Über den Wortlaut des Gesetzes hinaus werden alle subjektiven Anlagen des Bedrohten berücksichtigt, um festzustellen, ob eine bestimmte Drohung ihn beeinflussen konnte; *Frankreich:* Cass. req. 17. 11. 1925, S. 1926.1.121; Planiol-Ripert VI no. 192; *Spanien:* Puig Brutau I/2, 223. Dieselbe Auffassung gilt heute in allen anderen Rechtsordnungen außerhalb des romanischen Rechtskreises; *Deutschland:* RG 5. 1. 1937, Warn. 1937 Nr. 29; RG 29. 10. 1928, JW 1929, 242; *Schweiz:* BG 28. 2. 1919, BGE 45 II 73, 82; *Österreich:* § 870 ABGB verweist auf § 55 ABGB; dazu Klang-Gschnitzer, Anm. A VI 1 zu § 870 ABGB; *England:* Scott v. Sebright (1886), 12 P.D. 21, 24; Chitty I no. 332; *USA:* Minnesota: Wise v. Midtown Motors, Inc., 231 Minn. 46, 42 N.W. 2d 404, 407 (1950); Missouri: Coleman v. Crescent Insulated Wire & Cable Co., 350 Mo. 781, 168 S.W. 2d 1060, 1066 (1943); Weisert v. Bramman, 358 Mo. 636, 216 S.W. 2d 430, 434 (1948); Massachusetts: Silsbee v. Webber, 171 Mass. 378, 50 N.E. 555, 556 (1898); New Hampshire: Morrill v. Amoskeag Savings Bank, 90 N.H. 358, 9 A. 2d 519, 525 (1939); New Jersey: Rubenstein v. Rubenstein, 20 N.J. 359, 120 A. 2d 11, 14 (1956); Ohio: Tallmadge v. Robinson, 158 Ohio St. 333, 109 N.E. 2d 496, 500 (1952); Pennsylvania: Fountain v. Bigham, 235 Pa. 35, 84 A. 131, 135 (1912); Wisconsin: Galusha v. Sherman, 105 Wis. 263, 81 N.W. 495 (1900); Restatement of Contracts, s. 492 Comment a. Nur in California wird die objektive Formel einer „reasonably prudent person" verwendet, siehe z. B. Leeper v. Beltrami, 53 Cal. 2d 195, 347 P. 2d 12, 19 (1959); jedoch benutzen einige Untergerichte gelegentlich den anderwärts anerkannten subjektiven Test, siehe etwa Lewis v. Fahn, 113 Cal. App. 2d 95, 247 P. 2d 831, 834 (1952).

Demgegenüber vertreten in *Italien* Rechtspraxis und Rechtslehre die Auffassung, daß es nicht auf die subjektiven Eigenschaften gerade des Bedrohten ankomme. Es wird vielmehr gefragt, ob die konkrete

Drohung einen *normalen* Menschen vom Alter, Geschlecht und Stande des Bedrohten beeindruckt haben würde; Cass. 7. 10. 1955, Giur. it. 1956.I.1.148; Cass. 18. 5. 1951, Rep. Foro it. 1951, s. v. obbligazioni e contratti no. 450; Cass. 16. 7. 1949, Giur. compl. Cass. civ. 1949.II. 635; Mirabelli, Anm. 2 zu Artt. 1434–1438 cc. Dieser Standpunkt wird auch in den *Niederlanden* eingenommen; Pitlo 170. Art. 3.2.10 Absatz 2 Satz 2 des Entwurfes Meijers unterstreicht diese Tendenz, indem er im Gegensatz zu Art. 1360 BW nur noch auf einen „redlich urteilenden Menschen" abhebt. Meijers begründet diese Objektivierung mit der Einführung einer Sondervorschrift für die Anfechtung von Rechtsgeschäften, die in Ausnutzung einer Notlage abgeschlossen worden sind (Begründung S. 192); das überzeugt nur, wenn man die Grenze zwischen der Drohung und dem neuen Anfechtungstatbestand nicht scharf ziehen will.

III. Drohung durch einen Dritten

Die Berücksichtigung von Drohungshandlungen Dritter läuft, wie bereits für die arglistige Täuschung dargelegt (S. 112), darauf hinaus, daß sich der Vertragspartner des Bedrohten die Drohungshandlungen des Dritten entgegenhalten lassen muß.

Angesichts der starken Mißbilligung, die die Drohung in allen Rechtsordnungen erfährt, wird dem Vertragspartner des Bedrohten dieses Opfer noch eher als bei der arglistigen Täuschung zugemutet. Daher sind die Voraussetzungen für die Beachtung der Drohung durch einen Dritten meistens weniger streng als bei arglistiger Täuschung. Im *romanischen Rechtskreis* und in *Deutschland* berechtigt die Drohung eines Dritten zur Anfechtung, selbst wenn der Vertragspartner diese Drohung nicht kennt oder kennen muß; *Frankreich:* Art. 1111 franz. cc; Livre IV Art. 16 Avant-projet cc; *Italien:* Art. 1434 cc; Cass. 8. 10. 1954, Giustizia civile 1954, 2302; *Niederlande:* Art. 1359 BW; *Spanien:* Art. 1268 cc; *Deutschland:* RG 31. 1. 1936, Seuff. Arch. 90 Nr. 80; *Louisiana:* Art. 1852 cc; Bryant v. Levy, 52 La. Ann. 1649, 28 So. 191, 197 (1900).

In *Österreich, England* und den *USA* dagegen wird die Anfechtung wie ganz allgemein bei arglistiger Täuschung nur zugelassen, wenn der Vertragspartner des Bedrohten die Drohung kennt; *England:* Talbot v. von Boris, [1911] 1 K.B. 854 (C.A.); Kesarmal s/o Letchman Das v. Valliappa Chettiar s/o Nagappa Chettiar, [1954] 1 W.L.R. 380, 386 (P. C.); *USA:* Leeper v. Beltrami, 53 Cal. 2d 195, 347 P. 2d 12, 20 (1959); Edmonds v. McCoy, 215 Ky. 119, 284 S.W. 431, 432 (1926); Fairbanks v. Snow, 145 Mass. 153, 13 N.E. 596, 599 (1887); Hannover Trust Co. v. Rizzo, 110 N.J.L. 58, 166 A. 326, 327 (1933); Moyer v. Dodson, 212 Pa. 344, 61 A. 937, 938 (1905); s. 1689 (1) California cc und die entsprechenden Bestimmungen in den ihm folgenden Staaten, oder wenn er die Drohung kennen muß; § 875 *öst.* ABGB; ebenso in den *USA* West Virginia: Rodes v. Griffith, Rodes & Co., 102 W.Va. 79, 135 S.E. 244, 246 (1926); Bumgardner v. Corey, 124 W.Va. 373, 21 S.E. 2 d 360, 364 (1942); Art. 3.2.10 Absatz 5 *E. Meijers* im Gegensatz zum geltenden Recht.

Einen Mittelweg geht die *Schweiz,* indem sie zwar die Anfechtung ohne weiteres gestattet, dem Anfechtenden jedoch auferlegt, seinen Vertragspartner nach Billigkeit zu entschädigen, wenn der Vertragspartner die Drohung des Dritten weder kannte noch kennen mußte, Art. 29 OR. In *Skandinavien* kann der Bedrohte immer anfechten, wenn der Vertragspartner die Drohung kannte oder kennen mußte. War der Vertragspartner dagegen an seiner Unkenntnis der Drohung durch den Dritten schuldlos, so kann der Bedrohte (ohne grundloses Zögern) nur anfechten, wenn die Drohung aus Zwang gegen die Person oder aus einer unmittelbaren Leibesgefahr besteht; §§ 28, 29 skand. Vertragsgesetze.

IV. Drohung gegen Dritte

Die romanischen Rechtsordnungen stellen nach dem Vorbild von Art. 1113 *franz.* cc die Drohung gegen den Ehegatten und gegen bestimmte Blutsverwandte ausdrücklich einer Drohung gegen die Vertragspartei selbst gleich; Artt. 1436 I *ital.* cc, 1361 *nied.* BW, 1627 II *span.* cc, 1853 *Louisiana* cc. Die gesetzliche Aufzählung dieses Personenkreises wird jedoch insbesondere in Frankreich überwiegend nicht als erschöpfend angesehen; siehe Planiol-Ripert VI no. 193 und auch Cour Paris 31. 3. 1906, D. 1907.2.366. Der französische und der niederländische Reformentwurf gestatten ausdrücklich die Anfechtung bei Drohung gegen irgendeinen Dritten; Livre IV Art. 14 Avant-projet cc; Art. 3.2.10 Abs. 2 Satz 1 E. Meijers, während Italien diese Erweiterung in das Ermessen des Richters stellt; Art. 1436 II cc in Ergänzung des oben zitierten Absatz I. Eine vernünftige Abgrenzung läßt sich durch die objektiven und subjektiven Voraussetzungen der rechtserheblichen Drohung ohnehin gewinnen, insbesondere mit Hilfe des Erfordernisses eines Kausalzusammenhanges zwischen Drohung und Vertragsabschluß sowie des Gefühls der Bedrohung in der Person der anfechtenden Vertragspartei.

Nach dem zuletzt erwähnten Gesichtspunkt verfährt die Praxis in den meisten anderen Rechtsordnungen, die keine besonderen Normen für Drohungen gegen Dritte aufweisen. Dabei hat die Rechtsprechung in zahlreichen Fällen die Anfechtung eines Vertrages auf Grund von Drohungen gestattet, die sich gegen nahe Angehörige der anfechtenden Vertragspartei gerichtet hatten; *Deutschland*: RG 5. 10. 1933, Warn. 1933 Nr. 174, Vater; RG 13. 4. 1905, RGZ 60, 371, 373, Bruder; *England:* Williams v. Bailey (1866), L.R. 1 H.L. 200, Vater; Mutual Finance Co., Ltd. v. John Wetton & Sons, Ltd., [1937] 2 K.B. 389, Bruder; Kaufman v. Gerson, [1904] 1 K.B. 591 (C.A.), Ehefrau; Jones v. Merionetshire Permanent Benefit Building Society, [1892] 1 Ch. 173 (C.A.), Verwandte; *USA:* Morrill v. Amoskeag Savings Bank, 90 N.H. 358, 9 A. 2d 519, 524 (1939); Hensinger v. Dyer, 147 Mo. 219, 48 S.W. 912, 914 (1898); Williamson v. Ackerman, 77 Kan. 502, 94 P. 807, 809 (1908); American Railway Express Co. v. Hicks, 198 Ky. 549, 249 S.W. 342, 345 (1923); Cushing v. Hughes, 119 Misc. 39, 195 N.Y.S. 200, 202 (1922); Fountain v. Bigham, 235 Pa. 35, 84 A. 131, 136 (1912).

Dem Ergebnis dieser Rechtsprechung dürfte Art. 30 I *schweiz.* OR entsprechen, der die Drohung gegen eine dem Vertragschließenden „nahe verbundene Person" für beachtlich erklärt. Das Bundesgericht hat nach dieser Regel auch einer juristischen Person die Anfechtung eines Vertrages gestattet, der infolge von Drohungen gegen den Präsidenten der Gesellschaft zustande gekommen war; BG 21. 11. 1950, BGE 76 II 346, 368.

Unsicher ist die Rechtslage nur in *Österreich,* wo zwar Klang-Gschnitzer sich eingehend für die Beachtlichkeit der Drohung gegen Dritte einsetzen (Anm. A VI 1 zu § 870 ABGB), der Oberste Gerichtshof dies jedoch offenbar nur in Ausnahmefällen zulassen will; OGH 21. 1. 1931, JBl. 1931, 242.

C. Wirkungen

Die Wirkungen der Drohung entsprechen den Wirkungen der früher behandelten Willensmängel. Grundsätzlich wird daher auf die einschlägigen Abschnitte des vorangehenden § 2 über den Irrtum (oben S. 77 ff.) und des § 3 über die arglistige Täuschung verwiesen (oben S. 113 ff.).

I. Bestand des Kaufvertrages

1. *Anfechtbarkeit*

a) *Grundsatz.* – Wie die anderen Willensmängel macht auch die Drohung den Vertrag anfechtbar; §§ 123, 142 I *deut.* BGB; §§ 28, 29 skand. Vertragsgesetze; Art. 1117 *franz.* cc, Livre IV Artt. 52, 54 II Avant-projet cc; Art. 1485 *nied.* BW, Art. 3. 2. 10 Absatz 1 E. Meijers; Art. 1427 ital. cc; Artt. 1300, 1265 *span.* cc; s. 1689 *California* cc und die entsprechenden Bestimmungen in Montana, Oklahoma, North und South Dakota;

Art. 1881 Louisiana cc; siehe ferner s. 495 Restatement of Contracts sowie die in Abschnitt II zitierten Entscheidungen; *England:* Cheshire-Fifoot 244 sowie die in Abschnitt B zitierten Entscheidungen.

In *Österreich* und in der *Schweiz* wird wie bei den anderen Willensmängeln bestimmt, daß der Bedrohte den Vertrag nicht halten muß bzw. daß er für ihn nicht verbindlich sei; § 870 ABGB; Art. 29 I OR. Auch damit ist in der Sache die Anfechtbarkeit ausgesprochen (oben S. 77).

b) Das *Anfechtungsrecht* steht nur dem Bedrohten zu, wie sich aus den Vorschriften über die Anfechtbarkeit ergibt (siehe auch oben S. 78).

c) Als *Anfechtungsgrund* genügt in den meisten Rechtsordnungen eine Drohung, die nach den Darlegungen in Abschnitt B rechtserheblich ist.

Entgegen dieser Regel lassen allerdings die anglo-amerikanischen Rechtsordnungen wie bei den anderen Willensmängeln die Anfechtung grundsätzlich nur zu, wenn der Anfechtende den Vertragspartner in den status quo ante zurückversetzen kann; so insbesondere in den *USA:* Swint v. Adams, 42 Ga. App. 705, 157 S.E. 249 (1931); Wise v. Midtown Motors, Inc., 231 Minn. 46, 42 N.W. 2d 404, 408 (1950); State ex rel. Order of United Commercial Travellers of America v. Shain, 339 Mo. 903, 98 S.W. 2d 597, 602 (1936); Application of Minkin, 279 App. Div. 226, 108 N.Y.S. 2d 945, 954 (1951), bestätigt 304 N.Y. 617, 107 N.E. 2d 94; Carroll v. Fetty, 121 W.Va. 215, 2 S.E. 2d 521, 524 (1939); s. 1691 California cc und die entsprechenden Bestimmungen in Montana, Oklahoma, North und South Dakota; ss. 499, 480 (1) Restatement of Contracts.

d) Für die *Anfechtungsfrist* gelten die entsprechenden Darlegungen zur Anfechtungsfrist wegen Irrtums und wegen arglistiger Täuschung (oben S. 80 ff. und 117). Eine unverzügliche Mitteilung der Anfechtung verlangt § 28 der *skandinavischen* Vertragsgesetze, wenn eine schwere Drohung durch einen Dritten in Unkenntnis des Vertragspartners begangen worden ist.

e)–g) Für die Form der *Anfechtung,* die *Bestätigung* sowie die *Teilanfechtung* gelten die einschlägigen Darlegungen zum Irrtum, s. oben S. 82 ff.

h) Wegen der *Rechte des Vertragspartners* ist wiederum auf die Bemerkungen zur arglistigen Täuschung zu verweisen (oben S. 117 f.).

2. Nichtigkeit

Eine Drohung führt in keinem Fall zur Nichtigkeit des unter dem Einfluß der Drohung abgeschlossenen Vertrages. Nichtigkeit tritt nur ein, wenn der Vertragsschluß durch vis absoluta erzwungen wurde (oben S. 123).

II. Herausgabe der empfangenen Leistung

Wie bei den anderen Willensmängeln können die Vertragsparteien nach Anfechtung etwa bereits erbrachte Leistungen zurückverlangen (siehe oben S. 87).

III. Schadensersatz

1. Ersatzanspruch des Vertragspartners des Bedrohten

Als einzige Rechtsordnung gibt das *schweizerische* Recht in einem Sonderfall dem Vertragspartner des Bedrohten einen Anspruch auf Schadensersatz: Bei Anfechtung des Vertrages auf Grund der Drohung eines Dritten, die der Vertragspartner des Bedrohten weder gekannt hat noch hätte kennen sollen, hat der Bedrohte Ersatz zu leisten, wo dies billig ist; Art. 29 II OR; praktische Bedeutung hat diese Bestimmung jedoch offenbar nicht erlangt.

2. Ersatzanspruch des Bedrohten

Für den Anspruch des Bedrohten auf Schadensersatz gelten die einschlägigen Darlegungen zur arglistigen Täuschung (oben S. 118 ff.).

D. Rechtsvergleichung

Ähnlich wie bei der arglistigen Täuschung, so besteht auch bei Beurteilung von Voraussetzungen und Folgen der Drohung eine weitreichende Übereinstimmung der untersuchten Rechtsordnungen.

1. Über die *objektiven Voraussetzungen* einer rechtserheblichen Drohung besteht ganz weitgehend Einigkeit; oft werden einzelne Umstände lediglich in einem Rechtskreis besonders klar erkannt und betont, liegen aber der Rechtspraxis auch in anderen Rechtsordnungen zugrunde.

Der Gesichtspunkt, daß das angedrohte Übel nach Behauptung des Drohenden von ihm beherrscht sein müsse, wird besonders im deutschen Rechtskreis und in Italien hervorgehoben, entspricht jedoch durchaus den Anforderungen der anderen Rechtsordnungen. Die Drohungsmittel und damit der Gegenstand der Drohung werden mit einer geringfügigen Ausnahme überall als unerheblich betrachtet. Die Schwere des angedrohten Übels wird nirgends mehr nach objektiven Gesichtspunkten beurteilt, sondern subjektiv nach der Anlage des Bedrohten. Daß die Drohung für den Vertragsschluß kausal gewesen sein muß, ist allgemein anerkannt.

Übereinstimmend wird überall verlangt, daß jede Drohung, um rechtserheblich zu sein, rechtswidrig sein muß. Praktische Bedeutung hat dieses Erfordernis vor allem bei der Ankündigung, von einem Rechtsbehelf Gebrauch zu machen. In den meisten Rechtsordnungen ist eine solche Ankündigung unter der doppelten Voraussetzung gerechtfertigt, daß der Drohende einen Rechtsgrund für die Geltendmachung des Rechtsbehelfes hatte oder zu haben glaubte und daß mit der Androhung nur die Wiedergutmachung eines damit zusammenhängenden Schadens begehrt wird. Nur in England und den USA tritt in einem solchen Fall entweder in einzelnen Staaten grundsätzlich oder bei besonderer Gestaltung (vertraglicher Zusage über die Unterlassung einer Strafanzeige) Rechtswidrigkeit der Drohung oder sogar Nichtigkeit des Vertrages ein.

2. An die *subjektiven Voraussetzungen* in der Person des *Drohenden* werden übereinstimmend nur geringe Anforderungen gestellt. Eine Drohungsabsicht oder ein Bewußtsein der Rechtswidrigkeit wird nicht verlangt, wohl aber teilweise das Bewußtsein, auf den Willen des Bedrohten einzuwirken.

Die Erheblichkeit der Drohung wird heute überall im Grundsatz nach der subjektiven Anlage des *Bedrohten* beurteilt.

Die meisten Rechtsordnungen stellen hierbei auf die individuellen Verhältnisse des Bedrohten ab; nur Italien und die Niederlande nehmen sich die Reaktion eines *normalen* Menschen vom Alter, Geschlecht und Stande des Bedrohten zur Richtschnur und weigern sich damit, der besonderen Schwäche oder Standhaftigkeit des jeweiligen Bedrohten Rechnung zu tragen.

3. Die *Beteiligung Dritter*, sei es als Urheber oder als Objekt der Drohung, wird überall durch besondere Regeln erfaßt.

Auf Grund einer Drohung *durch Dritte*, an der der Vertragspartner des Bedrohten beteiligt ist oder die er kennt, kann der Bedrohte den Vertrag in allen Rechtsordnungen anfechten. Vereinzelt wird die Anfechtung außerdem noch zugelassen, wenn der Vertragspartner die Drohung zwar nicht kannte, sie aber kennen mußte. Im romanischen Rechtskreis und in Deutschland kann der Bedrohte aber auch dann noch anfechten, wenn der Vertragspartner von der Drohung durch den Dritten keine Kenntnis hatte und auch nicht haben mußte; in der Schweiz ist in diesem Fall die Anfechtung zwar zulässig, der Anfechtende hat jedoch dem Vertragspartner nach Billigkeit Schadensersatz zu leisten. In Skandinavien wird die Anfechtung wegen einer Drohung, an deren Unkenntnis der Vertragspartner des Bedrohten schuldlos ist, nur zugelassen, wenn es sich um eine schwere Drohung gegen die Person des Bedrohten handelte.

Die Anfechtung wegen einer Drohung *gegen Dritte* wird stets anerkannt, wenn der Bedrohte ein naher Angehöriger der Vertragspartei ist. Auf dem Kontinent geht die Tendenz eindeutig in Richtung einer Erweiterung dieses Personenkreises. Es ist fraglich, ob dieser Tatbestand überhaupt noch besondere Erwähnung verdient.

4. Von den *Wirkungen der Drohung* steht die Anfechtbarkeit überall im Vordergrund. Die Einzelheiten decken sich mit den entsprechenden Darlegungen zum Irrtum (einschließlich der in den angloamerikanischen Rechtsordnungen geforderten Fähigkeit zur Rückgabe bereits empfangener Leistungen auch von seiten des Anfechtenden), so daß auf die Zusammenfassung zu § 2 verwiesen werden kann (oben S. 97 ff.).

Was die Abwicklung von bereits (teil-)erfüllten Verträgen sowie die Schadensersatzpflicht des Drohenden betrifft, so bietet sich hier dasselbe Bild wie bei der arglistigen Täuschung (siehe die Zusammenfassung oben S. 122). Eine Besonderheit ist nur die vom Schweizer Recht statuierte Ersatzpflicht des Bedrohten, die diesen nach Billigkeit dann trifft, wenn er den Vertrag auf Grund der Drohung eines Dritten anficht, die der Vertragspartner des Bedrohten weder kannte noch kennen mußte.

Teil 3

Rechtswidrigkeit; Sittenwidrigkeit; anfängliche Unmöglichkeit

§ 1

RECHTSWIDRIGKEIT

A. VORAUSSETZUNGEN

I. Objektive Voraussetzungen

Jede Rechtsordnung bestimmt, daß ein Vertrag nichtig ist, der gegen das Gesetz oder gegen eine andere Verbotsnorm verstößt; § 134 *deut.* BGB; § 879 *öst.* ABGB; Artt. 19, 20 *schweiz.* OR; Artt. 6, 1131, 1133 *franz.* cc; Artt. 1418, 1343 *ital.* cc, Art. 31 Disposizioni preliminari; Artt. 1371, 1373 *nied.* BW, Art. 14 Wet Algemeene Bepalingen; Artt. 4 I, 1271, 1275 *span.* cc; Artt. 1893, 1895 *Louisiana* cc; s. 1667 *California* cc; s. 512 Restatement of Contracts. In den romanischen Rechtsordnungen wird die Rechtswidrigkeit des Vertrages weitgehend (aber nicht ausschließlich) als Rechtswidrigkeit des „Objektes" oder der „causa" der Obligation oder des Vertrages, im anglo-amerikanischen Rechtskreis als Rechtswidrigkeit der „consideration" aufgefaßt. Das sind jedoch nur Besonderheiten in der Bezeichnung und Konstruktion der Wirkung einer Rechtswidrigkeit, aus der sich keine sachlichen Unterschiede ergeben.

Die aufgeführten Bestimmungen sind freilich nur Blankettnormen. Erst durch eine Analyse aller Vorschriften einer Rechtsordnung läßt sich feststellen, welche zwingenden gesetzlichen Normen und welche sonstigen Verbotsnormen sie enthält, die den Bestand eines Vertrages oder auch nur einer einzelnen Vertragsklausel in Frage stellen können. Erschöpfende Aufzählungen für die einzelnen Länder lassen sich nur schwer geben, da die Gesetzwidrigkeit eines Vertrages oft erst durch Auslegung von Bestimmungen ermittelt werden kann, die eine ausdrückliche Regelung ihrer zivilrechtlichen Sanktionen nicht enthalten; solche Zusammenstellungen sind aber auch für die Zwecke dieses Berichtes wertlos.

Zwar gibt es im streng zivilrechtlichen Bereich gewisse mehr oder minder übereinstimmende Regeln, von denen in keiner Rechtsordnung durch Vertrag abgewichen werden kann; dabei ist insbesondere an Kaufverbote zwischen bestimmten Personen oder hinsichtlich bestimmter Waren, an Schranken bei der Vereinbarung von Vertragsstrafen oder von Haftungsbefreiungen zu denken oder an die Vorschriften über Abzahlungskäufe. Das Einheitliche Kaufgesetz selbst hat derartige zwingende Regeln nicht aufgestellt, wie sich aus den Artt. 3 und 8 ergibt. Eine Übersicht auch nur über die für das Kaufrecht relevanten rein zivilrechtlichen Verbotsnormen, die wenigstens teilweise der Vereinheitlichung zugänglich erscheinen, würde jedoch den Rahmen dieses Berichtes bereits übersteigen. Weit zahlreicher und weit wichtiger aber sind die zwingenden Rechtssätze und die Verbotsnormen außerhalb des Zivilrechtes (z. B. Preis- und Devisenvorschriften, Ein- und Ausfuhrverbote, Bewirtschaftungsmaßnahmen etc.), für die eine inhaltliche Vereinheitlichung überhaupt nicht in Betracht kommt.

II. Subjektive Voraussetzungen

In jeder der untersuchten Rechtsordnungen wird die Frage, ob ein verbotswidriges Geschäft nur vorliegt, wenn beide Vertragspartner Kenntnis von der Verbotswidrigkeit des Geschäftes haben, oder ob bereits eine fahrlässige Unkenntnis eines Vertragsteils genügt oder ob endlich die eine Vertragspartei oder auch beide Vertragsparteien das Verbot überhaupt nicht zu kennen brauchen, verschieden beantwortet. Die Lösungen lassen sich selbst für eine einzelne Rechtsordnung kaum zusammenfassen; in der Regel kommt es auf den Zweck und die Intensität des Verbotsgesetzes an, die im Wandel der Zeiten auch noch verschieden beurteilt werden. Damit ergeben sich für die subjektiven Voraussetzungen dieselben Schwierigkeiten wie für die Bezeichnung der Verbotsgesetze selbst, so daß auch eine Vereinheitlichung der subjektiven Voraussetzungen verbotswidriger Kaufverträge nicht in Frage kommen dürfte.

B. Wirkungen

Ebensowenig wie bei den Voraussetzungen erscheint bei den Wirkungen rechtswidriger Kaufverträge eine inhaltliche Vereinheitlichung durchführbar.

I. Bestand des Vertrages

Die wichtigste Folge der Rechtswidrigkeit eines Vertrages ist seine absolute Nichtigkeit (dazu oben S. 5). Diese ergreift in aller Regel den gesamten Vertrag; in gewissen Fällen, wie z. B. häufig bei einem Verstoß gegen Preisvorschriften, beschränkt sich die Nichtigkeit jedoch auf den verbotswidrigen Teil des Geschäftes. Kann bei öffentlich-rechtlichen Verboten eine Behörde Befreiungen erteilen, so wird bis zur Genehmigung des Geschäftes vielfach nur eine schwebende Unwirksamkeit des Vertrages angenommen (dazu oben S. 7). Die Frage, ob Nichtigkeit des gesamten Vertrages oder lediglich Teilnichtigkeit, ob absolute Nichtigkeit oder lediglich schwebende Unwirksamkeit eintritt, läßt sich nicht generell beantworten; ihre Entscheidung hängt wiederum ganz eng mit Zweck und Tragweite der jeweiligen Verbotsnorm zusammen. Daher erscheint auch eine inhaltliche Vereinheitlichung der Folgen einer Rechtswidrigkeit für den Bestand des Vertrages als ausgeschlossen.

II. Pflicht zur Rückgabe erbrachter Leistungen

Aus der Nichtigkeit rechtswidriger Rechtsgeschäfte werden zwei im Prinzip entgegengesetzte Folgerungen gezogen: die kontinental-europäischen Rechtsordnungen geben grundsätzlich einen Anspruch auf Rückgabe bereits erbrachter Leistungen, während das anglo-amerikanische Recht auf Grund der Rechtsparömie „in pari delicto melior est causa possidentis (defendentis)" eine Rückforderung ausschließt. In beiden Rechtskreisen wird jedoch der jeweilige Grundsatz durchbrochen, indem einige kontinentale Rechtsordnungen nach dem Prinzip „in pari delicto" in gewissen Fällen keine Rückforderung gestatten und andererseits der angelsächsische Rechtskreis bei Fehlen eines beiderseitigen Verstoßes gegen das Verbotsgesetz die Rückforderung zuläßt.

Die Entscheidung, wann die Regel gilt und wann die Ausnahme eingreift, hängt also von subjektiven Momenten in der Person beider Vertragsparteien oder eines Vertragspartners ab. Das Ergebnis beruht damit wiederum auf einer Bewertung von Zweck und Tragweite der jeweiligen Verbotsnorm, über die eine inhaltliche Vereinheitlichung nicht erhofft werden kann (siehe auch oben I 2).

III. Schadensersatz

Die vorstehenden Erwägungen gelten entsprechend für die Frage, ob eine Vertragspartei wegen der Nichtigkeit des Vertrages Schadensersatz vom Vertragspartner verlangen kann.

C. Kollisionsrechtliche Regelung?

Besteht keine Aussicht auf materielle Vereinheitlichung von Voraussetzungen und Folgen rechtswidriger Verträge, so wäre eine Harmonisierung der Rechtsordnungen in dieser Frage doch sehr erwünscht. Zu berücksichtigen wären hierbei nicht nur die Voraussetzungen und Folgen rechtswidriger Verträge, sondern auch die im Zusammenhang mit der Drohung angeschnittene Frage, wann eine Drohung rechtswidrig ist (oben S. 131), falls eine einheitliche Regelung dieser Frage nicht zustande kommen sollte. Als einzige Möglichkeit einer Harmonisierung wird die Aufstellung einer einheitlichen Kollisionsnorm in Betracht zu ziehen sein.

Eine kursorische Übersicht über die kollisionsrechtliche Behandlung rechtswidriger Verträge in den untersuchten Rechtsordnungen zeigt freilich, daß auch eine Einigung über eine einheitliche Kollisionsnorm nicht leicht zu erzielen sein wird. Nach Rabels rechtsvergleichender Untersuchung (Conflict of Laws II, 2. Aufl. 1960, 399 ff., 536 ff.) werden im wesentlichen folgende Regeln befolgt:

(1) Die Rechtswidrigkeit des Vertrages ist nach der für den Vertrag maßgebenden Rechtsordnung zu beurteilen;

(2) die Rechtswidrigkeit ist (auch) nach dem Recht des Abschlußortes zu beurteilen;

(3) die Rechtswidrigkeit ist (auch) nach dem Recht des Erfüllungsortes zu beurteilen.

Hinzuzufügen ist:

(4) Die Rechtswidrigkeit ist nach dem Recht aller Länder zu beurteilen, welche der Vertrag berührt.

Alle diese Regeln gelten jedoch nur, wenn der bei Verbotsvorschriften besonders empfindliche ordre public des Forumstaates dem nicht entgegensteht.

Eine Auflösung dieser Divergenzen in der kollisionsrechtlichen Behandlung rechtswidriger Verträge könnte zunächst in dem Haager Abkommen über das auf internationale Käufe beweglicher Sachen anzuwendende Recht (im folgenden: IPR-Abkommen) gesucht werden (Conférence de La Haye de Droit international privé, 7e Session. Actes [1952] S. 382). Die nach den Vorschriften dieses Abkommens anzuwendende Rechtsordnung umfaßt nämlich offenbar auch die zwingenden Vorschriften; zwingende Vorschriften oder öffentlich-rechtliche Verbote einer anderen als der maßgebenden Rechtsordnung werden grundsätzlich nicht berücksichtigt, wenn nicht der ordre public des Forumstaates die Beachtung der zwingenden Regeln dieses Staates erfordert. Eine Verweisung auf das IPR-Abkommen oder die Inkorporierung aller seiner Vorschriften dürfte jedoch daran scheitern, daß das Abkommen auf dem Grundsatz der kollisionsrechtlichen Parteiautonomie beruht. Es erscheint wenig sinnvoll, im Geltungsbereich eines materiell vereinheitlichten Gesetzes private Vertragsparteien aufzufordern, für die Regelung einer Detailfrage die anzuwendende Rechtsordnung zu vereinbaren. Eher ließe sich erwägen, die in Art. 3 des IPR-Abkommens niedergelegten Regeln zu übernehmen, welche die anwendbare Rechtsordnung für den Fall bestimmen, daß die Parteien keine Rechtswahl getroffen haben.

Eine andere Möglichkeit besteht darin, den für nahezu alle untersuchten Rechtsordnungen als Mitgliedsstaaten des internationalen Währungsfonds ohnehin verbindlichen Art. VIII sec. 2 (b) des Bretton-Woods-Abkommens zu verallgemeinern. Satz 1 dieser Bestimmung lautet:

> „Exchange contracts which involve the currency of any member and which are contrary to the exchange control regulations of that member maintained or imposed consistently with this Agreement shall be unenforceable in the territories of any member."

Eine Regelung in Anlehnung an diese Vorschrift hätte den doppelten Vorteil, eine sachlich übereinstimmende Vorschrift für die durch Devisenbestimmungen betroffenen Verträge (die für die Abkommensstaaten bereits gilt und auch in Geltung belassen werden muß) und für die durch andere Verbotsgesetze betroffenen Verträge zu schaffen; außerdem wäre es überflüssig, daß der Forumstaat ein eigenes Verbotsgesetz mit Hilfe des ordre public oder fremde Verbotsgesetze mit Hilfe ungeschriebener Regeln über die Anknüpfung ausländischen zwingenden Rechtes zur Anwendung bringen kann; vielleicht ließe sich sogar ein Verzicht auf die Anrufung des ordre public gegenüber ausländischen Verbotsgesetzen vereinbaren.

§ 2

SITTENWIDRIGKEIT

A. Möglichkeiten der Vergleichung und Vereinheitlichung

Im *deutschen* Rechtskreis enthalten einige Rechtsordnungen eine ausdrückliche gesetzliche Generalklausel über sittenwidrige Verträge. Die Generalklausel greift ein, wenn ein Vertrag „gegen die guten Sitten verstößt"; § 138 I *deut.* BGB; § 879 I *öst.* ABGB; Art. 20 I *schweiz.*

OR. Eine ähnliche Generalklausel findet sich auch in den *romanischen* Rechtsordnungen. Diese erklären nach dem Vorbild von Art. 1133 franz. cc die „causa" einer Obligation oder eines Vertrages für unerlaubt nicht nur bei Verstoß gegen ein Gesetz, sondern auch bei Verstoß gegen die guten Sitten oder gegen den ordre public; Art. 1343 *ital.* cc; Art. 1373 *nied.* BW; Art. 1895 *Louisiana* cc; ähnlich Art. 1275 *span.* cc. Gesetzlich nicht fixierte allgemeine Formeln über sittenwidrige Verträge enthält aber auch der *anglo-amerikanische* Rechtskreis, der hierbei freilich nicht den Begriff der „guten Sitten" gebraucht. Ausgangspunkt ist im angelsächsischen Bereich vornehmlich die rechts- oder sittenwidrige „consideration". Sittenwidrige Rechtsgeschäfte werden teilweise aber auch unter den Gesichtspunkten der arglistigen Täuschung und der Drohung behandelt. Neuerdings hat der amerikanische Uniform Commercial Code eine ausdrückliche Bestimmung gegen „unconscionable" Kaufverträge eingeführt mit dem erklärten Ziel, den Gerichten eine direkte Entscheidung über die Sittenwidrigkeit von Verträgen zu ermöglichen; s. 2–302 UCC und Comment 1 dazu.

In allen Rechtsordnungen, ganz besonders aber in denen des romanischen und des anglo-amerikanischen Rechtskreises, sind Rechtswidrigkeit und Sittenwidrigkeit von Verträgen auf das engste miteinander verwoben und teilweise identisch. Eine Grenzziehung ist im Rahmen dieser Rechtssysteme selbst wohl kaum nötig und daher hier nicht möglich. Auch die Bestimmung von Tragweite und praktischer Bedeutung der Generalklauseln gegen sittenwidrige Verträge mit Hilfe der Rechtsprechung erscheint im allgemeinen ausgeschlossen. Die Gerichte lassen sich von den allgemeinen sittlichen Anschauungen, die sich im Laufe der Zeit auch wandeln, leiten. Rechtsvergleichung und Rechtsvereinheitlichung stoßen daher bei der Sittenwidrigkeit auf dieselben Schwierigkeiten wie bei der Rechtswidrigkeit von Verträgen. Wegen der näheren Darlegung der Gründe dieser Erscheinung sowie der Möglichkeiten einer Harmonisierung ist auf den vorangehenden § 1 zu verweisen.

Anders als bei der Rechtswidrigkeit erscheint es jedoch hier bei der Sittenwidrigkeit möglich und sinnvoll, die Hervorhebung einzelner typischer Tatbestände zu versuchen, die für das Kaufrecht der untersuchten Rechtsordnungen Bedeutung erlangt haben. Im Interesse der Rechtssicherheit und der Klarheit dürfte es im nationalen wie im internationalen Bereich erwünscht sein, wenn der Anwendungsbereich der Generalklausel gegen sittenwidrige Verträge durch Umschreibung einiger konkreter Tatbestände eingeschränkt werden kann, zumal einige dieser besonderen Tatbestände auch besondere Rechtswirkungen entfalten.

B. Einzelne Tatbestände der Sittenwidrigkeit

I. Mißverhältnis von Leistung und Gegenleistung

1. Grundsatz

Das objektive Mißverhältnis des Wertes von Leistung und Gegenleistung bildet auf dem europäischen Kontinent heute (mit einer einzigen Ausnahme) keinen Ungültigkeitsgrund mehr. Die *romanischen* Rechtsordnungen bestimmen ausdrücklich, daß eine „laesio" nur in den gesetzlich festgelegten Fällen rechtserheblich ist; Artt. 1118, 1313 franz. cc, 1486 *nied.* BW, 1293 *span.* cc; Artt. 1861–1863 *Louisiana* cc. Dazu gehören bei voll geschäftsfähigen Personen in Frankreich und in Louisiana zwar Kaufverträge über Grundstücke; Artt. 1674 ff. franz. cc, 1861 no. 2, 1862 Lousiana cc, nicht aber Kaufverträge über bewegliche Sachen. Art. 344 span. c. com. schließt eine Anfechtung wegen „lesión" bei Handelskäufen ausdrücklich aus. Im *skandinavischen* und im *deutschen* Rechtskreis besteht dieselbe Rechtslage. Zwar fehlt ein ausdrückliches Verbot, eine laesio enormis zu berücksichtigen; Rechtspraxis und Rechtslehre sehen jedoch in dem objektiven Mißverhältnis des Wertes von Leistung und Gegenleistung allein noch keinen Verstoß gegen die guten Sitten.

Ebenso ist es im *anglo-amerikanischen* Rechtskreis ein durch lange Tradition geheiligtes Prinzip, daß die „inadequacy of consideration" rechtlich nicht erheblich ist; *England:* Cheshire-Fifoot 69; siehe aus neuer Zeit Alexander v. Rayson, [1936] 1 K.B. 169, 182 (C.A.); *USA:* Allore v. Jewell, 94 U.S. 506 (1876); Illinois: Majewski v. Gallina, 17 Ill. 2d 92, 160 N.E. 2d 783, 790 (1959); Cities Service Oil Co. v. Viering, 404 Ill. 538, 89 N.E. 2d 392, 401 (1949); Maryland: Straus v. Madden, 219 Md. 535, 150 A. 2d 230, 235 (1959); Massachusetts: New England Trust Co. v. Abbott, 162 Mass. 148, 38 N.E. 432, 434 (1894); New Jersey: De Caro v. De Caro, 13 N.J. 36, 97 A. 2d 658, 662 (1953); New York: Mandel v. Liebman, 303 N.Y. 88, 100 N.E. 2d 149, 152 (1951); s. 20–307 Code of Georgia; s. 81 Restatement of Contracts. Immerhin kann in equity ein schockierendes Mißverhältnis der Leistungen in einem ganz besonderen Ausnahmefall als schlüssiges Anzeichen für einen fraud gegenüber dem Benachteiligten oder für dessen fehlendes Einverständnis betrachtet werden; *England:* Tennent v. Tennent, L.R. 2 Sc. & Div. App. 6, 9 per Lord Westbury (1870, H.L.); *USA:* Schwarz v. Reznick, 257 Ill. 479, 100 N.E. 900, 902 (1913); Bither v. Packard, 115 Me. 306, 98 A. 929, 933 (1916); Sizemore v. Miller, 196 Ore. 89, 247 P. 2d 224, 227 (1952). Da „specific performance" ein Rechtsbehelf der equity ist, wird bei einer Klage auf Vertragserfüllung eine „gross inadequacy" der Leistungen etwas eher berücksichtigt als bei anderen Vertragsklagen; darüber hinaus haben sogar einige Staaten der USA gesetzlich ausdrücklich festgelegt, daß „specific performance" u. a. bei einer „inadequacy of consideration" versagt werden *kann;* s. 3391 no. 1 California cc; Tit. 9 s. 56 Code of Alabama; s. 37–805 Code of Georgia; s. 37. 4603 (1) Code of South Dakota.

2. *Ausnahme*

In *Österreich* dagegen kann ein Kaufvertrag, bei dem eine Vertragspartei weniger als die Hälfte des Wertes der eigenen Leistung erhalten hat, auf Verlangen des benachteiligten Käufers oder Verkäufers aufgehoben werden; §§ 934, 1060 ABGB. Diese Befugnis ist allerdings u. a. in folgenden Fällen ausgeschlossen: wenn wenigstens eine Vertragspartei Kaufmann ist; Art. 8 Nr. 6 der 4. Verordnung zur Einführung handelsrechtlicher Vorschriften im Land Österreich; wenn der Benachteiligte den wahren Wert der empfangenen Leistung erkannt hat oder wenn er auf die Schutzvorschrift vertraglich verzichtet hat oder wenn er „die Sache aus besonderer Vorliebe, um einen außerordentlichen Wert zu übernehmen" erklärt hat; § 935 ABGB; den letzten Fall hat die Rechtsprechung insbesondere beim Kauf von Kunstwerken angenommen; OGH 23. 4. 1930, JBl. 1930, 322. Umstritten ist, ob das Aufhebungsrecht auch dadurch ausgeschlossen wird, daß dem Benachteiligten die Rückgabe der empfangenen Leistung unmöglich ist; so OGH 19. 12. 1951, SZ 24 Nr. 340 und OGH 13. 4. 1920, SZ 2 Nr. 24; dagegen OGH 26. 10. 1955, SZ 28 Nr. 232 und OGH 8. 10. 1935 SZ 17 Nr. 134. Der Vertragspartner des Benachteiligten kann seinerseits eine Aufhebung des Vertrages dadurch abwenden, daß er die Differenz zwischen dem wahren Wert und der empfangenen Leistung dem benachteiligten Partner ersetzt; § 934 Satz 2 ABGB.

Für den Bereich des internationalen Warenkaufs wird die Bedeutung der österreichischen laesio enormis noch weiter durch Art. 34 des Einheitlichen Kaufgesetzes eingeschränkt. Nach österreichischer Auffassung kann nämlich eine lésion auch darauf gestützt werden, daß die Kaufsache wegen eines Sachmangels weniger als die Hälfte wert sei (OGH 11. 1. 1938, SZ 20 Nr. 3; OGH 10. 3. 1926, SZ 8 Nr. 74), und zwar gerade nach Ablauf der Gewährleistungsfrist; OGH 11. 1. 1938; durch Art. 34 des Einheitlichen Kaufgesetzes dürfte jedoch dem Käufer dieser Weg, die Vertragswidrigkeit der Kaufsache geltend zu machen, abgeschnitten sein.

Auch in *Frankreich* wird die „lésion", obwohl grundsätzlich ausgeschlossen (oben 1), durch ein Sondergesetz vom 8. 7. 1907 (in der Fassung des Gesetzes vom 10. 3. 1937, J.O. 1937, 2995) für bestimmte landwirtschaftliche Warenkäufe anerkannt. Nach Art. 1 des Gesetzes kann der Käufer von Düngemitteln und Saatgut sowie von Pflanzen und Futtermitteln für die Landwirtschaft bei Benachteiligung um mehr als 25 % die Herabsetzung des Kaufpreises und Schadensersatz verlangen.

II. Benachteiligung unter Ausnutzung von Notlage, Leichtsinn oder Unerfahrenheit des Vertragspartners

Nach dem Vorbild von § 138 II *deut.* BGB enthalten die Zivilgesetze des *deutschen* und *skandinavischen* Rechtskreises sowie *Italiens* und auch die Entwürfe in *Frankreich* und den *Niederlanden* ausdrückliche Vorschriften über die Beachtlichkeit einer „qualifizierten laesio"; § 879 II no. 4 *öst.* ABGB (in der Fassung der III. Teilnovelle 1916), § 1 öst. Wuchergesetz 1949, Artt. 21 *schweiz.* OR, 1447–1452 *ital.* cc, § 31 *skand.* Vertragsgesetze, Livre IV Artt. 18 franz. Avant-projet cc, 3.2.10 Abs. 4 *Entwurf Meijers.* Diese Bestimmungen entsprechen sich – mit Ausnahme der italienischen Regelung – nahezu auf das Wort, so daß für einen erheblichen Teil Kontinentaleuropas übereinstimmende gesetzliche Regeln über die Voraussetzungen der „qualifizierten laesio" bestehen.

In *Frankreich* hat die Rechtsprechung mit Hilfe der Doktrin vom prix dérisoire (insbesondere beim Grundstückskauf, siehe etwa Cour Paris 22. 3. 1952, Gaz. Pal. 1952.2.102) oder durch besondere Berücksichtigung der subjektiven Verhältnisse bei arglistiger Täuschung und Drohung (siehe Planiol-Ripert VI nos. 195, 200 mit Rechtsprechung) auch ohne gesetzliche Grundlage die „qualifizierte laesio" eingeführt. Zur Ausbildung eines selbständigen Instituts und damit zur exakten Abgrenzung von Voraussetzungen und Wirkungen dieser Rechtsfigur ist es jedoch nicht gekommen. Ähnliches gilt von den *Niederlanden,* obwohl hier das Institut des „Mißbrauches der Umstände" (bei Vertragsschluß) als Unterfall der unsittlichen causa heute anerkannt ist; siehe grundlegend HR 11. 1. 1957, N.J. 1959 no. 37.

Im *anglo-amerikanischen* Rechtskreis werden mit den Rechtsfiguren der „undue influence", des „constructive fraud" sowie der „unconscionableness" auch ausbeuterische Verträge erfaßt, ohne daß jedoch eine scharfe Grenze zu sonstigen Fällen der Sittenwidrigkeit gezogen werden kann.

Charakteristisch für die gesetzlichen Normen wie teilweise auch für die Rechtsprechung in den anderen Ländern (insbesondere Frankreichs, Englands und der USA) ist die Kombination des objektiven Elementes eines Vermögensnachteils mit bestimmten subjektiven Momenten; neben diesen Voraussetzungen sind auch die Wirkungen der „qualifizierten laesio" teilweise anders als die Wirkungen sonstiger sittenwidriger Rechtsgeschäfte geregelt.

1. Objektive Voraussetzungen

In objektiver Beziehung ist überall eine Benachteiligung des geschädigten Vertragspartners erforderlich. Die Gesetze des *deutschen* und des *skandinavischen* Rechtskreises sowie *Italiens* umschreiben dieses Erfordernis dadurch, daß sie ein Mißverhältnis von Leistung und Gegenleistung verlangen und zusätzlich fordern, daß dieses Mißverhältnis „auffallend" (§ 879 II no. 4 *öst.* ABGB, § 1 öst. Wuchergesetz 1949), nach den Umständen auffällig (§ 138 II *deut.* BGB) oder „offenbar" (Art. 21 I *schweiz.* OR, § 31 der *skand.* Vertragsgesetze) sein muß; nach Art. 1448 II *ital.* cc muß der Wert der dem Benachteiligten versprochenen Leistung mindestens 50 % geringer sein als der Wert der eigenen Leistung. Der französische und der niederländische Entwurf stellen auf den Nachteil des übervorteilten Vertragspartners ab; der Nachteil muß „offensichtlich anormal" (Livre IV Art. 18 *franz.* Avant-projet cc) oder „unverhältnismäßig groß" sein (Art. 3.2.10 Absatz 4 *Entwurf Meijers);* diese Formeln dürften sich im Ergebnis mit den vorgenannten Klauseln des deutschen Rechtskreises decken.

In der Rechtsprechung des deutschen Rechtskreises und Italiens werden die gesetzlichen Bestimmungen auch übereinstimmend ausgelegt. Die Bewertung der Leistungen muß objektiv nach den Marktverhältnissen vorgenommen werden; *Deutschland:* RG 25. 2. 1909, JW 1909, 215; RG 20. 12. 1901, Gruchot 46, 897; *Österreich:* Klang-Gschnitzer, Anm. II L 2 b zu § 879 ABGB; *Schweiz:* Oser-Schönenberger, Anm. 4 zu Art. 21 OR; *Italien:* Mirabelli, Anm. 4 zu Art. 1448 cc. Maßgebend für die Wertberechnung ist der Tag des Vertragsabschlusses; *Deutschland:* RG 16. 6. 1924, LZ 1924, 739; RG 7. 7. 1927, DRiZ 1927 Nr. 621; *Österreich:* OGH 16. 11. 1950, SZ 23 Nr. 335; OGH 20. 3. 1936, SZ 18 Nr. 51; *Schweiz:* BG 8. 4. 1930, BGE 56 II 189, 194; das ist für *Italien* ausdrücklich festgelegt (Art. 1448 II cc; ebenso Livre IV Art. 18 *franz.* Avant-projet cc), allerdings mit dem Zusatz, daß das Mißverhältnis auch zur Zeit der Klageerhebung noch vorhanden sein muß; Art. 1448 III cc. Die Behandlung aleatorischer Geschäfte und der Geschäfte über Sachen mit Seltenheits- oder Liebhaberwert ist etwas schwankend. Das *deutsche* Reichsgericht hat zwar auch bei solchen Geschäften die Annahme einer Sittenwidrigkeit für möglich erklärt; RG 25. 2. 1909, JW 1909, 215; ebenso der *öst.* OGH 20. 3. 1936, SZ 18 Nr. 51; die deutsche Rechtsprechung hat jedoch wegen der Schwierigkeit der Wertberechnung in diesen Fällen regelmäßig die Prüfung eines Mißverhältnisses abgelehnt; so die zuletzt zitierte Entscheidung des RG; OLG Kassel, JW 1929, 1893; so auch für die *Schweiz:* Gmür-Becker, Anm. 1 zu Art. 21 OR; ausdrücklich Art. 1448 IV *ital.* cc.

Einen festen Maßstab für die Auffälligkeit des Mißverhältnisses hat die Rechtsprechung dagegen nicht entwickelt. Immerhin spielt die traditionelle, von *Italien* ausdrücklich übernommene Mindestgrenze des Schadens (dieser muß mindestens die Hälfte des Wertes der Leistung des Benachteiligten ausmachen) in der Rechtsprechung eine gewisse Rolle. Der *deutsche* Bundesgerichtshof hat in einer Entscheidung ausgesprochen, daß bei einem geringeren Mißverhältnis nur unter ganz besonderen Umständen ein Sittenverstoß angenommen werden könne; BGH 10. 12. 1959, LM Nr. 4 zu § 138 (Ba) BGB; diese Richtschnur wird im Ergebnis auch von der *österreichischen* und der *Schweizer* Rechtsprechung befolgt; auffälliges Mißverhältnis bejaht, wenn der Preis den Wert der Kaufsache um das Doppelte oder mehr übersteigt: schweiz. BG 5. 2. 1935, BGE 61 II 31, 35; öst. OGH 27. 1. 1954, SZ 27 Nr. 19; dagegen abgelehnt bei Überschreitung um nur 25%: schweiz. BG 8. 3. 1920, BGE 46 II 55, 60.

Auch die *französische* Rechtsprechung, die ausbeuterische Verträge durchweg als arglistige Täuschung im Sinne des Art. 1116 cc qualifiziert, hat in diesem Zusammenhang mehr oder minder bewußt stets die Schädigung des „Getäuschten" hervorgehoben, obwohl an sich ein Schaden nicht Voraussetzung einer Anfechtung wegen arglistiger Täuschung ist. Die Entscheidungen erwähnen neben den subjektiven Umständen der Schutzperson regelmäßig den nachteiligen Charakter des Vertrages, indem sie auf die Feststellung einer „vente dérisoire", eines „contrat ruineux" oder von „obligations ruineuses sans équivalent sérieux" in den Tatsacheninstanzen hinweisen; Cass. 10. 2. 1926, S. 1926.1.59; Cass. 13. 1. 1885, S. 1885.1.302; Cass. 31. 12. 1901, S. 1902. 1. 399; auch Cass. 4. 11. 1913, S. 1914.1.259; die Feststellung fehlt nur in Cass. 27. 6. 1939, S. 1940.1.40; siehe auch Cour Paris 22. 3. 1952, Gaz. Pal. 1952.2.102: „le prix ... constitute un véritable scandale". Ein bestimmter Maßstab für das Mißverhältnis der Leistungen ist allerdings nicht entwickelt worden. Ein Mißverhältnis von Leistung und Gegenleistung allein begründet freilich noch keine arglistige Täuschung; Cass. soc. 24. 6. 1964, Bull. civ. 1964 IV 448; hinzukommen müssen subjektive Umstände (unten 2). Die *belgischen* Gerichte folgen dieser Auffassung in der Sache, stützen sich allerdings auf die Unsittlichkeit der causa im Sinne des Art. 1131 cc; siehe Trib. civ. Bruxelles 17. 3. 1951, Journal des Tribunaux 1952, 55, bestätigt durch Cour Bruxelles 1. 4. 1952, ibid. 1952, 399.

Der französischen Praxis entspricht im *anglo-amerikanischen* Rechtskreis am ehesten die Rechtsprechung der *amerikanischen* Gerichte. Der Benachteiligung des schwächeren Vertragspartners wird unter allen in Betracht kommenden Gesichtspunkten (constructive fraud, undue influence, unconscionableness) eine wesentliche Bedeutung beigemessen. Die meisten Entscheidungen stellen daher ausdrücklich fest, daß eine „gross inadequacy of consideration" oder „of price" vorliege, oder sie bestimmen zumindest den Wert von Leistung und empfangener Gegenleistung; siehe Logue v. von Almen, 379 Ill. 208, 40 N.E. 2d 73, 80 (1941); Serena v. Rubin, 146 Kan. 603, 72 P. 2d 995, 998 (1937); Straus v. Madden, 219 Md. 535, 150 A. 2d 230 (1959); Butler v. Duncan, 47 Mich. 94, 10 N.W. 123 (1881); Meyer v. Schaub, 364 Mo. 711, 266 S.W. 2d 620, 624 ff. (1954); Downing v. State, 9 Wash. 2d 685, 115 P. 2d 972, 974 (1941); Simmons v. Ratterree Land Co., 217 Cal. 201, 17 P. 2d 727, 729 (1932); Sic v. Loup River Public Power District, 136 Neb. 506, 286 N.W. 700, 704 (1939); ss. 20–307, 37–710 Code of Georgia. In der *englischen* Rechtsprechung spielt dagegen das Mißverhältnis der Leistungen keine wesentliche Rolle. Neben den ganz überwiegend maßgebenden subjektiven Elementen ist das Mißverhältnis gelegentlich ausdrücklich für unerheblich erklärt worden; Tate v. Williamson (1866), 2 Ch. App. 55, 66; trotzdem ist das Gericht in dieser Entscheidung und auch sonst gelegentlich auf den Wert der beiderseitigen Leistungen eingegangen; siehe auch Tufton v. Sperni, [1952] 2 T.L.R. 516, 518 (C.A.). Andere Entscheidungen erwähnen dagegen diesen Gesichtspunkt überhaupt nicht; James v. Kerr (1889), 40 Ch. D. 449; Rees v. De Bernardy, [1896] 2 Ch. 437. Die Bedeutung dieser Regel wird für den anglo-amerikanischen Rechtskreis dadurch erhöht, daß in gewissen Vertrauensverhältnissen die Beweislast für die „fairness" des Geschäftes umgekehrt wird, der Begünstigte also auch die Angemessenheit von Leistung und Gegenleistung zu beweisen hat (dazu unten 2 a, S. 156 f.).

2. *Subjektive Voraussetzungen*

a) Als *subjektive Voraussetzungen auf seiten des Benachteiligten* zählen die Gesetze des deutschen Rechtskreises Notlage, Leichtsinn und Unerfahrenheit auf; § 138 II *deut.* BGB; Art. 21 II *schweiz.* OR; ebenso Livre IV Art. 18 *franz.* Avant-projet cc; § 31 der *skand.* Vertragsgesetze fügt noch die Abhängigkeit hinzu und § 879 II Nr. 4 *öst.* ABGB die Verstandesschwäche oder Gemütsaufregung, während sich Art. 1448 I *ital.* cc mit der Notlage überhaupt begnügt. Der gesetzliche Katalog ist in der Schweiz abschließend; Oser-Schönenberger, Anm. 13 zu Art. 21 OR; in Deutschland wird er noch um die Verstandesschwäche erweitert; RG 28. 5. 1925, JW 1925, 2126; RG 28. 1. 1915, Seuff. Arch. 70 Nr. 142. In Österreich ist dagegen die gesetzliche Aufzählung nicht erschöpfend (OGH 27. 1. 1954, SZ 27 Nr. 19) und daher in ihren einzelnen Elementen nicht sehr bedeutsam; der österreichische Oberste Gerichtshof hat vielmehr die hier in Betracht kommende Sittenwidrigkeit durch die allgemeine Formel umschrieben: „Bewußte Ausnutzung eines Schwächeren, um übermäßigen Gewinn zu erzielen"; OGH a.a.O. Aber auch für Deutschland und die Schweiz darf die Bedeutung des gesetzlichen Katalogs nicht überschätzt werden, da weitere Tatbestände auf Grund der unter A. erwähnten Generalklausel beurteilt werden können; siehe für *Deutschland:* RG 8. 10. 1936, JW 1937, 25; RG 7. 2. 1923, JW 1923, 922.

Die einzelnen gesetzlich festgelegten subjektiven Elemente in der Person des Benachteiligten werden im wesentlichen übereinstimmend folgendermaßen ausgelegt: Unter einer *Notlage* wird allgemein eine wirtschaftliche Bedrängnis verstanden. Das *Schweizer* Bundesgericht hat jedoch in einer Entscheidung erklärt, auch eine persönliche Notlage sei zu beachten; darunter falle allerdings nicht der heiße Wunsch eines liebestollen 65jährigen Witwers, eine 43jährige Witwe zu heiraten; BG 5. 2. 1935, BGE 61 II 31, 35. Eine wirtschaftliche Notlage ist nach der *deutschen* und *italienischen* Rechtsprechung gegeben, wenn ein dringendes Geldbedürfnis besteht, das auf andere Weise als durch den in Frage gestellten Vertrag nicht behoben werden kann; unerheblich ist, wenn der Benachteiligte zwar anderes Vermögen hat, dieses jedoch entweder nicht verwertet werden kann oder aber er es für seine weitere wirtschaftliche Existenz nicht entbehren kann; *Deutschland:* BGH 8. 1. 1959, WM 1959, 566; RG 28. 1. 1931, LZ 1931, 770; RG 11. 7. 1928, HRR 1928 Nr. 2080; RG 7. 1. 1908, JW 1908, 142; *Italien:* Cass. 9. 10. 1954, 12. 10. 1954, Giust. Civ. 1954, 2324, 2440; Cass. 13. 2. 1951, Giur. compl. Cass. civ. 1951.III.217; Cass. 2. 7. 1953, ibid. 1953. VI.180. – Unter *Unerfahrenheit* wird teilweise das Fehlen von Lebenserfahrung oder von *allgemeinen* Kenntnissen des Geschäftsverkehrs verstanden; *Deutschland:* BGH 21. 5. 1957, LM Nr. 2 zu § 138 (Ba) BGB; RG 3. 12. 1926, LZ 1927, 606; *Österreich:* OGH 20. 3. 1936, SZ 18 Nr. 51; teilweise aber auch die fehlende Geschäftsgewandtheit in dem besonderen Sachbereich, in dem der Vertrag abgeschlossen worden ist; *Deutschland:* RG 15. 1. 1930, LZ 1930, 652; RG 8. 12. 1930, LZ 1931, 502; *Schweiz:* BG 5. 2. 1935, BGE 61 II 31, 36. Die schwankende deutsche Rechtsprechung läßt sich wohl dadurch erklären, daß bei Kaufleuten immer der strengere Test angewendet, ihnen die Berufung auf Unerfahrenheit also generell nicht gestattet worden ist, während bei Nichtkaufleuten die Beurteilung großzügiger ist. – Leichtsinn hat das Schweizer Bundesgericht dem liebestollen Witwer zugebilligt, der seiner Angebeteten auf ihr Verlangen zu sehr ungünstigen Bedingungen eine Gastwirtschaft abkaufte; BG 5. 2. 1935.

Aus der Höhe des objektiven Mißverhältnisses der Leistungen kann auf die fehlende Geschäftsgewandtheit der Schutzperson geschlossen werden; *Österreich:* OGH 27. 1. 1954, SZ 27 Nr. 19.

In *Frankreich* hat die Rechtsprechung – obwohl sie sich formell auf Art. 1116 cc über die arglistige Täuschung stützt – die besonders schutzwürdigen Eigenschaften und Umstände der Schutzperson stets betont. Die Entscheidungen haben freilich keinen Katalog entwickelt, sondern haben je nach Sachlage Alter, Krankheit, Geistesschwäche, geschäftliche Unerfahrenheit und Geldverlegenheit berücksichtigt; Cass. 27. 6. 1939, S. 1940.1.40; Cass. 10. 2. 1926, S. 1926.1.59; Cass. 4. 11. 1913, S. 1914.1.259; Cass. 31. 12. 1901, S. 1902.1.399; Cass. 13. 1. 1885, S. 1885.1.302; Cour Paris 23. 2. 1952, Gaz. Pal. 1952.2.102; siehe für *Belgien* Trib. civ. Bruxelles 17. 3. 1951, Journal des Tribunaux 1952, 55, bestätigt durch Cour Bruxelles 1. 4. 1952. ibid. 1952, 399. Ähnliches gilt für die in den *Niederlanden* entwickelte Formel des „Mißbrauchs der Umstände"; HR 29. 5. 1964, N.J. 1965 no. 104.

Auch im *anglo-amerikanischen* Rechtskreis beruhen die auf fraud, undue influence oder unconscionableness gestützten Entscheidungen stets auf der Feststellung bestimmter subjektiver Momente bei der Schutzperson. Dabei wird zwar neben anderen subjektiven Verhältnissen auch das Alter, Krankheit, Geistesschwäche, geschäftliche Unerfahrenheit oder Geldverlegenheit in Betracht gezogen; *England:* Rees v. De Bernardy, [1896] 2 Ch. 437, 444; James v. Kerr (1889), 40 Ch. D. 449, 460; Tate v. Williamson (1866), 2 Ch. App. 55, 66; *USA:* Allore v. Jewell, 94 U.S. 506, 511 (1877); Greene v. Roworth, 113 N.Y. 462, 21 N.E. 165, 167 (1889); Karber v. Goldstrohm, 305 Pa. 470, 157 A. 912 (1932); Addis v. Grange, 358 Ill. 127, 192 N.E. 774, 776 (1934); Peck v. Williams, 82 Ohio App. 35, 79 N.E. 2d 562, 566 (1948); Frey v. Onstott, 357 Mo. 721, 210 S.W. 2d 87, 93 (1948); Meyer v. Schaub, 364 Mo. 711, 266 S.W. 2d 620, 624 (1954); Kukulski v. Bolda, 2 Ill. 2d 11, 116 N.E. 2d 384, 387 (1954); Panco v. Rogers, 19 N.J. Super. 12, 87 A. 2d 770, 774 (1952); Straus v. Madden, 219 Md. 535, 150 A. 2d 230 (1959); s. 37–710 Code of Georgia – „great disparity of mental ability in contracting a bargain". Anders als auf dem europäischen Kontinent können daneben jedoch zahlreiche andere subjektive Elemente eine Rolle spielen wie der Bruch eines Vertrauensverhältnisses der Parteien, mangelnde Kenntnis der englischen Sprache, Zeitdruck, die Art der Verhandlungsführung etc.; *USA:* Addis v. Grange, 358 Ill. 127, 192 N.E. 2d 774, 776 (1934); Frey v. Onstott, 357 Mo. 721, 210 S.W. 2d 87, 93 (1948); Fyan v. McNutt, 266 Mich. 406, 254 N.W. 146, 149 (1934); Simmons v. Ratterree Land Co., 217 Cal. 201, 17 P. 2d 727, 729 (1932); *England:* Tate v. Williamson (1866), 2 Ch. App. 55, 64.

Die zentrale Bedeutung, die der Mißbrauch von Vertrauensverhältnissen hat, ergibt sich aus der dem anglo-amerikanischen Rechtskreis eigentümlichen Umkehr der Beweislast zugunsten der Schutzperson. Nicht die Schutzperson, sondern ihr Vertragspartner hat, wenn die Schutzperson das Bestehen eines rechtlich geschützten Vertrauensverhältnis behauptet und bewiesen hat, die Behauptung einer Unfairness des Geschäftes zu widerlegen. Durch diese Umkehr der Beweislast werden namentlich geschützt die formellen Treuhandverhältnisse, das Verhältnis zwischen Anwalt und Klient, zwischen Arzt und Patient, zwischen Geistlichem und Laien sowie in England und teilweise auch in den USA das Verhältnis zwischen Eltern und Kind; *England:* Chitty I no. 346 ff.; *USA:* s. 498 Restatement of Contracts and Comment a; s. 2235 California cc; Annotations, 14 ALR 2d 638, 24 ALR 2d 1281, 70 ALR 2d 583. Die Vermutung einer unzulässigen Beeinflussung der Schutzperson kann insbesondere durch den Nachweis widerlegt werden, daß die Schutzperson vor Abschluß des Vertrages von dritter, unabhängiger Seite beraten wurde; *England:* Inche Noriah v. Shaik Allie Bin Omar, [1929] A.C. 127 (P.C.); *USA:* Zvolis v. Condos, 56 Wash. 2d 275, 352 P. 2d 809, 812 (1960); Federman v. Stanwyck, 108 N.E. 2d 339, 342 (Ohio App. 1951); Pfingst v. Goetting, 215 P. 2d 93, 104 (Cal. App. 1950); Amado v. Aguirre, 161 P. 2d 117, 120, 160 ALR 1126 (Ariz. 1945). Nur in New Jersey ist „independent advice" noch die *einzige* Möglichkeit, jene Vermutung zu widerlegen; Vanderbach v. Vollinger, 64 A. 2d 225, 228 (1949); Croker v. Clegg, 197 A. 13, 14 (1938).

b) *Als subjektive Voraussetzung auf seiten des übervorteilenden Vertragspartners* nennen die unter a) aufgezählten Vorschriften *Deutschlands, Italiens, Österreichs* und der *Schweiz* eine „Ausbeutung" der besonderen Lage der Schutzperson. Unter Ausbeutung wird in Deutschland, Italien und der Schweiz sowie von der *niederländischen* Rechtsprechung die Kenntnis bestimmter Umstände, in Österreich dagegen bereits auch eine fahrlässige Unkenntnis verstanden; OGH 20. 3. 1936, SZ 18 Nr. 51; 1. 6. 1926, SZ 8 Nr. 181. Im deutschen Rechtskreis muß die Kenntnis bzw. fahrlässige Unkenntnis sowohl das Mißverhältnis der Leistungen als auch die unter a) aufgeführten subjektiven Elemente in der Person des Benachteiligten umfassen; *Deutschland:* BGH 17. 2. 1959, LM Nr. 3 zu § 138 (Ba) BGB; RG 28. 11. 1917, JW 1918, 168; RG 4. 3. 1915, RGZ 86, 296 (300); RG 12. 2. 1908, RGZ 67, 393; *Österreich:* Klang-Gschnitzer, Anm. III L 2c zu § 879 ABGB; *Schweiz:* Gmür-Becker, Anm. 7 zu Art. 21 OR; BG 8. 5. 1928, BGE 54 II 188, 190; BG 2. 11. 1927, BGE 53 II 483, 488.

In *Italien* muß der Übervorteilende zwar ebenfalls die Notlage des Benachteiligten erkennen und beabsichtigen, daraus einen Vorteil zu ziehen; Cass. 9. 4. 1954, Giust civ. 1954, 859; Cass. 9. 5. 1953, Giur. it. 1954.I.1.74; eine Kenntnis des Mißverhältnisses der Leistungen ist jedoch offenbar entbehrlich. Auch die *niederländische* Rechtsprechung verlangt nur Kenntnis der „Umstände" des Benachteiligten; Hof Arnhem 8. 11. 1960, N. J. 1961 no. 384.

In *Frankreich* sowie im *angelsächsischen* Rechtskreis werden keine besonderen Anforderungen an die Person des übervorteilenden Vertragspartners gestellt. Es ist jedoch anzunehmen, daß der übervorteilende Vertragspartner die Notlage des Benachteiligten kennen muß.

3. *Wirkungen*

a) Nichtigkeit

In *Deutschland* und in den *Niederlanden* werden Verträge, die unter Ausnutzung der besonderen Schwäche des Vertragspartners abgeschlossen sind, vom geltenden Recht als Unterfall des sittenwidrigen Rechtsgeschäftes behandelt; sie sind daher nichtig. Ihre Nebenfolgen bestimmen sich mit geringen Abweichungen nach den Grundsätzen, die für die Nebenfolgen der Anfechtung gelten (siehe oben Teil 1, S. 87 ff.). Die Nichtigkeit als Hauptfolge der hier behandelten Verträge ist jedoch in beiden Ländern kritisiert worden; der Entwurf Meijers will demgemäß durch Einreihung des „Mißbrauches der Umstände" unter die Willensmängel einen nachteiligen Vertrag für lediglich anfechtbar erklären (Art. 3.2.10 Absatz 1). In Deutschland hat das aus der Nichtigkeit des Vertrages folgende Rückforderungsrecht des übervorteilenden Vertragspartners zahlreiche Kontroversen hervorgerufen, die sich jedoch ausschließlich an langfristigen Verträgen auf Gebrauchsüberlassung entzündet haben und daher hier nicht interessieren.

b) Anfechtbarkeit

aa) *Grundsatz.* – Die skandinavischen Vertragsgesetze, die Schweiz und Italien sowie auch der französische und der niederländische Entwurf gewähren dem Benachteiligten ein Anfechtungsrecht; § 31 I *skand.* Vertragsgesetze; Art. 21 I *schweiz.* OR; Art. 1448 I *ital.* cc; Art. 18 sowie Livre IV Artt. 52, 54 II *franz.* Avant-projet cc; Art. 3.2.10 Absatz 1 *Entwurf Meijers.* Auch die *österreichische* Rechtsprechung hat – gegen den Wortlaut von § 879 II ABGB – Anfechtbarkeit und nicht Nichtigkeit des Vertrages angenommen; OGH 12. 6. 1928, SZ 10 Nr. 148; OGH 7. 12. 1927, ZBl. 1928 Nr. 120. Der *Schweizer* Gesetzgeber spricht allerdings nicht von Anfechtung, sondern von einer Erklärung, den Vertrag nicht zu halten; das ist aber wie bei Art. 31 I OR jedenfalls rechtsvergleichend als Anfechtung zu betrachten (siehe oben S. 77). Art. 1448 I *ital.* cc spricht ebenfalls nicht von Anfechtung (annulamento), sondern von „rescissione" (Aufhebung). Tatsächlich weicht diese Aufhebung in einigen Punkten von der sonst für die Willensmängel einheitlich geregelten Anfechtung ab; rechtsvergleichend dürfte es jedoch berechtigt sein, auch hier von einer Anfechtung zu sprechen, wenn man die Besonderheiten dieser Anfechtung im Auge behält.

Zur Anfechtbarkeit gelangt im übrigen auch die Rechtsprechung derjenigen Länder, die (wie die *französische* und die *angelsächsische)* die hier behandelten Verträge unter dem Gesichtspunkt eines Willensmangels beurteilt; insoweit ist auf die einschlägigen Abschnitte über arglistige Täuschung und Drohung in Teil 2 dieses Berichtes zu verweisen (oben S. 114 ff. und 138 ff.).

bb) *Besonderheiten.* – Grundsätzlich richtet sich die Durchführung der von den Gesetzgebern statuierten oder geplanten Anfechtung nach denselben Grundsätzen, wie sie für die Anfechtung wegen Willensmängeln gelten (siehe oben Teil 2, S. 77 ff.). Hervorhebung verdienen nur einige abweichend geregelte Einzelheiten.

Die *Anfechtungsfrist* beträgt in der Schweiz und in Italien ein Jahr, gerechnet vom Tage des Vertragsschlusses an; Art. 21 *schweiz.* OR, Art. 1449 I *ital.* cc; ist der Vertragsschluß als Wucher auch strafbar, so gilt allerdings die fünfjährige strafrechtliche Verjährungsfrist, siehe Mirabelli zu Art. 1449; in den *Niederlanden* soll künftig die Anfechtungsfrist ebenfalls ein Jahr betragen, jedoch gerechnet von dem Tage an, an dem die Zwangslage beendet wird; Art. 3.2.17 Absatz 1 lit. b) Entwurf Meijers. In *Frankreich* soll sie in Zukunft zwei Jahre ab Vertragsschluß betragen; Livre IV Artt. 62 II, 63 Avant-projet cc. Nach Ablauf der Anfechtungsfrist wird in Italien – entgegen der dort sonst herrschenden Regel – auch nicht mehr die Geltendmachung im Wege der Einrede gestattet; Art. 1449 II cc.

Auch die *Bestätigung* des anfechtbaren Vertrages ist in Italien – abweichend von der allgemeinen Regel – ausgeschlossen; Art. 1451 cc.

Die *Rechte des Übervorteilenden* werden dadurch verstärkt, daß ihm Italien und ebenso auch die Entwürfe in Frankreich und den Niederlanden gestatten, die Anfechtung durch Angebot einer Ergänzungsleistung bzw. einer entsprechenden Vertragsänderung abzuwenden. Die Ergänzung muß das Mißverhältnis der Leistungen ausgleichen; Art. 1450 *ital.* cc; Livre IV Art. 70 *franz.* Avant-projet cc; Art. 3.2.16 Satz 1 *Entwurf Meijers.* Nach dem Entwurf Meijers ist außerdem das Gericht auf Antrag einer der Vertragsparteien befugt, den Vertrag zu ändern; Art. 3.2.16 Satz 2 Entwurf Meijers.

III. Langfristige Verträge mit Ausschließlichkeitsbindung

In allen Ländern, die dieser Bericht umfaßt, werden sehr häufig Kaufverträge abgeschlossen, in denen sich der Käufer verpflichtet, für eine längere Zeit seinen gesamten Bedarf an einer bestimmten Ware ausschließlich beim Verkäufer zu decken (requirement-contract); weniger häufig verpflichtet sich umgekehrt der Verkäufer, seine gesamte Erzeugung bestimmter Waren ausschließlich dem Käufer zu verkaufen (output-contract). Langfristige Exklusiv-Verträge sind zwar durchaus nicht auf Warenkäufe beschränkt, sie treten jedoch hier besonders häufig auf. Da die Gültigkeit dieser Verträge in allen untersuchten Rechtsordnungen teilweise in Frage gestellt worden ist, soll abschließend auch diese Fallgruppe unter dem Gesichtspunkt der Sittenwidrigkeit erörtert werden.

Die Gefahr von Exklusiv-Kaufverträgen liegt offensichtlich in der langfristigen Bindung des (wirtschaftlich regelmäßig schwächeren) Vertragspartners, der die Ausschließlichkeitsbindung übernommen hat. Die Gültigkeit solcher Verträge ist daher immer wieder unter den Gesichtspunkten der übermäßigen Einschränkung der wirtschaftlichen Freiheit, der „liberté de commerce et de l'industrie" oder des „restraint of trade" angegriffen worden.

Sittenwidrigkeit oder Rechtswidrigkeit der langfristigen Exklusiv-Kaufverträge hat die Rechtsprechung allerdings noch nicht allein deswegen angenommen, weil die Bindung an einen Lieferanten bzw. Abnehmer *ausschließlich* ist. Als entscheidend ist vielmehr angesehen worden die Dauer der Ausschließlichkeitsbindung bei Fehlen einer angemessenen Gegenleistung an die gebundene Vertragspartei oder der Umstand, daß der ausschließlichen Verpflichtung der einen Vertragspartei keine angemessene Verpflichtung des Vertragspartners entspricht.

1. Einseitigkeit der Ausschließlichkeitsbindung

In den *USA* sind Exklusiv-Kaufverträge grundsätzlich gültig. Ungültig ist der Vertrag nur, wenn der ausschließlichen Bezugsverpflichtung des Käufers keine Lieferpflicht des Verkäufers entspricht (bzw. der ausschließlichen Lieferverpflichtung des Verkäufers keine Abnahmepflicht des Käufers); in diesem Fall fehlt der Ausschließlichkeits-Verpflichtung die consideration oder – wie die Gerichte oft ungenau formulieren – die „mutuality", und der Vertrag ist daher nichtig; Willard, Sutherland & Co. v. United States, 262 U.S. 489, 493 (1923); Cold Blast Transp. Co. v. Kansas City Bolt & Nut Co., 114 F. 77, 81 (8th CCA, 1902); Illinois: Streich v. General Motors Corp., 5 Ill. App. 2d 485, 126 N.E. 2d 389, 394 (1955); Higbie v. Rust, 211 Ill. 333, 71 N.E. 1010, 1011 (1904); Kentucky: Fowler's Bootery v. Selby Shoe Co., 273 Ky. 670, 117 S.W. 2d 931, 933 (1938); Baber v. Lay, 305 S.W. 2d 912, 914 (Ky. 1957); New York: Oskar Schlegel Mfg. Co. v. Peter Cooper's Glue Factory, 231 N.Y. 459, 132 N.E. 148, 149 (1921); Virginia: Town of Vinton v. City of Roanoke, 195 Va. 881, 80 S.E. 2d 608, 617 (1954); Wisconsin: Pessin v. Fox Head Waukesha Corp., 230 Wis. 277, 282 N.W. 582, 584 (1938); Corbin I § 157, S. 515. Falls die der ausschließlichen Verpflichtung entsprechende Pflicht der Gegenpartei zur Lieferung bzw. zur Abnahme nicht ausdrücklich ausbedungen ist, wird sie von den Gerichten häufig impliziert; Mills-Morris Co. v. Champion Spark Plug Co., 7 F. 2d 38, 39 (6th CCA 1925); Massachusetts: Neofotistos v. Harvard Brewing Co., 341 Mass. 684, 171 N.E. 2d 865, 867 (1961); New York: Cleanart, Inc. v. Strum, 144 N.Y.S. 2d 605, 606 (Sup. Ct. 1955); Edison Electric Illuminating Co. v. Thacher, 229 N.Y. 172, 128 N.E. 124, 125 (1920); Texas: Banner Dairies v. Geers, 292 S.W. 2d 169, 171 (Civ. App. 1956). Dabei genügt es, wenn der Partner des ausschließlich Gebundenen verspricht, eine fest bestimmte Teilmenge zu liefern bzw. abzunehmen; Hunt v. Stimson, 23 F. 2d 447, 451 (6th CCA 1928); Minnesota: Koehler & Hinrichs Mercantile Co. v. Illinois Glass Co., 143 Minn. 344, 173 N.W .703, 704 (1919); Texas: Mayhew & Isbell Lumber Co. v. Valley Wells Truck Growers' Ass., 216 S.W. 225, 232 (Civ. App. 1919); Corbin I § 157, S. 521. Die tatsächliche Lieferung bzw. Abnahme einer Teilmenge, zu der jedoch keine vertragliche Verpflichtung bestand, heilt dagegen grundsätzlich nicht die Nichtigkeit des Ausschließlichkeitsvertrages; Cold Blast Transp. Co. v. Kansas City Bolt & Nut Co., 114 Fed. 77, 81 (8th CCA, 1902); Illinois: Hall v. Gruesen, 22 Ill. App. 2d 465, 161 N.E. 2d 345, 347 (1959); Iowa: Wickham & Burton Coal Co. v. Farmers' Lumber Co., 189 Iowa 1183, 179 N.W. 417, 420f. (1920); Kentucky: Fowler's Bootery v. Selby Shoe Co., 273 Ky. 670, 117 S.W. 2d 931, 933 (1938); Wisconsin: Pessin v. Fox Head Waukesha Corp., 230 Wis. 277, 282 N.W. 582, 584 (1938), wenn nicht ausnahmsweise infolge der Dauer der beiderseitigen Vertragserfüllung der ausschließlich Gebundene auf den Bestand des Vertrages vertrauen durfte; Keith v. City of Cave Springs, 233 Ark. 363, 344 S.W. 2d 591, 597 (1961): Wasserbezug für zehn Jahre; siehe auch Michigan: Cooper v. Lansing Wheel Co., 94 Mich. 272, 54 N.W. 39, 40 (1892).

Die Gültigkeit eines ausschließlichen Bezugsvertrages kann nicht nur wegen des Fehlens einer Lieferpflicht des Verkäufers in Frage gestellt sein, sondern auch wegen der Unbestimmtheit des Bedarfs des Käufers, namentlich bei einem erst aufzubauenden Markt. In diesem Fall fehlt also der Lieferpflicht des Verkäufers die consideration. Hier geht es um die ausreichende Bestimmtheit der Vertragsleistungen; dieses Problem berührt jedoch das Verfahren des Vertragsabschlusses und ist in Art. 43 I des Einheitlichen Gesetzes über den Abschluß internationaler Kaufverträge von 1964 bereits geregelt.

S. 2–306 UCC geht nunmehr von der Gültigkeit von Ausschließlichkeits-, Output- und Requirements-Verträgen aus. Nach den Erläuterungen will die neue gesetzliche Auslegungsregel insbesondere dem Einwand der Unbestimmtheit abhelfen.

Der in Europa als entscheidend angesehene Gesichtspunkt der Geltungsdauer des Vertrages spielt in den USA keine Rolle. Verträge mit unbestimmter, jedoch bestimmbarer Geltungsdauer sind gültig; Brown v. Birmingham Waterworks Co., 169 Ala. 230, 52 So. 915, 916 (1910); American Steam Laundry Co. v. Riverside Printing Co., 171 Wis. 644, 177 N.W. 852, 853 (1920): Lieferung von Wasser und Dampf, solange der Käufer ein bestimmtes Gebäude bewohnt; Jugla v. Trouttet, 120 N.Y. 21, 23 N.E. 1066 (1890); Ehrenworth v. George F. Stuhmer & Co., 229 N.Y. 210, 128 N.E. 108, 110 (1920) (leading case: Lieferung von Brot, solange beide Parteien im Geschäft bleiben); Fuchs v. United Motor Stage Co., Inc., 135 Ohio St. 509, 21 N.E. 2d 669, 671 f. (1939).

2. *Dauer der Ausschließlichkeitsbindung ohne angemessene Gegenleistung*

Auf dem europäischen Kontinent ist die Gültigkeit der Exklusiv-Kaufverträge nicht erst bei Einseitigkeit der Bindung beanstandet worden; bei Verträgen mit längerer Geltungsdauer ist vielmehr in der der ausschließlichen Bezugsverpflichtung entsprechenden Lieferpflicht des Verkäufers (bzw. in der der ausschließlichen Lieferungspflicht entsprechenden Abnahmepflicht des Käufers) allein oft keine angemessene Gegenleistung erblickt worden. Erforderlich ist vielmehr, daß der Partner der ausschließlich gebundenen Vertragspartei eine darüber hinaus gehende Leistung an den Gebundenen (z. B. durch Überlassung eines Grundstücks oder eines Einrichtungsgegenstandes zum Kauf oder zur Miete, durch Gewährung eines Darlehens) erbringen muß. Erreicht diese zusätzliche Gegenleistung einen angemessenen Wert, so sind auch langfristige Ausschließlichkeits-Verträge gültig; *Deutschland:* Bierbezugsvertrag für 10 Jahre gegen Darlehn: RG 30. 10. 1936, RGZ 152, 251, 253; Warenbezug für 10 Jahre gegen Lieferung eines billigen Automaten ist nichtig: KG 15. 5. 1919, LZ 1919, 1027; *Österreich:* Bierbezugsvertrag für 3 Jahre gegen Ausschankapparat: OGH 29. 4. 1931, SZ 13 Nr. 113; Bierbezugsvertrag für 25 Jahre gegen Einrichtungsgegenstände und Darlehn: OGH 22. 10. 1959, SZ 32 Nr. 133; *Schweiz:* Mehl- bzw. Bierbezugsverträge für 10 bzw. 15 Jahre gegen Darlehn: BG 17. 2. 1925, BGE 51 II 162, 168; BG 21. 3. 1914, BGE 40 II 233, 238 ff.; BG 12. 1. 1906, BGE 32 II 51, 54; *Frankreich:* Bierbezugsvertrag für 34 Jahre bei Grundstücksverkauf: Cour Colmar 20. 10. 1936, D.H. 1936, 592; *Niederlande:* Benzinlieferungsvertrag für 5 Jahre, HR 22. 2. 1952. N.J. 1953 no. 80; *England:* Bierbezugsverträge bei Grundstücksverkäufen und -vermietungen: Courage & Co., Ltd. v. Carpenter, [1910] 1 Ch. 262; Catt v. Tourle (1869), L.R. 4 Ch. App. 654; Benzinbezugsvertrag bei Grundstücksverkauf: Foley v. Classique Coaches, Ltd., [1934] 2 K.B. 1 (C.A.); siehe auch Fothergill v. Rowland (1873), L.R. 17 Eq. 132; Donnell v. Bennett (1883), 22 Ch.D. 835. Benzinbezugsvertrag für eine Tankstelle ohne besondere Gegenleistung nichtig: Petrofina (Gt. Britain), Ltd. v. Martin, [1965] 2 All E.R. 176. Im Einzelfall haben die Gerichte demgemäß gelegentlich angenommen, daß die Dauer des Exklusiv-Vertrages auf die Dauer der besonderen Gegenleistung beschränkt werden muß; *Deutschland:* RG 23. 9. 1935, JW 1935, 3217; BGH 23. 11. 1951, MDR 1952, 222; *Österreich:* OGH 22. 10. 1959, SZ 32 Nr. 133; OGH 28. 3. 1956, J.Bl. 1956, 617; *Niederlande:* Ktg. Gulpen 13. 4. 1932, N.J. 1933 S. 1082; *Schweiz:* BG 17. 2. 1925, BGE 51 II 162, 168.

Exklusiv-Kaufverträge ohne jede zeitliche Begrenzung sind überall gesetz- bzw. sittenwidrig. Daraus haben die Gerichte früher teilweise die Nichtigkeit dieser Verträge abgeleitet; *Deutschland:* RG 15. 5. 1926, JW 1927, 119; *Schweiz:* BG 10. und 16. 6. 1899, BGE 25 II 450, 454 und 473, 478; *Frankreich:* Cass. 27. 1. 1947, D. 1947, 197, implicite. Die neuere Rechtsprechung erkennt dagegen an, daß die Rechtswidrigkeit des Vertrages durch freiwillige Einschränkung seitens des Berechtigten geheilt werden kann; *Österreich:* OGH 26. 2. 1935, Rspr. 1935 Nr. 188. Aber die Gerichte werden auch von sich aus – wie bei der Abkürzung einer befristeten Geltungsdauer, siehe voriger Absatz am Ende – die unbegrenzte Dauer solcher Verträge angemessen einschränken können.

Die erörterten Regeln dürften auch in *Italien* gelten; der Codice civile, der Exklusiv-Verträge ausdrücklich regelt, enthält freilich keine zeitlichen Schranken; siehe Artt. 1567, 1568 cc; auch ist offenbar die in Art. 2596 cc für wettbewerbsbeschränkende Verträge vorgesehene Höchstdauer von 5 Jahren hier nicht anwendbar; Mirabelli, Anm. 6 zu Artt. 1559–1570, S. 237. Bei zeitlich unbefristeten Verträgen haben jedoch die Parteien ein gesetzliches Kündigungsrecht; Art. 1569 cc. Dagegen hat in *Frankreich* ein Gesetz vom 14. 10. 1943 die Gültigkeit von Exklusiv-Bindungen eines Käufers ausdrücklich auf 10 Jahre beschränkt.

Im übrigen kann die Gültigkeit von Exklusiv-Kaufverträgen in allen Ländern durch kartellrechtliche Sonderbestimmungen beeinträchtigt sein.

IV. Rechtsvergleichung

Für eine Rechtsvergleichung und materielle Rechtsvereinheitlichung kommen nach dem unter A) Ausgeführten nur die in Abschnitt B) erörterten drei Einzeltatbestände der Sittenwidrigkeit in Betracht.

1. Einfache laesio

Die moderne Rechtsentwicklung zeigt die klare Tendenz, die einfache laesio (d. h. Ungültigkeit lediglich auf Grund des objektiven Mißverhältnisses der Leistungen) aus dem Warenkaufrecht auszuschließen; vielfach ist sie durch eine qualifizierte laesio (siehe unten 2) ersetzt worden. Das gilt selbst für Österreich, da hier die Regel über die Beachtlichkeit einer lésion durch viele Ausnahmen nahezu völlig ausgehöhlt ist; zudem aber hat sich Österreich 1916 durch Einführung der qualifizierten lésion eine ausreichende Ersatznorm geschaffen.

In einer einheitlichen Regelung wird daher für die einfache laesio als Ungültigkeitsgrund des Vertrages kein Raum sein. Rabel II 7 empfiehlt sogar, die einfache lésion in einem Einheitsgesetz für internationale Käufe ausdrücklich auszuschließen.

2. *Qualifizierte laesio*

Der Konsensus in der Anerkennung einer Ungültigkeit wegen qualifizierter lésion ist – in der Sache – nahezu allgemein; Italien sowie die französischen und niederländischen Reformentwürfe bezeugen, daß dieser Ungültigkeitsgrund auch in den romanischen Rechtsordnungen Fuß gefaßt hat und ausdrücklicher Regelung bedarf.

a) Voraussetzungen

Im kontinental-europäischen Recht werden konsequent objektive und subjektive Voraussetzungen dieses Ungültigkeitsgrundes unterschieden. *Objektiv* verlangen die meisten Gesetze ein in die Augen springendes Mißverhältnis der beiderseitigen Leistungen. Auf die Festlegung eines Mindestmaßes für das Mißverhältnis hat sich nur Italien eingelassen; immerhin scheint die dort festgelegte Grenze von mindestens 50 % Minderwert auch in der Rechtsprechung der anderen Länder eine Rolle zu spielen. Vorzüge und Nachteile einer derartigen Bindung des richterlichen Ermessens sind wohl abzuwägen. Das Erfordernis des auffälligen Mißverhältnisses der Leistungen kehrt in der französischen und in der amerikanischen Rechtsprechung regelmäßig wieder, gelegentlich auch in englischen Entscheidungen. Es entspricht also durchaus auch dem Geist dieser Rechtsordnungen.

In der Anerkennung der *subjektiven* Anforderungen an den *Benachteiligten* stimmen die kontinentalen Rechtsordnungen ebenfalls weithin überein; nur in Italien wird lediglich auf die wirtschaftliche Notlage, nicht aber auch auf persönliche Eigenschaften der Schutzperson abgestellt. Ob man in einer einheitlichen Regelung eine Aufzählung einzelner subjektiver Momente geben oder sich etwa lieber einer Generalklausel bedienen will, wird wohl auch davon abhängen, ob die Einheitsregel die qualifizierte lésion abschließend regeln soll oder ob etwa daneben noch Raum für eine Berufung auf die allgemeinen Generalklauseln gegen Sittenwidrigkeit bleiben soll. In den Ländern ohne gesetzliche Regelung legt die Rechtsprechung Frankreichs, der Niederlande, Englands und der USA ebenfalls Gewicht auf die im deutschen und skandinavischen Rechtskreis kodifizierten subjektiven Merkmale der Schutzperson. Wenn daneben noch andere subjektive Momente berücksichtigt werden, so erklärt sich das ohne weiteres aus dem Fehlen einer Grenzlinie zum allgemeinen Tatbestand des sittenwidrigen Rechtsgeschäftes.

Für die *Person des Übervorteilenden* wird subjektiv überwiegend Kenntnis der besonderen Umstände in der Person des Benachteiligten verlangt; der deutsche Rechtskreis erfordert außerdem auch Kenntnis des Mißverhältnisses der beiderseitigen Leistungen.

b) Wirkungen

Für die Wirkungen der qualifizierten laesio ist eindeutig die Abkehr von der absoluten Nichtigkeit und die Hinwendung zur Anfechtbarkeit festzustellen. Hierdurch wie überhaupt durch die Hervorhebung der subjektiven Voraussetzungen gegenüber dem objektiven Mißverhältnis der Leistungen rückt die qualifizierte lésion heute in eine Mittelstellung zwischen Sittenwidrigkeit und Willensmangel ein. Es wird zu prüfen sein, ob die Differenzierungen, die insbesondere Italien bei den Wirkungen der qualifizierten lésion gegenüber den Folgen von Willensmängeln eingeführt hat, in eine einheitliche Regelung übernommen werden sollen.

3. *Langfristige Exklusiv-Kaufverträge*

In der Behandlung dieser Verträge, die für den Warenkauf von erheblicher praktischer Bedeutung sind, ist sich die Rechtsprechung der untersuchten Länder ebenfalls in den Grundzügen einig. Langfristige Exklusiv-Verträge werden regelmäßig jedenfalls dann für gültig gehalten, wenn der Ausschließlichkeits-Verpflichtung des einen Vertragspartners eine korrespondierende vertragliche Liefer- bzw. Abnahmepflicht der anderen Vertragspartei gegenübersteht und dem ausschließlich Gebundenen eine zusätzliche Gegenleistung zufließt. Verträge mit unbefristeter oder unangemessen langer Ausschließlichkeits-Bindung werden von den Gerichten heute durch Abkürzung der Geltungsdauer angepaßt, wenn nicht den Vertragsparteien ein gesetzliches Kündigungsrecht zusteht oder ihnen ein solches Recht von den Gerichten zugesprochen wird.

Ein Bedürfnis für eine einheitliche Regelung der langfristigen Exklusiv-Kaufverträge oder auch nur ihrer maximalen Geltungsdauer dürfte nicht bestehen. Vielleicht empfiehlt sich jedoch eine Bestimmung, die diese Verträge ausdrücklich für gültig erklärt.

§ 3

ANFÄNGLICHE UNMÖGLICHKEIT

Kann infolge von Umständen, die bereits bei Abschluß des Kaufvertrages bestehen, die Leistung oder die Gegenleistung nicht erbracht werden, so spricht man von anfänglicher Unmöglichkeit. Diese berührt nach einer historisch aus dem spätrömischen Recht und dem Naturrecht (impossibilium nulla est obligatio) und gelegentlich auch begrifflich aus dem „Wesen der Obligation" hergeleiteten Auffassung die Gültigkeit des Kaufvertrages. Die Beurteilung von Voraussetzungen und Folgen einer anfänglichen Unmöglichkeit der Leistung ist in neuerer Zeit stark in Fluß geraten, so daß neben der lex lata auch die Rechtspraxis und die lex ferenda besondere Beachtung verdienen.

Der Begriff der anfänglichen Unmöglichkeit beruht auf dem Gedanken, daß die für den (häufiger eintretenden, „normalen") Fall der nachfolgenden Unmöglichkeit der Leistung geltenden Regeln nicht eingreifen sollen für eine bereits bei Vertragsschluß bestehende Unmöglichkeit.

A. Gesetzliche Regeln

Für die anfängliche Unmöglichkeit sind in fast allen untersuchten Rechtsordnungen, und zwar selbst in den wenig kodifikationsfreudigen anglo-amerikanischen Ländern, ausdrückliche gesetzliche Bestimmungen erlassen worden. Diese Vorschriften lassen sich in drei Gruppen einordnen.

I. Allgemeine Norm

Eine ausdrückliche allgemeine Norm über die Folgen der anfänglichen Unmöglichkeit weisen die Staaten des deutschen Rechtskreises sowie Italien und Spanien und einige Einzelstaaten der USA auf. Ein Vertrag, der auf eine unmögliche Leistung gerichtet ist bzw. einen unmöglichen Gegenstand oder Inhalt hat, ist nichtig; § 306 *deut.* BGB; § 878 Satz 1 *öst.* ABGB; Art. 20 I *schweiz.* OR; Artt. 1346, 1418 II *ital.* cc; Art. 1272 *span.* cc; ss. 1596–1598 *California* cc und die ihm entsprechenden Bestimmungen in den Nordweststaaten der USA; vgl. auch Art. 1891 *Louisiana* cc. Während die Rechtsordnungen des deutschen Rechtskreises daneben nur noch weitere Folgen der anfänglichen Unmöglichkeit ausdrücklich regeln, enthalten das spanische und das italienische Gesetzbuch auch noch besondere Bestimmungen über die anfängliche Unmöglichkeit beim Kaufvertrag.

II. Kaufvertrag

Eine besondere Regelung von Unmöglichkeitsfällen beim Kaufvertrag enthalten die *romanischen* und die *anglo-amerikanischen* Rechtssysteme.

1. Untergang der Kaufsache

Alle diese Rechtsordnungen (mit Ausnahme Italiens) erklären einen Kaufvertrag für nichtig, wenn die Kaufsache zur Zeit des Vertragsschlusses gänzlich untergegangen war; Artt. 1601 I *franz.* cc; 1508 I *nied.* BW; 1460 I *span.* cc; ss. 6 *engl.* SGA 1893, 7 I *amerik.* USA; siehe auch s. 2–613 (a) amerik. UCC; die beiden anglo-amerikanischen Kaufgesetze verlangen hierbei Unkenntnis des Verkäufers vom Untergang der Sache. Geht nur ein Teil der Kaufsache unter, so kann der Käufer entweder vom Vertrag zurücktreten oder Erfüllung des möglichen Teils des Vertrages (unter Minderung des Kaufpreises) verlangen; siehe jeweils Absatz 2 der zitierten Vorschriften (mit Ausnahme von s. 6 engl. SGA).

2. Res extra commercium

Nichtig ist ein Kaufvertrag nach den romanischen Rechtsordnungen auch dann, wenn die Kaufsache bei Vertragsschluß extra commercium war; Artt. 1598, 1128 *franz.* cc; 1368 *nied.* BW; 1271 I *span.* cc.

3. Verkauf einer fremden Sache

Frankreich und die *Niederlande* erklären den Kaufvertrag über eine Sache, die (nicht dem Verkäufer, sondern) einem Dritten gehört, für nichtig; Artt. 1599 cc, 1507 BW. *Italien,* das früher für Zivilkäufe ebenfalls diese Regel hatte, ist von ihr zwar generell abgerückt, gewährt einem gutgläubigen Käufer jedoch ein Rücktrittsrecht; Artt. 1479 f. cc.

Dieser Überblick über die gesetzlichen Grundlagen der Unmöglichkeits-Regelung beim Kauf hat freilich nur einen sehr begrenzten Wert. Auf keinem der untersuchten Rechtsgebiete hat sich die Praxis in allen Ländern bei der Anwendung der gesetzlichen Bestimmungen weiter von ihrem Wortlaut entfernt als gerade hier. Das trifft zu sowohl für die Umschreibung der Voraussetzungen, namentlich aber auch für die Feststellung der Wirkungen einer anfänglichen Unmöglichkeit der Kaufsache.

B. Voraussetzungen

Einfluß auf die Gültigkeit des Vertrages hat eine Unmöglichkeit – wie heute überall anerkannt ist – nur dann, wenn die Leistung von Anfang an und objektiv unmöglich ist.

I. Anfängliche Unmöglichkeit

1. Grundsatz

Die Unmöglichkeit muß bereits bei Vertragsschluß bestehen; nur für diesen Fall gelten die unter I aufgezählten gesetzlichen Regeln. Ist die Unmöglichkeit dagegen erst nach Vertragsschluß eingetreten, so sind die Folgen dieser Vertragsverletzung nach den besonderen Vorschriften der Landesgesetze bzw. des Einheitlichen Kaufgesetzes über die Nichterfüllung zu beurteilen.

2. Ausnahmen

Von dem Grundsatz, daß eine anfängliche Unmöglichkeit bereits bei Vertragsschluß bestehen muß, werden in einigen kontinentaleuropäischen Rechtsordnungen Ausnahmen für bestimmte Fälle gemacht, in denen der Vertrag erst in Zukunft voll wirksam wird oder einen Gegenstand erhält.

a) Aufschiebend bedingter Vertrag

Ist die Wirksamkeit eines Vertrages an eine Bedingung oder an eine Befristung geknüpft, so ist der Vertrag trotz anfänglicher Unmöglichkeit in *Deutschland* und in *Italien* gültig, wenn die Leistung bei Eintritt der Bedingung oder der Frist möglich ist; § 308 BGB; Art. 1347 cc. Dieses Prinzip hat in Deutschland und in Österreich große praktische Bedeutung für Geschäfte gewonnen, die einer behördlichen Genehmigung bedürfen. Derartige Verträge sind im allgemeinen nicht anfänglich unmöglich, sondern sie werden als schwebend unwirksam angesehen (zu diesem Begriff oben S. 7), bis die behördliche Genehmigung erteilt worden ist; *Deutschland:* BGH 20. 6. 1962, WM 1962, 1058; RG 8. 12. 1926, JW 1927, 986; *Österreich:* OGH 9. 2. 1949, SZ 22 Nr. 20; Klang-Gschnitzer, Anm. 3 zu § 878, II H zu § 879 ABGB; *Niederlande:* Art. 3.2.19 Entwurf Meijers. Wird die Genehmigung nach Vertragsschluß versagt, so nimmt die deutsche Rechtsprechung nicht anfängliche, sondern nachträgliche Unmöglichkeit an; BGH aaO; RG 27. 11. 1935, RGZ 149, 348, 349. Eine anfängliche Unmöglichkeit liegt nach deutscher Auffassung nur vor, wenn eine Genehmigung überhaupt nicht erteilt werden kann oder wenn der Vertrag vor der Erteilung der Genehmigung erfüllt werden sollte; BGH 14. 6. 1957, LM Nr. 1 zu § 307 BGB; OGH brit. Zone 7. 12. 1949, OGHZ 3, 55, 60.

Auf denselben Grundsätzen dürfte die *amerikanische* Entscheidung Ludlow v. Free, 222 Ind. 568, 55 N.E. 2d 318, 321 (1944) beruhen; sie verwehrt es einem Schuldner, der bei Vertragsschluß wußte, daß die aufschiebende Bedingung nicht eintreten könne, sich auf den Nichteintritt der Bedingung zu berufen.

b) Künftige Sachen

Besonders sind auch Verträge über Sachen zu behandeln, die erst nach Vertragsschluß entstehen sollen. Was gilt, wenn sie wider Erwarten nicht entstehen? (Beispiel: Es wird die Weinernte des kommenden Jahres verkauft, die Weinstöcke erfrieren jedoch im Winter, so daß überhaupt keine Weintrauben wachsen.) Nach Art. 1472 II *ital.* cc ist der Kauf künftiger Sachen nichtig, wenn die Sachen nicht entstehen (falls nicht ein aleatorischer Vertrag vorliegt). Diese Nichtigkeit ist keine anfängliche, sondern eine nachträgliche; Cass. 22. 3. 1960, Foro It. 1960.I.1.565; ebenso *Schweiz:* BG 12. 10. 1937, BGE 63 II 252, 257; anders offenbar in *Belgien* Trib. civ. Termonde 15. 4. 1948, Journal des Tribunaux 1948, 593 (obiter dictum).

II. Objektive Unmöglichkeit

Bei anfänglicher Unmöglichkeit muß die Leistung im Prinzip nicht nur dem Schuldner persönlich, sondern jedem Dritten unmöglich sein.

Aus diesem Grundsatz folgt vor allem, daß eine anfängliche Unmöglichkeit nicht vorliegt, wenn Gegenstand des Vertrages eine Sache ist, die nach ihrer Gattung bestimmt ist. Diese Regel wird allgemein befolgt; *Deutschland:* siehe Soergel-Siebert (-Schmidt), Anm. 1 zu § 306 BGB; *Österreich:* OGH 25. 9. 1935, Rspr. 1935 Nr. 277; OGH 24. 10. 1923, SZ 5 Nr. 248; *Frankreich:* Cour Lyon 2. 6. 1932, D.H. 1934, Somm. 24; Livre IV Art. 36 II Avant-projet cc; *Belgien:* Cass. 13. 3. 1947, Pas. 1947.I.108; Trib. comm. Mons 4. 2. 1949, Pas. 1949.III.58 (implicite); *Italien:* Cass. 7. 8. 1948, Rep. Foro it. 1948, s. v. vendita no. 60; Greco-Cottino, Anm. 2 zu Artt. 1478 f. cc; *Niederlande:* Pitlo 332; Hofmann 36; *Spanien:* Manresa, Anm. V zu Artt. 1271 ff. cc; s. 6 *engl.* SGA 1893; s. 7 (1) *amerik.* USA, s. 2–613 amerik. UCC. Der Ausschluß von Gattungssachen bedeutet praktisch, daß die anfängliche Unmöglichkeit Bedeutung haben kann nur für den Kaufvertrag über eine Speziessache; da der Kaufpreis eine Gattungssache zum Gegenstand hat, ist maßgebend ausschließlich die Möglichkeit der Leistung der Speziessache selbst.

Den Grundsatz, daß es auf die objektive Unmöglichkeit bei Vertragsschluß ankommt, durchbrechen allerdings die romanischen Rechtsordnungen für den besonderen Fall des Verkaufes einer fremden Sache (oben Abschnitt A II 3). In diesem einen Punkt muß daher auch dieser Bericht eine anfängliche *subjektive* Unmöglichkeit des Verkäufers einer Speziessache in Betracht ziehen. Da der Verkauf fremder Sachen auch in den romanischen Rechtsordnungen selbst anders behandelt wird als die Fälle einer anfänglichen, objektiven Unmöglichkeit, beschränkt sich die folgende Darstellung zunächst auf die zuletzt erwähnten Fälle; das Sonderproblem des Verkaufes fremder Sachen wird dann erst am Schluß in Abschnitt D (unten S. 178) aufgenommen.

III. Anwendungsfälle

Prüft man die in der Rechtspraxis wichtigsten Anwendungsfälle der anfänglichen, objektiven Unmöglichkeit, so kann man mit den unter A II erwähnten gesetzlichen Vorschriften zwischen Fällen einer tatsächlichen und einer rechtlichen Unmöglichkeit unterscheiden.

1. Tatsächliche Gründe

Die Leistung einer Kaufsache ist aus tatsächlichen Gründen vor allem dann unmöglich, wenn die Kaufsache bereits bei Vertragsschluß untergegangen war.

a) Der *Untergang der Kaufsache* ist sowohl nach den allgemeinen Unmöglichkeits-Normen des *deutschen* Rechtskreises und *Italiens* (oben A I, S. 166) als auch nach den ausdrücklichen Vorschriften der *romanischen* und *angelsächsischen* Rechtsordnungen (oben A II 1, S. 167) Nichtigkeitsgrund; siehe aus der Rechtsprechung: *Deutschland:* OLG Stuttgart/Karlsruhe 9. 6. 1948, SJZ 1949, 412 (Mietvertrag, Mietsache befand sich bei Vertragsschluß in feindlicher Hand). Die Rechtsprechung neigt dazu, einen Untergang der Sache auch dann anzunehmen, wenn diese zwar als solche noch besteht, jedoch für den Vertragszweck völlig ungeeignet geworden ist, namentlich, wenn Lebensmittel oder Futtermittel völlig verdorben sind: *Frankreich:* Cass. req. 5. 2. 1906, D.P. 1907.1. 468; Cass. civ. 28. 1. 1931, D.H. 1931, 162; *England:* Couturier v. Hastie (1856), 5 H.L.C. 673, 10 E.R. 1065. Teilweise wird in solchen Fällen die Unmöglichkeit als rechtliche bezeichnet: verdorbene oder verfälschte Waren sind res extra commercium; *Frankreich:* Cass. req. 23. 6. 1921, Gaz. Pal. 1921.2.380; Cour Nancy 22. 5. 1894, D.P. 1895.2.187; *Italien:* App. Firenze 18. 4. 1947, Monitore dei Tribunali 1947, 230; App. L' Aquila 3. 2. 1949, Rep. Foro it. 1949, s.v. vendita nos. 124–127; *England:* Benjamin 143, Atiyah 19; siehe Barrow, Lane & Ballard, Ltd. v. Philipp Philipps & Co., Ltd., [1929] 1 K.B. 574 (Diebstahl); dagegen beschränkt auf physischen Untergang Schmitthoff 45; siehe Horn v. Minister of Food, [1948] 2 All E.R. 1036 (obiter dictum).

b) *Kenntnis des Verkäufers.* Die anfängliche Unmöglichkeit infolge Untergangs der Kaufsache ist nach den *angelsächsischen* Vorschriften nur rechtserheblich, wenn der Verkäufer bei Vertragsschluß von dem Untergang nichts weiß; s. 6 *engl.* SGA 1893, s. 7 I *amerik. USA*; einzelne amerikanische Entscheidungen lassen auch bereits eine fahrlässige Unkenntnis des Schuldners genügen; In Re Zellmer's Estate, 1 Wis. 2 d

46, 82 N.W. 2d 891, 893f. (1957); Reid v. Alaska Packing Ass., 43 Ore. 429, 73 P. 337, 340 (1903); s. 456 Restatement of Contracts. Die *kontinental-europäischen* Rechtsordnungen stellen diese Voraussetzung dagegen nicht auf. Dennoch ist auch hier die Kenntnis des Verkäufers vom Untergang der Kaufsache sowohl für den Bestand des Vertrages als auch für die Nebenfolgen wesentlich (siehe unten Abschnitt C).

2. *Rechtsgründe*

Die Leistung der Kaufsache ist (öfter als aus tatsächlichen Gründen) aus *Rechtsgründen* unmöglich.

a) Ein klassischer, aber nur selten praktischer Fall ist der Kaufvertrag, mit dem der *Käufer* eine ihm *bereits gehörende Sache* kauft. Kauft jemand eine res sua, so liegt in aller Regel ein Irrtum des Käufers über das Bestehen seines Eigentumsrechtes vor. Unabhängig von den besonderen Voraussetzungen einer Anfechtung wegen Irrtums wird jedoch ein solcher Kaufvertrag nahezu überall als nichtig angesehen; *Deutschland:* RG 1. 4. 1924, JW 1924, 1360 (mit Vorbehalten); *Schweiz:* BG 28. 1. 1920, BGE 46 II 30, 35 (Grundlagen-Irrtum); *Frankreich:* Livre IV Art. 36 I Avant-projet cc; *Italien:* Cass. 14. 1. 1946, Foro it. 1944–46.I.191; *Niederlande:* Rb. Zutphen 22. 6. 1961, N.J. 1962 no. 38; Hofmann-van Opstall I 371; *England:* Cooper v. Phibbs (1867), L.R. 2 H.L. 149 (Irrtum); Bingham v. Bingham (1748), 1 Ves.Sen. 126, Ves. Sen. Supp. 79, 27 E.R. 934, 28 E.R. 462.

Vor allem in *England* werden Kaufverträge über eine res sua oft noch als Fälle des common mistake aufgefaßt; dieser führt jedoch (abweichend von den normalen Irrtumsregeln) zur Nichtigkeit des Vertrages (siehe oben Teil 2, S. 75).

b) Den heute praktisch bedeutsamsten Fall einer rechtlichen Unmöglichkeit bringen die vielfältigen *öffentlichrechtlichen Normen* mit sich. Die Grenze zur Rechtswidrigkeit (siehe § 1 dieses Teils, S. 143ff.) ist freilich nicht ganz eindeutig zu ziehen. Den Entscheidungen liegt jedoch offenbar der Gedanke zugrunde, daß öffentlich-rechtliche Normen, wenn sie als solche den Bestand des Vertrages nicht berühren sollen, sondern lediglich die Verhältnisse der Kaufsache selbst betreffen, eine rechtliche Unmöglichkeit begründen können. Soweit die Gerichte *ausländische* Verbotsgesetze als solche nicht anwenden, beachten sie solche Normen doch oft als Grund einer rechtlichen Unmöglichkeit.

Verbote, die in diesem Sinn auf die Kaufsache einwirken, sind z. B. angenommen worden bei der Bewirtschaftung von Waren in Notzeiten (*Italien:* Cass. 21. 4. 1949, Rep. Foro it. 1948, s. v. vendita no. 276; App. Napoli 24. 6. 1950, Foro padano 1950.II.88) oder bei polizeilichen Verboten, bestimmte Bäume in einem Walde zu fällen; *Schweiz:* BG 26. 5. 1910, BGE 36 II 193.

C. Wirkungen

Die zutreffende Würdigung der Folgen einer anfänglichen Unmöglichkeit hat in allen Ländern zu Schwierigkeiten und Zweifeln geführt. Unsicherheit besteht weniger bei der praktischen Frage, welche Nebenfolgen bei einem anfänglich unmöglichen Kaufvertrag eintreten sollen; umstritten ist vielmehr vor allem das konstruktive Problem, welche Folgerung aus dem Fortfall der Hauptleistung für die Existenz des Kaufvertrages gezogen werden soll.

I. Bestand des Vertrages

1. Nichtigkeit

a) Grundsatz

Alle gesetzlichen Normen über die anfängliche Unmöglichkeit – ob sie allgemein gefaßt sind oder ob sie nur einzelne Fälle der tatsächlichen oder rechtlichen Unmöglichkeit regeln, siehe oben A, S. 166 f. – ordnen ausdrücklich die Nichtigkeit des Kaufvertrages an.

Nichtigkeit (oder Nichtentstehung eines Vertrages) wird grundsätzlich im *romanischen* und im *anglo-amerikanischen* Rechtskreis trotz Fehlens einer allgemeinen Unmöglichkeitsregel auch in denjenigen Unmöglichkeitsfällen angenommen, die nicht durch gesetzliche Sondervorschriften gedeckt sind. In den romanischen Rechtsordnungen wird die Nichtigkeitsfolge bei tatsächlicher Unmöglichkeit vor allem aus dem Fehlen eines Objektes (dazu auch unten S. 187), bei rechtlicher Unmöglichkeit vor allem aus dem Fehlen einer causa des Vertrages hergeleitet; siehe etwa *Frankreich:* Planiol-Ripert VI no. 219, X no. 29. So wird die Nichtigkeit des Kaufvertrages über die dem Käufer bereits gehörende Sache (res sua) regelmäßig mit dem Mangel einer causa begründet; *Italien:* Cass. 14. 1. 1946, Foro it. 1944–46.I.191; *Frankreich:* Planiol-Ripert VI nos. 262, 263; *Niederlande:* Hofmann-van Opstall I 371. In *England* wird die Nichtigkeit der anfänglich unmöglichen Leistung aus dem Mangel einer „real consideration" (England: Anson-Guest 90, 426; Chitty I nos. 122, 123; USA: s. 20–309 Code of Georgia) oder aus einem „common mistake" (so die Kommentare zu s. 6 SGA 1893, siehe Schmitthoff 44; Atiyah 15 ff.; Benjamin 143) oder unmittelbar aus dem Fehlen der „res" abgeleitet (Cheshire-Fifoot 177, 184). In den *USA* dagegen ist die anfängliche Unmöglichkeit der Leistung völlig von der consideration abgelöst und wird (im Rahmen der allgemeinen Unmöglichkeits-Lehre) als selbständiges Institut behandelt; Corbin VI s. 1326; Williston VI s. 1933; s. 456 Restatement of Contracts.

b) Ausnahmen

Die Anordnung der Nichtigkeit des Kaufvertrages über eine Sache, deren Leistung von vornherein unmöglich war, wird in nahezu allen Rechtsordnungen von der Rechtslehre kritisiert und von der Rechtspraxis und vereinzelt auch von der Gesetzgebung abgeschwächt.

Die Kritik der Doktrin ist besonders heftig in Deutschland und in Österreich. Titze, Rabel und Zweigert haben dargelegt, daß die Nichtigkeitsfolge auf einem historischen Mißverständnis und auf einem begrifflichen Fehlschluß beruhe; siehe Rabel I 122 f. mit Nachweisen; Zweigert, SJZ 1949, 415. Die Rechtslehre legt dementsprechend die allgemeinen Unmöglichkeits-Normen der §§ 306 BGB, 878 ABGB eng aus; *Deutschland:* Soergel-Siebert, Anm. 7 zu § 306 BGB; Palandt, Anm. 1 zu § 306 BGB; *Österreich:* besonders nachdrücklich Klang-Gschnitzer, Anm. A 2, 4, B I zu § 878 ABGB, B IV, V zu §§ 922 f. ABGB. In *Frankreich* nimmt Planiol-Ripert entgegen der herrschenden Meinung anstelle einer absoluten Nichtigkeit bloße Anfechtbarkeit des Kaufvertrages an; VI no. 263. In den *Niederlanden* hat sich die Rechtslehre überwiegend sogar für die Gültigkeit des Vertrages ausgesprochen; Hofmann-van Opstall I 13 ff.; Pitlo 5 f. In *England* hält man den Verkäufer, der die Umstände kennt, möglicherweise für „estopped", sich auf die Nichtigkeit des Vertrages zu berufen; Chitty II no. 1365. In den *USA* schließlich wendet sich Williston VI ss. 1933 f. gegen die Annahme einer Nichtigkeit bei anfänglicher Unmöglichkeit.

Die Rechtspraxis ist in einigen Ländern der Nichtigkeit des Vertrages dadurch ausgewichen, daß sie in vielen Fällen ein stillschweigendes Garantieversprechen des Verkäufers oder einen selbständigen Garantievertrag der Parteien angenommen hat. Kraft der Garantie übernimmt der Verkäufer die Verpflichtung, dem Käufer den Schaden aus der etwaigen anfänglichen Unmöglichkeit der Leistung, insbesondere infolge Nichtbestehens der Kaufsache, zu ersetzen. Ein solcher Garantievertrag wird nach den Umständen des Falles insbesondere dann angenommen, wenn der Verkäufer weiß oder wissen muß, daß die Kaufsache bei Vertragsschluß nicht besteht; *Deutschland:* OLG Hamburg 31. 1. 1910, Seuff. Arch. 65 Nr. 160 – Verkauf von 1000 Kisten Kartoffeln ex Dampfer T., während für den Verkäufer nur 100 Kisten verladen waren; *Schweiz:* Oser-Schönenberger, Anm. 11 zu Art. 20 OR; *Spanien:* Puig Brutau II/1, 160; *England:* McRae v. Commonwealth Disposals Commission, 84 C.L.R. 377, 410 (H.C. Australia 1951) – Verkauf eines Schiffwracks, obwohl der Verkäufer starke Zweifel an seinem Vorhandensein haben mußte; Lord Clifford v. Watts (1870), L.R. 5 C.P. 577, 585 per Willes, J. (obiter dictum); *USA:* Duff v. Trenton Beverage Co., 4 N.J. 595, 73 A. 2d 578, 583 (1950 – dictum). In den angelsächsischen Ländern wird allerdings teilweise auch der umgekehrte Weg beschritten: Der Schuldner haftet grundsätzlich absolut für die Erfüllung seiner vertraglichen Verbindlichkeit, ohne daß es auf sein Verschulden an einer Unmöglichkeit ankommt; befreit wird er nur kraft einer ausdrücklichen Vereinbarung oder einer „implied condition", daß die Leistung möglich sein muß. Kennt der Schuldner bei Vertragsschluß die Unmöglichkeit seiner Leistung, so wird eine derartige „implied condition" im allgemeinen abgelehnt, der Schuldner haftet also aus dem Vertrag; *USA:* Williston VI s. 1937 mit Nachweisen in Note 4; *England:* Solle v. Butcher, [1950] 1 K.B. 671, 691 per L.J. Denning.

Diese letzte Lösung ist wohl die konsequenteste. Sie zeigt, daß, soweit nach dem Vertrag der Verkäufer für die Unmöglichkeit der Leistung einzustehen hat, praktisch von der Gültigkeit des Vertrages ausgegangen wird. Diesen Standpunkt haben einige Rechtsordnungen auch bereits stillschweigend eingenommen (unten II 2).

Im *anglo-amerikanischen* Rechtskreis hat auch der Gesetzgeber für den Sonderfall der untergegangenen Kaufsache die Nichtigkeit eingeschränkt, indem er sie nur bei Unkenntnis des Verkäufers von dem Untergang der Kaufsache eintreten läßt; ss. 6 *engl.* SGA 1893, 7 *amerik.* USA; dieselbe Lösung gilt auch nach s. 2–613 amerik. UCC, obwohl diese Bestimmung nicht mehr ausdrücklich auf die Kenntnis des Verkäufers vom Untergang der Sache abstellt, siehe comment 2. Bei Kenntnis unterstellt also der Gesetzgeber eine Garantiepflicht des Verkäufers.

c) Teilnichtigkeit

Ist die Leistung der Kaufsache nur teilweise von Anfang an unmöglich, so wird zunächst überall angenommen, daß der Kaufvertrag nur hinsichtlich der unmöglichen Leistung, also lediglich teilweise nichtig ist. Aus diesem Grundsatz werden jedoch leicht abweichende Folgerungen gezogen.

Im deutschen Rechtskreis und in England ist durch Auslegung des Vertrages festzustellen, ob die Teilnichtigkeit die Nichtigkeit des gesamten Vertrages zur Folge haben soll; *England:* Barrow, Lane & Ballard, Ltd. v. Phillip Phillipps & Co., Ltd., [1929] 1 K.B. 574. Führt die Auslegung zu keinem Ergebnis, so ist in *Deutschland* Nichtigkeit des Vertrages anzunehmen (gemäß § 139 BGB, siehe Soergel-Siebert (-Schmidt), Anm. 4 zu § 306 BGB), in *Österreich* und der *Schweiz* dagegen Gültigkeit des Vertrages hinsichtlich seines möglichen Teils; § 878 Satz 2 ABGB, Art. 20 II OR; ebenso wohl auch Art. 1419 I *ital.* cc.

Im *romanischen* Rechtskreis (außer Italien) und in den *USA* geben dagegen die Gesetze für den Sonderfall des teilweisen Untergangs der Kaufsache den Käufern die Wahl, vom Vertrage zurückzutreten oder

Erfüllung des möglichen Teiles des Vertrages zu verlangen und den Kaufpreis entsprechend zu mindern (siehe oben A II, S. 167). Dieser Satz dürfte für andere Fälle der Teil-Unmöglichkeit entsprechend gelten.

2. *Gültigkeit*

Der *skandinavische* Rechtskreis und der *Entwurf Meijers* gehen implicite davon aus, daß der Kaufvertrag trotz anfänglicher Unmöglichkeit der Leistung gültig ist. Diese Rechtsordnungen behandeln nämlich die anfängliche Unmöglichkeit ebenso wie eine erst nach Vertragsschluß eintretende Unmöglichkeit; *Skandinavien:* Almén-Neubecker I 324, 339 zu §§ 23, 24 Kaufgesetz; *Niederlande:* Art. 6.1.10.3 Absatz 1 Entwurf Meijers und dazu die Begründung, Toelichting S. 580. Dieselbe Gleichstellung findet sich auch in s. 2–613 amerik. UCC, der jedoch in diesen Fällen Nichtigkeit des Vertrages anordnet.

Die gesetzliche Annahme einer Gültigkeit des Vertrages führt in Skandinavien und nach dem niederländischen Entwurf im wesentlichen zu denselben Ergebnissen wie die Annahme einer Nichtigkeit des Vertrages: Selbstverständlich kann trotz Gültigkeit des Vertrages der Käufer nicht Naturalerfüllung durch Lieferung der Kaufsache verlangen; *Skandinavien:* Almén-Neubecker I 283 ff.; *Niederlande:* Art. 6.1. 10.3 Absatz 1 Entwurf Meijers. Bei Teil-Unmöglichkeit kann der Käufer Aufhebung des ganzen Vertrages verlangen, außer wenn die unmögliche Leistung für den Käufer nur geringe Bedeutung hat; *Skandinavien:* Almén-Neubecker I 293, 312; *Niederlande:* Art. 6.1.8.12 Absatz 1 Entwurf Meijers; diese Regel entspricht dem Rechtssatz, den auch die romanischen Rechtsordnungen und das amerikanische Recht für die Teil-Unmöglichkeit aufstellen (oben I 1 c, S. 174 f.).

Für die Verpflichtung des Verkäufers zur Leistung der Kaufsache und auch für die Rechte des Käufers bei Teil-Unmöglichkeit spielt es also im Ergebnis keine Rolle, ob man den Kaufvertrag für gültig hält oder für nichtig. Aber auch hinsichtlich der Nebenfolgen, insbesondere für die Frage des Schadensersatzes, decken sich in den praktischen Folgen beide Ansichten weitgehend, wie nunmehr zu zeigen ist.

II. Rückgewähr der Leistungen

Kann der Verkäufer infolge anfänglicher Unmöglichkeit der Leistung der Kaufsache den Kaufvertrag nicht erfüllen, so hat er an sich grundsätzlich den etwa bereits empfangenen Kaufpreis an den Käufer zurückzuzahlen. Das ergibt sich sowohl bei Nichtigkeit wie bei Gültigkeit des Kaufvertrages aus den allgemeinen Grundsätzen des Vertragsrechts. Nach diesen allgemeinen Grundsätzen ist auch zu beurteilen, ob der Käufer sein Rückforderungsrecht einbüßt, wenn er den Kaufpreis trotz

Kenntnis der Unmöglichkeit der Leistung der Kaufsache an den Verkäufer gezahlt hat; vgl. §§ 815 *deut.* BGB, 1174 I Satz 1 *öst.* ABGB; *Frankreich:* Cass. req. 23. 6. 1921, Gaz. Pal. 1921.2.380; Cass. req. 5. 2. 1906, D.P. 1907.1.468. Dieser letzte Fall dürfte allerdings im praktischen Rechtsleben keine Rolle spielen.

III. Schadensersatz

Alle Rechtsordnungen gewähren der einen Vertragspartei unter gewissen Voraussetzungen gegen den Vertragspartner einen Anspruch auf Ersatz des Schadens, der ihr aus der Nichterfüllung des Vertrages entsteht. Der Ersatzanspruch wird teilweise – bei Annahme der Nichtigkeit des Kaufvertrages – als außervertraglicher Anspruch betrachtet, teilweise aber auch – bei Annahme eines Garantieversprechens oder der Gültigkeit des Kaufvertrages – als vertraglicher; von dieser konstruktiven Erwägung wird gelegentlich sogar der Umfang des Schadensersatzanspruches abhängig gemacht. In aller Regel wird es so liegen, daß der Käufer Schadensersatz vom Verkäufer fordert.

1. Außervertraglicher Ersatzanspruch

Einen außervertraglichen Ersatzanspruch auf Grund einer „culpa in contrahendo" gewähren die meisten kontinental-europäischen Rechtsordnungen. Subjektive Voraussetzung in der Person des Schuldners ist, daß dieser die Unmöglichkeit der Leistung bei Vertragsschluß gekannt hat (*Niederlande:* Hofmann 36; *England:* Lord Atkin in Bell v. Lever Brothers, [1932] A.C. 161, 217, obiter dictum) oder sie auch nur hätte kennen müssen, § 307 I Satz 1 *deut.* BGB; §§ 878 Satz 3, 923 *öst.* ABGB; Art. 1338 *ital.* cc; *Schweiz:* BG 29. 5. 1914, BGE 40 II 370, 372; BG 26. 5. 1910, BGE 36 II 193, 203; *Frankreich:* Cass. req. 11. 2. 1878, S. 1879.1.196; J. Cl. no. 14 zu Art. 1601 cc; Livre IV Art. 72 I Avant-projet cc.

Der Ersatzanspruch wird freilich fast überall ausgeschlossen, wenn auch der Gläubiger (d. h. meistens der Käufer) die Unmöglichkeit der Leistung der Kaufsache kannte oder auch nur kennen mußte; § 307 I Satz 2 *deut.* BGB; § 878 Satz 3 *öst.* ABGB; Art. 1338 *ital.* cc; *Schweiz:* BG 26. 5. 1910, BGE 36 II 193, 203; *Frankreich:* J. Cl. no. 14 zu Art. 1601 cc; Livre IV Art. 72 I Avant-projet cc. Das Verschulden beider Parteien wird also nicht abgewogen, so daß trotz positiver Kenntnis des Schuldners von der Unmöglichkeit bereits eine fahrlässige Unkenntnis der Unmöglichkeit durch den Gläubiger dessen Ersatzanspruch ausschließt; *Deutschland:* RG 16. 1. 1925, RGZ 110, 53, 55; RG 4. 12. 1922, RGZ 105, 410, 412.

Im deutschen Rechtskreis und in Italien kann der Gläubiger lediglich Ersatz des Schadens verlangen, der ihm durch sein Vertrauen auf die Gültigkeit des Vertrages entstanden ist (negatives Interesse); *Österreich:* Klang-Gschnitzer, Anm. V 3 zu § 878 ABGB; *Schweiz:* BG 29. 5. 1914, BGE 40 II 370, 372; Art. 1338 *ital.* cc. In *Deutschland* darf das negative Interesse nur bis zur Höhe des Interesses ersetzt werden, welches der Gläubiger an der Erfüllung des Vertrages hat (positives Interesse), § 307 I Satz 1 BGB. In *Frankreich* wird dagegen offenbar das positive Interesse ersetzt (Dalloz, Répertoire pratique, vente no. 718; Livre IV Art. 72 I Avant-projet cc).

2. *Vertraglicher Ersatzanspruch*

Einen vertraglichen Schadensersatzanspruch gewährt § 23 der *skandinavischen* Kaufgesetze. Die subjektiven Voraussetzungen in der Person des Schuldners und des Gläubigers entsprechen nach Almén-Neubecker I 325 den unter 1. für den deutschen Rechtskreis dargelegten Regeln. Auf Grund von § 25 der Kaufgesetze wird der Ersatzanspruch des Gläubigers jedoch nicht auf das negative Interesse beschränkt; Almén-Neubecker I 384. Nach dem *Entwurf Meijers* gelten für den Ersatzanspruch die normalen Regeln über den Schadensersatz bei Nichterfüllung; Artt. 6.1.8.1; 6.1.8.11 Absatz 1; 6.1.9.1 ff.; ein eigenes Verschulden des Gläubigers schließt den Anspruch nicht aus, sondern mindert ihn lediglich; ersetzt wird das positive Interesse; Artt. 6.1.9.6, 6.1.9.2.

Nach den ss. 6 *engl.* SGA 1893, 7 *amerik.* USA bleibt der Kaufvertrag nur bei Kenntnis des Verkäufers vom Untergang der Kaufsache bestehen, so daß für diesen Fall der Käufer seinen vertraglichen Ersatzanspruch behält; wenn s. 2–613 des amerikanischen Uniform Commercial Code, der auch für die anfängliche Unmöglichkeit gilt, nicht mehr ausdrücklich auf die Kenntnis des Verkäufers abstellt, so soll er doch nach der Begründung ebenso verstanden werden wie s. 7 USA (Comment 2 zu s. 2–613 UCC). Derselbe Grundsatz gilt nach Common Law auch außerhalb des Anwendungsbereiches der Kaufgesetze; *USA:* Kimbell Milling Co. v. Greene, 162 S.W. 2 d 991, 997 (1943); aff. 141 Tex. 84, 170 S.W. 2d 191: Inhaber eines Elevators wußte, daß er nicht alles vom Farmer übernommene Korn selbst lagern könne; s. 456 Restatement of Contracts. In den USA wird vereinzelt auch bei fahrlässiger Unkenntnis des Verkäufers von der Unmöglichkeit der Leistung angenommen, daß der Vertrag fortbesteht und der Gläubiger daher einen Ersatzanspruch hat; In re Zellmer's Estate, 1 Wis. 2 d 46, 82 N.W. 2 d 891, 893 f. (1957); Reid v. Alaska Packing Ass., 43 Ore. 429, 73 P. 337, 340 (1903); s. 456 Restatement of Contracts. – Der vertragliche Ersatzanspruch geht grundsätzlich auf das positive Interesse; *USA:* In re Zellmer's Estate, 1 Wis. 2 d 46, 82 N.W. 2d 891, 894 (1957)

– implicite; nur das negative Interesse gibt allerdings McMahon v. Western Union Telegraph Co., 186 Iowa 744, 171 N.W. 700, 701 (1919).

Auch in den Ländern, die an sich nur einen außervertraglichen Ersatzanspruch zubilligen (oben 1), gelten die gewöhnlichen Regeln über den vertraglichen Schadensersatzanspruch (also ohne Beschränkung auf das negative Interesse), soweit der Verkäufer eine Garantie für die Existenz der Kaufsache übernommen hat (oben I 1 b); *Deutschland:* Soergel-Siebert, Anm. 7 zu § 306 BGB; *Schweiz:* Oser-Schönenberger, Anm. 11 zu Art. 20 OR; *Österreich:* Ehrenzweig II/1, 158, 160.

D. Verkauf einer fremden Sache

I. Deutscher und anglo-amerikanischer Rechtskreis

In den meisten Rechtsordnungen außerhalb des romanischen Rechtskreises ist der Kaufvertrag über eine Sache, die dem Verkäufer nicht gehört, rechtsgültig. Der Umstand, daß dem Verkäufer bei Vertragsschluß das Eigentum an der Sache nicht zusteht, begründet keine objektive Unmöglichkeit der Leistung; der Verkäufer hat vielmehr die Pflicht, sich das Eigentum zu verschaffen, um es dem Käufer übertragen zu können; *Deutschland:* BGH 16. 12. 1952, BGHZ 8, 222, 231; BGH 28. 3. 1952, NJW 1952, 778; RG 3. 11. 1920, Recht 1921 Nr. 506; RG 5. 1. 1910, JW 1910, 180; *Österreich:* OGH 15. 3. 1962, ÖJZ 1962, 574 EvBl. Nr. 452; OGH 10. 5. 1950, SZ 23 Nr. 147 (implicite); OGH 2. 5. 1923, SZ 5 Nr. 110; *Schweiz:* BG 25. 3. 1918 (unveröffentlicht, siehe Oser-Schönenberger, Anm. 8 zu Art. 20 OR); *England:* s. 5 I, II SGA 1893, dazu Chitty II no. 1363 und Lord Atkin in Bell v. Lever Brothers, [1932] A.C. 161, 218; *USA:* s. 5 I, II USA; Stern v. Ace Wrecking Co., Inc., 38 A. 2d 626, 627 (C.A. D.C. 1944); Johnson Trade, Inc. v. Frimmersdorf, 100 Cal. App. 2d 719, 224 P. 2d 771, 774 (1950); Willard F. Deputy & Co. v. Hastings, 123 A. 33, 35 (Super. Ct. Del. 1923); Stabler v. Ramsay, 33 Del. Ch. 1, 89 A. 2d 544 (1952).

In *Deutschland* und *Österreich* ist der Vertrag auch nicht wegen Irrtums über das fehlende Eigentumsrecht des Verkäufers anfechtbar, wohl aber offenbar in den *USA*, s. oben S. 62.

II. Romanischer Rechtskreis

In den romanischen Rechtsordnungen gibt es dagegen ausdrückliche gesetzliche Vorschriften, die den Verkauf der Sache eines anderen entweder für nichtig erklären (Artt. 1599 *franz.* cc, 1507 *nied.* BW) oder dem Käufer unter bestimmten Voraussetzungen ein Rücktrittsrecht gewähren; Artt. 1478 ff. *ital.* cc. In *Spanien* ist die Rechtsprechung, da eine gesetzliche Bestimmung fehlt, geteilter Ansicht; die überwiegende Meinung hält den Kaufvertrag für gültig, wenn keine der Parteien das fremde Eigentum kennt; T.S. 5. 7. 1958, Aranzadi 1958 no. 2537; 27. 5. 1957, ibid. 1957 no. 2178; 31. 1. 1921; Beschlüsse der Generaldirektion für die Register im Justizministerium vom 2. 9. 1902 und 6. 12. 1898; dagegen nehmen Nichtigkeit des Vertrages an T.S. 29. 11. 1958, Aranzadi 1958 no. 3811; 16. 11. 1922. Bei Gültigkeit des Vertrages kann jedoch der Käufer wegen Irrtums anfechten, s. oben S. 62.

Die Zweifel an der Gültigkeit des Kaufvertrages über eine fremde Sache sind von *Frankreich* ausgegangen und beruhen auf zwei Erwägungen. Nach französischem Recht geht grundsätzlich mit Vertragsschluß das Eigentum an der Kaufsache vom Verkäufer auf den Käufer über; diese sachenrechtliche Wirkung kann der Kaufvertrag über eine fremde Sache nicht haben, und daraus wird die Ungültigkeit des Kaufvertrages selbst abgeleitet. Daneben soll die Berufung auf die Nichtigkeit des Kaufvertrages dem Käufer die Möglichkeit geben, sich vor Herausgabe-Ansprüchen des Eigentümers der Sache zu bewahren.

1. In der *französischen* und *niederländischen Rechtspraxis* hat die zuletzt erwähnte Funktion des Rechtsinstituts, die Eviktionshaftung des Verkäufers vorwegzunehmen (garantie d'éviction anticipée), die Oberhand behalten. Rechtsprechung und Rechtslehre haben dementsprechend die Nichtigkeitssanktion des Gesetzes wesentlich eingeschränkt: entgegen dem Wortlaut der Artt. 1599 franz. cc, 1507 nied. BW ist der Kaufvertrag nicht absolut nichtig; vielmehr hat lediglich der Käufer ein Anfechtungsrecht; *Frankreich:* Cass. 15. 1. 1934, D.H. 1934, 97; 17. 1. 1958, D. 1958, 619; 12. 12. 1933, S. 1934.1.93; *Niederlande:* HR 27. 6. 1940, N.J. 1941 no. 943; 2. 6. 1922, N.J. 1922 S. 851. Die Anfechtung ist ausgeschlossen, wenn nach dem Inhalt des Kaufvertrages der Verkäufer nicht zur sofortigen Übertragung des Eigentums an der Kaufsache verpflichtet war (*Frankreich:* Cour Lyon 18. 11. 1929, D.H. 1930, Somm. 44; Cass. civ. 31. 10. 1928, D.H. 1928, 591) oder wenn der Käufer das Eigentum an der Kaufsache erworben hat, sei es kraft seines guten Glaubens (*Frankreich:* Cass. civ. 12. 12. 1921, D.P. 1922.1.28; Cour Aix 3. 11. 1947, D. 1948, 10; *Niederlande:* Pitlo 332), sei es infolge einer Genehmigung des Eigentümers; *Frankreich:* Cass. civ. 20. 7. 1925, Gaz. Pal. 1925.2.517; *Niederlande:* HR 27. 6. 1940, N.J. 1941 no. 943. Verkauft ein Miteigentümer die ganze Sache, so ist der Kaufvertrag nach französischer Auffassung nur hinsichtlich des Anteils des anderen Miteigentümers ungültig (Cass. civ. 3. 3. 1953, D.H. 1953.II.301; Cass. civ. 22. 11. 1926, Gaz. Pal. 1927.1.208; Cass. civ. 20. 7. 1925, Gaz. Pal. 1925.2.517), wenn nicht der Käufer das Miteigentum der Nichtbeteiligten gekannt hatte; Cour Dourai 18. 10. 1932, S. 1933.2.72;

Cour Bordeaux 26. 4. 1926, D.P. 1927.2.103. Für die Ausübung des Anfechtungsrechts gelten dieselben Regeln wie bei Willensmängeln (oben Teil 2, S. 77 ff.).

Satz 2 der Artt. 1599 franz. cc, 1507 nied. BW gibt dem gutgläubigen Käufer einen Schadensersatzanspruch gegen den Verkäufer. Nach französischer Auffassung ist dieser Ersatzanspruch jedoch ausgeschlossen, wenn der Verkäufer selbst gutgläubig war; Cass. 31. 10. 1928, S. 1929. 1.86 – der Verkäufer hatte die Sache selbst gekauft.

Die gesetzliche Bestimmung über den Verkauf einer fremden Sache wird von einigen französischen und niederländischen Schriftstellern teilweise heftig kritisiert; *Frankreich:* Travaux de la Commission de Réforme du Code Civil 1946–1947, S. 191; *Niederlande:* Pitlo 332 ff. Livre IV Art. 38 II Satz 1 des franz. Avant-projet cc läßt ausdrücklich Verträge über die einem Dritten gehörige Sache zu.

2. *Italien,* in dem früher für Zivilkäufe dieselbe Rechtslage bestanden hatte wie in Frankreich und den Niederlanden, hat im Codice civile von 1942 eine ganz neuartige Regelung des Verkaufs einer fremden Sache eingeführt. Art. 1478 I cc verpflichtet den Verkäufer, der bei Vertragsschluß nicht Eigentümer der verkauften Sache war, dem Käufer das Eigentum zu verschaffen. Der Käufer kann jedoch, wenn er von dem fremden Eigentum bei Vertragsschluß nicht gewußt hat und ihm auch inzwischen das Eigentum nicht verschafft worden ist, Auflösung des Vertrages und Schadensersatz verlangen; Art. 1479 cc. Die Rechtslehre ist sich einig, daß im einen wie im anderen Fall der Kaufvertrag zunächst gültig ist; Greco-Cottino, Anm. 3 zu Artt. 1478 f. cc; Mirabelli, Anm. 1 zu Artt. 1478 ff. cc. Daß die Artt. 1479 f. cc einen Fall der *nach* Vertragsschluß eintretenden Unmöglichkeit der Leistung regeln, erhellt auch daraus, daß es für das Eigentum des Käufers an der Kaufsache nicht auf den Zeitpunkt des Vertragsschlusses, sondern auf denjenigen der Erhebung der Auflösungsklage ankommt; Art. 1479 I cc.

Die italienischen Regeln über den Verkauf einer fremden Sache brauchen, da sie die Gültigkeit des Kaufvertrages nicht in Zweifel ziehen und nicht auf eine anfängliche Unmöglichkeit der Leistung abstellen, hier nicht weiter analysiert zu werden.

III. Einheitliches Kaufgesetz

Die Sonderregeln des französischen, niederländischen und italienischen Rechts über den Verkauf einer fremden Sache sind nunmehr durch Art. 53 des Einheitlichen Kaufgesetzes neutralisiert. Diese erst auf der Haager Konferenz von 1964 eingeführte Regel unterstellt die Folgen von Rechtsmängeln der Kaufsache ausschließlich den Vorschriften des Kaufgesetzes; andere auf den Rechtsmangel gestützte Rechtsbehelfe des Käufers sind ausgeschlossen. Die Aufnahme des Art. 53 hatte den erklärten Zweck, insbesondere die französische Regel über die Folgen des Verkaufes einer fremden Sache auszuschließen.

E. Rechtsvergleichung

I. Voraussetzungen

Die Voraussetzungen für die Annahme einer anfänglichen Unmöglichkeit entsprechen sich in allen Rechtsordnungen: Die Leistung der Kaufsache muß bei Vertragsschluß objektiv, das heißt: für jedermann (und nicht nur für den Verkäufer) unmöglich sein. Die Grenzfälle des aufschiebend bedingten oder des befristeten Vertrages sowie des Kaufvertrages über eine zukünftige Sache sind nicht auf eine anfänglich unmögliche Leistung gerichtet, wenn der Eintritt der Bedingung oder die Entstehung der Sache bei Vertragsschluß als möglich erscheint. Ob die Bedingung später tatsächlich eintritt oder die künftige Sache tatsächlich entsteht, ist dagegen unter dem Gesichtspunkt der anfänglichen Unmöglichkeit unerheblich.

Subjektive Elemente, namentlich eine Kenntnis des Verkäufers von der Unmöglichkeit der Leistung, spielen im allgemeinen keine Rolle; nur die anglo-amerikanischen Kaufgesetze stellen auf die Kenntnis des Verkäufers vom Untergang der Kaufsache ab; Folgen kann dieser Umstand jedoch nur für die Nebenwirkungen der Unmöglichkeit haben, bei der auch die anderen Rechtsordnungen wesentlich die subjektiven Elemente in der Person der Vertragsparteien berücksichtigen.

II. Wirkungen

Die Wirkungen einer anfänglichen Unmöglichkeit weisen von Land zu Land starke Unterschiede auf. Die Uneinigkeit besteht jedoch mehr in der Konstruktion und Begründung der Ergebnisse als in den praktischen Resultaten selbst.

1. Daß der Verkäufer von seiner Pflicht zur *Sachleistung* befreit ist, versteht sich von selbst.

2. Umstritten ist dagegen, ob der Käufer unter allen Umständen den etwa von ihm bereits gezahlten Kaufpreis *zurückverlangen* kann. Einige Rechtsordnungen versagen ein Rückforderungsrecht, wenn der Käufer in Kenntnis der Unmöglichkeit der Leistung der Kaufsache an den Verkäufer gezahlt hat. Für den normalen Geschäftsverkehr dürfte diese Ausnahme keine Rolle spielen.

3. Erst auf die *Schadensersatzpflichten* der Vertragsparteien, namentlich des Verkäufers, haben die verschiedenen Konstruktionen der Wirkung einer anfänglichen Unmöglichkeit (nämlich Nichtigkeit oder Gültigkeit des Kaufvertrages bzw. eines Garantievertrages) einen gewissen Einfluß ausgeübt.

a) *Voraussetzung* für den Ersatzanspruch ist in den kontinentalen Rechtsordnungen zwar sowohl für den vertraglichen als auch für einen außervertraglichen, auf culpa in contrahendo gestützten Anspruch ein Verschulden des Schuldners (wohl immer des Verkäufers); das Verschulden besteht in der Kenntnis oder fahrlässigen Unkenntnis der Unmöglichkeit der Leistung der Kaufsache. Ein außervertraglicher Ersatzanspruch entfällt jedoch in diesen Rechtsordnungen meistens, wenn der Gläubiger (regelmäßig also der Käufer) ebenfalls die Unmöglichkeit kannte oder kennen mußte; bei einem vertraglichen Ersatzanspruch schließt dagegen (außer in Skandinavien) das eigene Verschulden des Gläubigers den Ersatzanspruch nicht grundsätzlich aus, sondern mindert ihn lediglich; auch das kann freilich unter Umständen zum Wegfall des Anspruches führen.

Im anglo-amerikanischen Rechtskreis setzt der vertragliche Schadensersatzanspruch ebenfalls Verschulden voraus; das wird von den Kaufgesetzen indirekt für den vertraglichen Ersatzanspruch beim Untergang der Kaufsache ausgesprochen.

b) Auch der *Umfang* des Ersatzanspruches wird teilweise davon abhängig gemacht, ob der Ersatzanspruch auf einem gültigen Kauf- oder Garantievertrag beruht oder ob er außervertraglicher Natur ist. Im ersten Fall wird dem Gläubiger (Käufer) regelmäßig (außer in Skandinavien) das Interesse an der Erfüllung des Vertrages ersetzt, im zweiten Fall dagegen nur das negative Interesse (außer in Frankreich).

III. Verkauf einer fremden Sache

Der Verkauf einer fremden Sache, die dem Verkäufer bei Vertragsschluß nicht gehört, wird zwar in einigen romanischen Ländern von den Gesetzen ähnlich wie eine anfängliche Unmöglichkeit der Leistung behandelt. Tatsächlich handelt es sich jedoch, wie überall sonst anerkannt ist, um einen Fall der subjektiven Unmöglichkeit. Die romanischen Rechtsordnungen selbst haben denn auch ihre gesetzlichen Sondervorschriften über die Nichtigkeit des Kaufvertrages über eine fremde Sache entweder bereits abgeschafft (Italien) oder planen ihre Abschaffung (Frankreich) und haben sie jedenfalls in der Praxis wesentlich abgemildert.

IV. Einheitliche Regelung

Für eine einheitliche Regelung der anfänglichen Unmöglichkeit – zunächst abgesehen von dem Sonderfall des Verkaufes einer fremden Sache – wird die Umschreibung der Voraussetzungen der anfänglichen Unmöglichkeit keine Schwierigkeiten bereiten. Was die Wirkungen betrifft, so dürfte dieser Bericht gezeigt haben, daß die Frage der Nichtigkeit oder Gültigkeit des Vertrages Bedeutung hat ausschließlich für Voraussetzungen und Umfang eines Schadensersatzanspruches einer Vertragspartei. Einer Regelung bedürfen daher nur die Fragen des Schadensersatzes und der Rückgewähr der Leistungen. Dabei wäre zu prüfen, inwiefern für beide Fragen auf die einschlägigen Regeln des Einheitlichen Kaufgesetzes über die (nachfolgende) Unmöglichkeit der Leistung verwiesen werden kann und ob ergänzende Sonderregeln für die anfängliche Unmöglichkeit erforderlich sind. Eventuell empfiehlt es sich darüber hinaus, ausdrücklich festzustellen, daß eine anfängliche Unmöglichkeit die Gültigkeit eines Kaufvertrages nicht berührt.

Für den Verkauf einer fremden Sache besondere Bestimmungen zu schaffen, erscheint nicht nötig. Der Käufer dürfte durch die Möglichkeit einer Anfechtung wegen Irrtums und durch die Vorschriften über die Haftung wegen eines Rechtsmangels ausreichend geschützt sein. Man könnte allenfalls eine Bestimmung erwägen, nach der die Gültigkeit eines Kaufvertrages nicht dadurch beeinträchtigt wird, daß der Verkäufer bei Vertragsschluß nicht Eigentümer der verkauften Sache ist. Art. 53 des Einheitlichen Kaufgesetzes macht jedoch nunmehr auch eine solche Bestimmung überflüssig.

Teil 4

Objekt; causa; consideration

Im Schlußteil dieses Berichtes sind drei Gültigkeitsvoraussetzungen zu prüfen, die dem romanischen bzw. dem angelsächsischen Rechtskreis eigentümlich sind. Objekt und causa sind im romanischen Rechtskreis ausnahmslos, eine consideration ist im angelsächsischen Rechtskreis in aller Regel für die Gültigkeit eines Vertrages erforderlich.

Gültigkeitsvoraussetzungen ähnlicher Art kennen in dieser Form weder der deutsche noch der skandinavische Rechtskreis. In der Sache stimmen dennoch sämtliche Rechtsordnungen überein. Die Funktionen von Objekt und causa sowie der consideration werden nämlich außerhalb des romanischen bzw. des angelsächsischen Rechtskreises durch besondere Rechtsinstitute unter eigenem Namen erfüllt. Alle diese besonderen Rechtsinstitute aber sind, wie sich aus der folgenden Analyse ergeben wird, entweder – soweit sie die Gültigkeit von Verträgen betreffen – in diesem Bericht bereits erörtert worden; oder aber sie fallen – da es um andere Fragen als die sachliche Gültigkeit von Verträgen geht – überhaupt nicht in den Rahmen dieses Berichtes.

A. Objekt des Vertrages

I. Gesetzliche Grundlagen

Die *romanischen* Rechtsordnungen und auch einige Einzelstaaten der *USA* nennen als Voraussetzungen eines (gültigen) Vertrages ausdrücklich drei oder vier Voraussetzungen. Neben der Willensübereinstimmung der Parteien und der causa wird stets auch ein „Objekt" des Vertrages gefordert; Artt. 1108 *franz.* cc; 1325 no. 3 *ital.* cc; 1356 no. 3 *nied.* BW; 1261 no. 2 *span.* cc; 1779 no. 3 *Louisiana* cc; s. 1550 no. 3 *California* cc und die entsprechenden Bestimmungen in Montana, Oklahoma, North und South Dakota.

Das Objekt des Vertrages muß seinerseits nach Maßgabe weiterer Bestimmungen folgenden Anforderungen genügen:

1. Das Objekt muß *bestimmt* oder bestimmbar sein; Artt. 1108, 1129 *franz.* cc; Artt. 1346, 1349 *ital.* cc; Artt. 1356 no. 3, 1369 *nied.* BW; Artt. 1261 no. 2, 1273 *span.* cc; Artt. 1779 no. 3, 1886 *Louisiana* cc; s. 1596 *California* cc und die ihm entsprechenden Vorschriften der Nordweststaaten der USA.

2. Objekt kann eine *zukünftige* Sache sein; Artt. 1130 *franz.* cc; 1348 *ital.* cc; 1370 *nied.* BW; 1271 I, II *span.* cc; 1887 *Louisiana* cc.

3. Das Objekt muß *möglich* sein; Artt. 1346, 1347 *ital.* cc; 1272 *span.* cc; 1891 *Louisiana* cc; ss. 1596 f. *California* cc und die ihm entsprechenden Bestimmungen in den Nordweststaaten der USA. Vertragsgegenstand kann daher keine „res extra commercium" bilden; Artt. 1128 *franz.* cc; 1368 *nied.* BW; 1271 I *span.* cc.

4. Das Objekt muß *erlaubt* (Art. 1346 *ital.* cc; s. 1596 *California* cc und die ihm entsprechenden Vorschriften in den Nordweststaaten der USA) oder „moralisch möglich" sein; Art. 1892 *Louisiana* cc.

Eine zivilrechtliche Sanktion für das Fehlen eines dieser Elemente des Objektes sehen ausdrücklich nur *Italien* und *California* vor: Nach Art. 1418 II ital. cc, ss. 1598 f. California cc tritt Nichtigkeit ein. Dasselbe Ergebnis läßt sich aber auch aus den Artt. 1108 *franz.* cc, 1356 *nied.* BW und 1261 *span.* cc ableiten, da sie das „Objekt des Vertrages" als wesentlich für die Gültigkeit bzw. den Bestand des Vertrages bezeichnen.

II. Begriff des Objekts

In der Literatur der romanischen Länder wird zum Begriff „Objekt des Vertrages" meistens erklärt, daß es entgegen dem Sprachgebrauch des Gesetzes nur ein Objekt der Obligation gebe; Objekt der Obligation sei nicht nur der Gegenstand der geschuldeten Leistung, sondern die Leistung als solche; *Frankreich:* Planiol-Ripert VI no. 218; Colin-Capitant II nos. 687, 688; *Italien:* Mirabelli, Anm. I zu Artt. 1346 ff. cc; Messineo 98 ff.; *Niederlande:* Pitlo 4, 175; *Spanien:* Castán-Tobeñas III 44, 393 f. Der Kaufvertrag hat danach zwei Objekte, nämlich einerseits die Kaufsache (oder die Leistung der Kaufsache) und andererseits den Kaufpreis (oder die Zahlung des Kaufpreises). Die leichte dogmatische Unsicherheit bei der Umschreibung des Objektes hat jedoch auf die Entfaltung der praktischen Funktionen des Begriffes keinen Einfluß gehabt und kann daher hier auf sich beruhen bleiben.

III. Praktische Funktionen des Vertragselementes „Objekt"

Rechtspraxis und Doktrin der romanischen Länder haben die unter I. aufgeführten vier Elemente des Objektes des Vertrages verallgemeinert, so daß sie heute auch in denjenigen Staaten gelten, in denen sie gesetzlich nicht festgelegt sind. Die Schilderung dieser im romanischen Rechtskreis heute allgemein anerkannten praktischen Funktionen, die der Begriff „Objekt des Vertrages" erfüllt, läßt zugleich diejenigen Rechtsinstitute hervortreten, die in den Ländern außerhalb des romanischen Rechtskreises die entsprechenden Funktionen erfüllen.

1. Das Erfordernis der *„Bestimmtheit"* des Objektes bedarf keiner näheren Erörterung. Bestimmt oder bestimmbar muß der Gegenstand des Vertrages nach den Gesetzen aller romanischen Rechtsordnungen und auch einiger Einzelstaaten der USA sein (oben I unter 1). An diesem Erfordernis hält nicht nur der *französische* Avant-projet cc im Rahmen seines Abschnittes über das Objekt fest (Livre IV Art. 37), sondern auch der *Entwurf Meijers* (Art. 6.5.2.10), der dabei allerdings von der Bestimmbarkeit der Verbindlichkeit und nicht von derjenigen des Objektes des Vertrages spricht.

Das Problem der Bestimmtheit der Leistung ist auch allen anderen Rechtsordnungen bekannt, wird aber überwiegend im Rahme der Lehre vom Abschluß des Vertrages behandelt. Diesem Standpunkt hat sich für eine einheitliche Kodifikation auch das Einheitliche Gesetz über den Abschluß internationaler Kaufverträge von 1964 angeschlossen. Art. 4 I dieses Gesetzes verlangt nämlich für ein Vertragsangebot u. a., daß „... elle est suffisamment précise pour permettre la conclusion du contrat par son acceptation ...". Diese Bestimmung bezieht sich unmittelbar zwar nur auf die Anforderungen an eine Offerte; damit sind jedoch mittelbar auch die notwendigen Elemente des Vertrages bezeichnet.

Eine Sondervorschrift über die Bestimmung des Kaufpreises enthält im übrigen Art. 57 des Einheitlichen Kaufgesetzes für den Fall, daß im Kaufvertrag der Kaufpreis nicht bestimmt ist. In diesem Fall hat der Käufer den Preis zu zahlen, den der Verkäufer zur Zeit des Abschlusses des Vertrages üblicherweise verlangte. Fehlt ein solcher üblicher Preis, so dürfte der Vertrag – in Übereinstimmung mit Art. 4 I des Einheitlichen Gesetzes über den Vertragsabschluß – nichtig sein. Die Haager Konferenz von 1964 hat nämlich bewußt die abweichenden Regeln in Art. 67 des Entwurfes von 1956 aufgegeben (diese Vorschrift hatte für alle Fälle mangelnder Preisvereinbarung eine Methode der Preisbestimmung vorgesehen und hatte nationale Normen für unanwendbar erklärt, die wegen mangelnder Preisvereinbarung den Vertrag für unwirksam erklärten). Siehe eingehend Riese, RabelsZ 29 (1965) 1 ff. (67).

Im Rahmen einer einheitlichen Regelung der materiellen Gültigkeits-Voraussetzungen erscheint es nicht nötig, das Erfordernis der Bestimmtheit der vertraglichen Leistungen oder des Vertrages selbst noch einmal zu kodifizieren.

2. Daß auch *zukünftige* Sachen Gegenstand eines Vertrages sein können, erkennen die romanischen Rechtsordnungen ebenfalls übereinstimmend ausdrücklich an (oben I unter 2). Der *französische* Avant-projet cc will das auch in Zukunft aussprechen (Livre IV Art. 38 I), während der *Entwurf Meijers* darauf verzichtet, da eine ausdrückliche Bestimmung überflüssig sei; Erläuterung zu Art. 6.5.2.12, siehe Begründung S. 758.

Außerhalb des romanischen Rechtskreises lassen die Kaufgesetze der anglo-amerikanischen Länder den Kaufvertrag über künftige Sachen ausdrücklich zu; ss. 5 *engl.* SGA 1893, 5 *amerik.* USA, 2–105 (2) amerik. UCC. Dasselbe gilt auch ohne Gesetzesnorm im *deutschen* und im *skandinavischen* Rechtskreis.

Das Einheitliche Kaufgesetz hat den wohl praktisch wichtigsten Fall des Vertrages über eine zukünftige Sache, nämlich den Werklieferungsvertrag, in Art. 6 ausdrücklich genannt. Eine weitere ausdrückliche Zulassung des Kaufvertrages über eine zukünftige Sache dürfte überflüssig sein.

3. Die *Möglichkeit* des Objektes bzw. der Vertragsleistungen wird allgemein nur in Italien, Spanien und Louisiana verlangt. Frankreich und die Niederlande fordern ausdrücklich nur, daß Gegenstand des Vertrages keine res extra commercium sein dürfe (oben I unter 3).

Das Erfordernis der (tatsächlichen und rechtlichen) Möglichkeit der Leistung (von der die Verkehrsfähigkeit der Kaufsache nur einen Sonderfall betrifft) wird heute in allen romanischen Rechtsordnungen allgemein anerkannt. Dabei wird die Möglichkeit des Objektes teilweise als selbständiges Element des Objektes begriffen (*Frankreich:* Colin-Capitant II no. 693; *Niederlande:* Pitlo 5; *Spanien:* Castán-Tobeñas III 44 f., 394), teilweise aber auch als Existenz des Objektes selbst (*Frankreich:* Planiol-Ripert VI no. 219; *Spanien:* Manresa, Anm. II zu Artt. 1271 ff. cc). Der französische Avant-projet cc hält – im Gegensatz zum Entwurf Meijers – daran fest, die Möglichkeit des Objektes als Voraussetzung für die Gültigkeit des Vertrages aufzuführen; Livre IV Art. 36.

Aus dem Erfordernis der Möglichkeit des Objekts ist in den romanischen Ländern die Lehre von der anfänglichen Unmöglichkeit der Leistung abzuleiten. In Teil 3 § 3 dieses Berichtes (oben S. 166 ff.) ist gezeigt worden, daß trotz des Unterschiedes in den dogmatischen Ausgangspunkten das Recht der anfänglichen Unmöglichkeit in allen untersuchten Rechtsordnungen im wesentlichen übereinstimmt. Wenn in eine einheitliche Regelung Vorschriften über die anfängliche Unmöglichkeit als solche aufgenommen werden, braucht die Möglichkeit der Leistung oder der Objekte des Vertrages nicht als besondere Voraussetzung der Gültigkeit des Vertrages normiert zu werden.

4. Die *rechtliche Zulässigkeit* des Vertragsgegenstandes haben zwar

lediglich *Italien* und *Louisiana* ausdrücklich zur Bedingung für die Gültigkeit des Vertrages erhoben (oben I unter 4). Das Erfordernis der Erlaubtheit des Objektes hat jedoch ebenfalls in allen anderen romanischen Rechtsordnungen Eingang gefunden und nimmt in ihnen einen praktisch besonders bedeutsamen Platz ein; *Frankreich: Planiol-Ripert* VI nos. 225–248; Colin-Capitant II nos. 694–700; *Niederlande:* Pitlo 6; *Spanien:* Castán-Tobeñas III 47, 394; Manresa, Anm. III zu Artt. 1271 ff. cc. Rechtlich zulässig ist ein Objekt nämlich nach Rechtslehre und Rechtspraxis nur dann, wenn es nicht gesetz- und rechtswidrig ist, dem ordre public nicht widerspricht und auch nicht gegen die guten Sitten verstößt (siehe die soeben zitierten Autoren). Der Begriff des Objekts dient damit also zur Anknüpfung der gesamten Lehre von der Rechts- und Sittenwidrigkeit von Verträgen (außer in Italien, wo die Rechts- und Sittenwidrigkeit mit der causa des Vertrages verbunden ist, siehe unten B III 5, S. 194).

Dieser hervorragenden praktischen Bedeutung der rechtlichen Zulässigkeit des Objektes entspricht es, daß der einschlägige Livre IV Art. 35 des *französischen* Avant-projet cc an die Spitze des Abschnittes über das Objekt gestellt ist; danach darf das Objekt nicht durch eine zwingende gesetzliche Norm oder durch die öffentliche Ordnung, namentlich die guten Sitten, verboten sein. Der *Entwurf Meijers* hat dagegen auch in diesem Punkt die Verbindung mit dem Objekt-Begriff gelöst und hat eine selbständige Vorschrift über gesetz- und sittenwidrige Rechtshandlungen vorgesehen (Art. 3.2.7).

Die Regeln der verschiedenen Länder über die Rechtswidrigkeit und die Sittenwidrigkeit von Verträgen könnten ohne Rücksicht darauf verglichen werden, daß die Rechts- und Sittenwidrigkeit in den romanischen Ländern dogmatisch weitgehend mit dem Begriff des Vertragsobjektes verknüpft ist. Die Zwecklosigkeit einer Rechtsvergleichung mit dem Ziel der Rechtsvereinheitlichung auf diesem Gebiet ist bereits oben Teil 3 § 1, S. 143 ff. erörtert worden.

Eine selbständige Behandlung der rechtlichen Zulässigkeit des Vertragsobjektes neben Normen über die Rechtswidrigkeit und über die Sittenwidrigkeit von Verträgen ist nicht gerechtfertigt.

B. Causa des Vertrages

I. Gesetzliche Grundlagen

Neben dem „Objekt" verlangen die romanischen Rechtsordnungen als Voraussetzung eines (gültigen) Vertrages stets auch eine causa; (Artt. 1325 no. 2 *ital.* cc, 1261 no. 3 *span.* cc) oder eine rechtlich zulässige causa (Artt. 1108 *franz.* cc, 1356 no. 4 *nied.* BW, 1779 no. 4 Louisiana cc). Eine gesetzliche Definition des Begriffes „causa" haben nur Spanien und Louisiana.

Den Begriff „causa" nennen zwar auch s. 1550 no. 4 *California* cc und die entsprechenden Vorschriften in Montana, Oklahoma, North und South Dakota; „causa" wird jedoch hier – wie die Bestimmung selbst und die nähere Regelung in den ss. 1605 ff. zeigt – mit consideration gleichgesetzt.

Die causa muß – wie das Objekt des Vertrages – von Gesetzes wegen mehreren Anforderungen genügen:

1. Die causa muß *bestehen.* Dieses Erfordernis wird, obwohl es sich aus den im vorigen Absatz mitgeteilten allgemeinen Bestimmungen ergibt, in allen romanischen Ländern (außer Italien) in einer besonderen Vorschrift wiederholt; danach ist ein Vertrag ohne causa nichtig; Artt. 1131 *franz.* cc, 1371 *nied.* BW, 1275 *span.* cc, 1893 *Louisiana* cc. Eine nähere Erläuterung des Fehlens der causa enthalten nur die Artt. 1896, 1897 *Louisiana* cc.

2. Die causa darf nicht *falsch* sein; Artt. 1131 *franz.* cc, 1371 *nied.* BW, 1893 *Louisiana* cc. Eine falsche causa liegt jedoch nicht vor und ein Vertrag ist daher gültig, wenn anstelle der im Vertrage niedergelegten falschen causa eine andere erlaubte causa für den Vertrag vorhanden ist, Artt. 1372 *nied.* BW, 1276 *span.* cc, 1900 *Louisiana* cc.

3. Die causa darf nicht *unerlaubt* sein; Artt. 1108, 1131 *franz.* cc; 1356 no. 4, 1371 *nied.* BW; 1275 *span.* cc; 1779 no. 4, 1893 *Louisiana* cc. Unerlaubt ist eine causa, die gegen das Gesetz, gegen die guten Sitten oder gegen den ordre public verstößt; Artt. 1133 franz. cc, 1343 ital. cc, 1373 nied. BW, 1275 Satz 2 span. cc, 1895 Louisiana cc. Als unerlaubt gilt in *Italien* auch eine causa, wenn der Vertrag zur Umgehung zwingender Rechtsvorschriften abgeschlossen worden ist; Art. 1344 ital. cc; unerlaubt ist ferner der Vertrag (nicht die causa! trotzdem findet sich diese Vorschrift im Abschnitt über die causa), den beide Parteien aus einem gemeinsamen unerlaubten Motiv abgeschlossen haben; Art. 1345 cc; ebenso Livre IV Art. 43 franz. Avant-projet cc.

4. Dagegen bedarf es zur Gültigkeit des Vertrages keiner *ausdrücklichen Feststellung* der causa im Vertrage; Art. 1132 *franz.* cc, Livre IV Art. 40 II franz. Avant-projet cc, 1372 *nied.* BW, 1277 *span.* cc, 1894 *Louisiana* cc. Spanien sagt ausdrücklich, daß eine Vermutung für das Vorhandensein der causa spricht; Art. 1277 *span.* cc.

5. Zwei Fälle eines *Wegfalls* der causa nach Abschluß des Vertrages behandeln die Artt. 1898, 1899 *Louisiana* cc.

Fehlt eines der Elemente 1–3 der causa, so ist der Vertrag wirkungslos (Artt. 1131 *franz.* cc, 1371 nied. BW, 1275, 1276 *span.* cc, 1893 *Louisiana* cc) oder nichtig (Art. 1418 II *ital.* cc).

II. Begriff der causa

Vor einer Darlegung der praktischen Funktionen, die der Begriff der causa erfüllt, ist in aller Kürze darauf hinzuweisen, daß der Begriff der causa in der Rechtslehre der romanischen Länder alles andere als fest umrissen ist.

1. Allerdings ist der Streit, den im Ausgang des 19. und zu Beginn dieses Jahrhunderts die französischen Anti-Kausalisten (auch unter dem Einfluß der deutschen Kodifikation) gegen die Notwendigkeit und Zweckmäßigkeit der causa entfesselt hatten, inzwischen beigelegt. Die Berechtigung des Begriffes causa wird heute wohl von keinem maßgebenden Gelehrten in Frankreich mehr bestritten. Aber die Kausalisten sind sich über den Begriff der causa durchaus nicht einig.

2. Einen ersten Streitpunkt bildet die Frage, ob sich die causa auf jede einzelne Obligation des Vertrages oder auf den Vertrag im ganzen bezieht. Der Sprachgebrauch der Gesetze ist – ähnlich wie beim Objekt, oben S. 185 – insbesondere in Frankreich, Spanien und Louisiana schwankend, während die Texte in Italien und den Niederlanden eindeutig nur von der causa des Vertrages sprechen.

3. Mit dem Streit über den Bezugspunkt der causa hängt die ebenfalls umstrittene Frage zusammen, ob die causa objektiv oder subjektiv zu verstehen sei. Nach der objektiven Auffassung ist bei einem gegenseitigen Vertrage wie dem Kaufvertrag die Leistung (bzw. das Leistungsversprechen) der einen Partei die causa (in Italien: der sozial-ökonomische Zweck) für die Leistung (bzw. das Leistungsversprechen) der anderen Vertragspartei; *Frankreich:* Planiol-Ripert VI nos. 252, 253, 276; Colin-Capitant II nos. 715, 716; *Italien:* Mirabelli, Anm. 1 zu Artt. 1343 ff. cc, S. 115; Messineo 71. Deutlichen Ausdruck hat diese Auffassung in Art. 1247 span. cc gefunden; auch die Artt. 1343 ff. ital. cc beruhen wohl auf dieser Ansicht (vgl. Messineo 70). Die subjektive Ansicht sieht dagegen in der causa des Vertrages den Zweck, den die Parteien mit dem Vertrag verfolgen wollen. Der Zweck wurde ursprünglich typisiert gedacht und wurde daher bei den gegenseitigen Verträgen lediglich auf die erwartete Gegenleistung bezogen, nicht aber auf die persönlichen Motive für die Vereinbarung dieser Gegenleistung; *Frankreich:* Planiol-Ripert VI nos. 252, 276; *Spanien:* Manresa, Anm. I zu Artt. 1274 ff. cc. Diese Auffassung berührt sich in ihren Folgerungen weitgehend mit der objektiven Ansicht. Neuerdings wird der Zweck teilweise wesentlich stärker subjektiv aufgefaßt und bezieht sich dann auf die individuellen *unmittelbaren* Motive der Parteien, vor allem auf das gemeinsame Motiv oder den gemeinsamen Zweck beider Parteien; *Frankreich:* Colin-Capitant II no. 741; *Niederlande:* Pitlo 179; Hofmann-van Opstall I 369; Art. 1896 *Louisiana* cc; vgl. auch Art. 1345 ital. cc, Livre IV Art. 43 franz. Avant-projet cc.

4. Umstritten ist schließlich auch, ob sich die causa im objektiven Sinn auf das Leistungsversprechen der einen Partei oder beider Vertragspartner bezieht oder auf die Leistung selbst. Von der Antwort auf diese Frage hängt ab, ob die causa Bedeutung nur für die Entstehung und Gültigkeit eines Vertrages hat oder ob sie auch für die Erfüllung und Abwicklung des Vertrages erheblich ist. Die moderne Lehre neigt (außer in den Niederlanden, siehe Hofmann-van Opstall I 372) zur Ausdehnung des causa-Begriffes auf die Vertragserfüllung; *Spanien:* Castán-Tobeñas III 401; dagegen aber Manresa, Anm. I zu Artt. 1274 ff. cc. Daher wird der Begriff der causa heute entweder nur auf die Leistung bezogen (*Frankreich:* Planiol-Ripert VI no. 253) oder es wird neben der causa, die sich auf das Leistungsversprechen bezieht, eine anders geartete causa in bezug auf die Erfüllung des Leistungsversprechens angenommen; *Italien:* Messineo 75 ff.

5. Der zuletzt berührte Gedanke, den Begriff der causa je nach dem konkreten Anwendungsbereich zu differenzieren, wird für ein anderes Teilgebiet in *Frankreich* auch von Planiol-Ripert VI nos. 249, 252 vertreten; er meint, daß die causa für die Bestimmung der Rechts- oder Sittenwidrigkeit eines Vertrages ganz anders bestimmt werden müsse als die causa, mit der die Notwendigkeit der Gegenleistung in einem gegenseitigen Vertrage zu begründen ist.

6. Die skizzierten Meinungsverschiedenheiten deuten die wesentlichen dogmatischen Zweifelsfragen zum Begriff der „causa" an. Die Rechtsprechung der romanischen Länder ist von diesen Zweifeln nicht unbeeindruckt geblieben. Jede der erwähnten Meinungen kann einzelne Entscheidungen für sich anführen. In keinem Lande haben die Gerichte eine einheitliche, kohärente causa-Lehre entwickelt. Sie sind vielmehr eklektisch vorgegangen und berufen sich je nach den Erfordernissen des konkreten Falles auf die eine oder auf die andere Ansicht; siehe die Nachweise für *Frankreich;* Colin-Capitant II nos. 735 ff.; *Italien:* Mirabelli, Anm. 1 zu Artt. 1343 ff. cc, Note 20; *Niederlande:* Hofmann-van Opstall I 369 f.; *Spanien:* Manresa, Anm. I zu Artt. 1274 ff. cc; Castán-Tobeñas III 400 Note 2. Vermutlich besteht auch ein Zusammenhang zwischen den verschiedenen Zwecken, die der causa-Begriff jeweils erfüllen soll, und der Art, wie die Gerichte den Begriff jeweils fassen.

Dieser Bericht muß sich jedoch darauf beschränken, im folgenden die wesentlichen praktischen Funktionen der causa zusammenzustellen.

III. Praktische Funktionen des Vertragselementes „causa"

Die Übersicht über die praktischen Funktionen der causa kann zwar an die fünf Elemente anknüpfen, welche sich aus der Gesetzgebung der romanischen Länder ableiten lassen (oben I), muß jedoch über diese Aufzählung hinausgreifen.

1. Das Erfordernis der *Existenz* der causa stellen alle Gesetze des romanischen Rechtskreises auf (oben I unter 1). Unter der Existenz der causa ist im wesentlichen dasselbe zu verstehen wie unter der (tatsächlichen und rechtlichen) Möglichkeit des Objektes des Vertrages (oben S. 187 f.). Die Autoren führen daher für beide Fälle teilweise dieselben Beispiele an (*Frankreich:* Planiol-Ripert VI nos. 262, 219; *Italien:* Messineo 74, 100) und kumulieren teilweise Unmöglichkeit des Objekts mit Fehlen der causa (Messineo 100). Nach der klassischen Lehre müssen in der Tat beide Vertragselemente herangezogen werden: Ist die Kaufsache bei Vertragsschluß bereits untergegangen, so ist damit wegen Unmöglichkeit des Objektes zunächst nur der Verkäufer von seiner Leistungspflicht befreit; der Käufer wird wegen des Fehlens der Leistung(-spflicht) des Verkäufers, also wegen des Fehlens der causa für seine eigene Verpflichtung, von dieser befreit; so besonders deutlich die *französische* Lehre, Colin-Capitant II no. 724; Planiol-Ripert VI no. 260.

Bei der wohl nur noch in Frankreich streng durchgeführten Abgrenzung zwischen Objekt und causa bedarf es also des Zusammenwirkens beider Rechtsgedanken, um die Wirkungen der anfänglichen Unmöglichkeit hervorzurufen. Aber auch bei Berücksichtigung dieser dogmatischen Finesse ändert sich an der Übereinstimmung in den praktischen Ergebnissen, die in Teil 3 § 3 dieses Berichtes für die anfängliche Unmöglichkeit festgestellt worden ist, nicht das Geringste.

2. Ein *Irrtum* über die causa wird in vielen Fällen vorliegen, wenn beide Vertragsparteien oder wenn die eine Partei den Vertrag abgeschlossen hat, ohne das Fehlen der causa zu kennen (Hofmann-van Opstall I 371). Mehr auf den Irrtum als auf das Fehlen der causa stellen dabei vor allem diejenigen Schriftsteller ab, welche die subjektive Auffassung der causa teilen; oben S. 190; besonders klar ergibt sich dieser Zusammenhang aus den Artt. 1896, 1897 *Louisiana* cc. Die Frage, ob ein Vertrag unter diesen Umständen wegen Irrtums anfechtbar ist, wird freilich in der Regel nicht praktisch werden, da wegen des Fehlens der causa bereits Nichtigkeit eingetreten ist und die Anfechtung ebenso wie die Nichtigkeit nur gerichtlich geltend gemacht werden kann (oben Teil 1, S. 17). Irrtum über die causa und Fehlen der causa werden daher vielfach als identisch betrachtet; *Frankreich:* Colin-Capitant II no. 725; wohl auch Planiol-Ripert VI no. 262; *Spanien:* Manresa, Anm. IV zu Artt. 1274 ff. cc; ähnlich Castán-Tobeñas III 402. Die Artt. 41, 52 des Livre IV des französischen Avant-projet cc erblicken dagegen im Irrtum über die causa lediglich einen Anfechtungsgrund, während das Fehlen der causa das Rechtsgeschäft wirkungslos macht; Art. 40 I.

Teilweise wird allerdings unter dem Irrtum über die causa ein Irrtum über die Rechtsnatur des Vertrages verstanden (Messineo 74, 82); für diesen Irrtum gelten die allgemeinen Regeln über den Irrtum.

3. Der *Wegfall der causa* unterscheidet sich vom Fehlen der causa dadurch, daß die bei Vertragsschluß vorhandene causa (des Vertrages oder einer vertraglichen Obligation) nachträglich entfallen ist (die Kaufsache geht nach Vertragsschluß unter). In der Übersicht über den Begriff der causa (oben II) wurde auf die Tendenz hingewiesen, die Rechtsfolgen der Leistungsstörungen aus dem Grundgedanken der causa abzuleiten und zu rechtfertigen; diese Tendenz dürfte sich aus der unzureichenden gesetzlichen Regelung dieser Fragen in den älteren romanischen Gesetzbüchern erklären. So werden namentlich die exceptio non adimpleti contractus und die Vertragsauflösung wegen Nichterfüllung mit dem Wegfall der causa gerechtfertigt; *Frankreich:* Planiol-Ripert VI no. 253; Colin-Capitant II no. 738; *Italien:* Messineo 77; *Spanien:* Castán Tobeñas III 401. Gegen diese Ausdehnung ausdrücklich Art. 1898 Louisiana cc.

Der Wegfall der causa hat nichts mehr mit dem Vertragsschluß zu tun, sondern bezieht sich auf die Vertragserfüllung; er betrifft – in den Begriffen der deutschen Dogmatik – das funktionelle Synallagma von Leistung und Gegenleistung im Gegensatz zum genetischen Synallagma. Auch soweit durch den Wegfall der causa der Bestand des Vertrages berührt wird, handelt es sich um Fragen, die für den Kaufvertrag im Einheitlichen Kaufgesetz abschließend geregelt sind.

4. Das Erfordernis der *Richtigkeit* oder Echtheit der causa wird von den romanischen Rechtsordnungen – außer Italien – aufgestellt (oben I unter 2). Die Gesetze schließen die infolge einer falschen causa eintretende Nichtigkeit allerdings meistens ausdrücklich für den Fall aus, daß anstelle der in der Vertragsurkunde ausgedrückten falschen causa für den Vertrag eine andere erlaubte causa vorhanden ist. Diese Regeln sind die dogmatische Grundlage für die Behandlung der Simulation; die falsche causa stellt den simulierten, die richtige causa – falls vorhanden – stellt den dissimulierten Vertrag dar; *Frankreich:* Colin-Capitant II no. 725; *Niederlande:* Hofmann-van Opstall I 373; *Spanien:* Castán Tobeñas III 402; Manresa, Anm. III zu Artt. 1274 ff. cc; Puig Brutau I/2, 188 ff. In *Italien* haben Gesetzgeber und Rechtslehre die Simulation völlig von der causa getrennt; Artt. 1414 ff. cc; Messineo 295 ff. Der *Entwurf Meijers* hat die causa als Vertragsvoraussetzung bewußt aufgegeben, enthält aber auch keine selbständige Regelung der Simulation. Der *französische* Avant-projet cc erwähnt dagegen sowohl die falsche causa als auch die Simulation; Livre IV Artt. 40 III, 6.

Soweit bei einer Vereinheitlichung eine Regelung der Simulation für erforderlich gehalten und diese in Anlehnung an die in Teil 2 § 1 (oben S. 43) dargelegten Regeln getroffen wird, bedarf es keiner Normierung der Folgen einer falschen causa.

5. Das Erfordernis einer *erlaubten* causa ist Gemeingut aller romanischen Rechtsordnungen (siehe die Nachweise oben I unter 3). Außer in *Italien* deckt sich praktisch die Rechtswidrigkeit der causa mit der des Objektes (oben A III 4, S. 187 f.). Das hat dazu geführt, daß die neueren Gesetze und Entwürfe, sofern sie nicht die causa überhaupt aufgeben, wie der Entwurf Meijers, die Rechtswidrigkeit nur noch auf eines der beiden Vertragselemente beziehen, und zwar entweder auf die causa (Artt. 1343–1345 *ital.* cc, siehe allerdings Art. 1346 cc und hierzu die einschränkenden Bemerkungen von Martini-Giannattasio 243; Messineo 99; Mirabelli Anm. 2 zu Artt. 1346 ff. cc) oder auf das Objekt; Livre IV Art. 35 *franz.* Avant-projet cc.

Die früheren Darlegungen zur Rechtswidrigkeit des Objektes (oben S. 187 f.) gelten für die Rechtswidrigkeit der causa entsprechend. Neben Normen über die Rechtswidrigkeit und die Sittenwidrigkeit ist eine selbständige Regelung der rechtlichen Zulässigkeit der causa überflüssig.

6. Der *Verzicht auf ausdrückliche Erwähnung* der causa in der Vertragsurkunde, den die romanischen Rechtsordnungen mit Ausnahme *Italiens* aussprechen (oben I unter 4), hat nach allgemeiner Ansicht nur eine beweisrechtliche oder prozessuale Bedeutung. In der Vorschrift liegt kein Verzicht auf das Erfordernis der causa (also eine Gestattung der materiellen Abstraktheit des Rechtsgeschäftes); verzichtet wird lediglich auf die ausdrückliche Erwähnung der causa in der Vertragsurkunde (prozessuale oder formelle Abstraktheit); siehe für *Frankreich:* Planiol-Ripert VI nos. 265 ff.; Colin-Capitant II nos. 727–729; *Italien:* Messineo 71. In den *Niederlanden* wird der Norm Bedeutung nur für Schuldanerkenntnisse beigelegt; Hofmann-van Opstall I 411; Pitlo 186; der Entwurf Meijers will bewußt auf die Übernahme dieser Regel verzichten; Toelichting S. 752. Auch in *Italien* fehlt eine Vorschrift; Messineo hat dargelegt, daß der einzige praktische Effekt, nämlich den Schuldner mit dem Beweis einer von ihm behaupteten Ungültigkeit der causa zu belasten, auch weiterhin gilt: der Gläubiger hat lediglich den Abschluß des Vertrages zu beweisen, der Schuldner aber die von ihm behauptete Ungültigkeit; Messineo 71.

Der ausdrückliche Verzicht auf die Angabe der causa im Vertrage dürfte danach selbst im Rahmen der causa-Lehre überflüssig sein.

7. Als *Fehler* der causa haben Rechtslehre und Rechtspraxis einiger Länder schließlich auch gewisse Fälle eines Mißverhältnisses der Leistungen angesehen. So sind in Frankreich die Lehre vom „prix dérisoire" und in den Niederlanden der „Mißbrauch der Umstände" (bei

Vertragsschluß) unter dem Gesichtspunkt der Fehlerhaftigkeit bzw. der Rechtswidrigkeit der causa beurteilt worden; *Frankreich:* Planiol-Ripert VI no. 262; *Niederlande:* Hofmann-van Opstall I 395 f. mit Nachweisen der Rechtsprechung.

Wenn diese Fälle in eine einheitliche Regelung überhaupt aufgenommen werden, dürfte es sich empfehlen, sie im Rahmen der „qualifizierten laesio" zu normieren (oben Teil 3 § 2, S. 147 ff.); für eine besondere Normierung im Zusammenhang mit der causa besteht dann kein Bedürfnis.

8. *Zusammenfassend* ist zu sagen, daß eine einheitliche Regelung der materiellen Gültigkeit von Kaufverträgen von einer Normierung der causa völlig absehen *kann.* Die Funktionen der causa werden durch die Rechtsinstitute der anfänglichen Unmöglichkeit, des Irrtums, der Simulation, der Rechts- und Sittenwidrigkeit und der qualifizierten laesio erfüllt sowie ferner durch verschiedene Institute aus dem (hier nicht interessierenden) Bereich der Vertragserfüllung.

Für den *Entwurf Meijers* ist dementsprechend der Verzicht auf die Rechtsfigur der causa und ihre Ersetzung durch funktionell aufgegliederte Rechtsinstitute vor allem damit begründet worden, daß auf diese Weise die eigentlichen Ungültigkeitsgründe besser unterschieden und erfaßt werden können, daß als Rechtsfolge nicht mehr unterschiedslos die absolute Nichtigkeit des Vertrages angenommen werden muß und daß die (bei Einwendung der Rechts- und Sittenwidrigkeit) zu weite und zu unbestimmte Prüfungsbefugnis des Richters eingeschränkt werden solle (Toelichting 750, 752).

C. Consideration

Der Rolle, welche die causa des Vertrages im romanischen Rechtskreis spielt, ist in mancher Beziehung vergleichbar die Bedeutung der consideration für das anglo-amerikanische Vertragsrecht.

I. Gesetzliche Grundlagen

Dem allgemeinen Charakter des angelsächsischen Rechtes entsprechend, ist die consideration von der Rechtsprechung entwickelt und gesetzlich im allgemeinen nicht festgelegt worden. Nur in einigen Einzelstaaten der *USA* finden sich gesetzliche Regeln über die consideration, so in *California* (ss. 1605–1615) und den ihm folgenden Staaten Montana, Oklahoma, North und South Dakota sowie in Georgia; ss. 20–301 bis 20–310, 37–710 Code of Georgia. Diese Regeln bauen jeweils auf einer Vorschrift auf, in der nach dem Muster der romanischen Rechtsordnungen vier notwendige Vertragselemente aufgezählt werden, von denen eines die consideration ist; ss. 1550 no. 4 California cc, 20–107 Code of Georgia. Da diese Normen lediglich der Niederschlag des ungeschriebenen Common Law sind und sie für die Rechtspraxis ein ganz geringes Gewicht haben, kann hier auf eine Analyse von Einzelheiten der gesetzlichen Regeln verzichtet werden.

II. Begriff der consideration

Da es sich bei der consideration um einen Zentralbegriff des angelsächsischen Vertragsrechts handelt, ist er in der Rechtslehre ähnlich umstritten wie die causa im romanischen Rechtskreis. Die Doktrin der Gegenwart umschreibt die consideration überwiegend als den Gegenwert, den der Versprechende für sein Versprechen erhält und durch den dieses Versprechen bindend wird; *England:* Cheshire-Fifoot 61 f.; Anson-Guest 78; Chitty I nos. 102, 103; *USA:* Williston-Jaeger I 370; s. 75 Restatement of Contracts. Corbin I 344 ff. hält dagegen eine Definition des Begriffs für unmöglich. Der Gegenwert kann aus einer Leistung oder aus einem Leistungsversprechen bestehen; bei gegenseitigen Verträgen ist also in aller Regel eine consideration vorhanden, die allerdings noch einigen besonderen Anforderungen genügen muß.

Die consideration bezieht sich demnach eindeutig auf die einzelne Obligation, nicht auf den gesamten Vertrag; ein gegenseitiger Vertrag muß also mindestens zwei (gültige) considerations enthalten.

Die consideration ist objektiv aufzufassen; sie ist nicht etwa das Motiv für die Abgabe des Versprechens; *England:* Cheshire-Fifoot 59 f.; Anson-Guest 89; *USA:* Williston-Jaeger I 439 ff.; s. 84 (a) Restatement of Contracts. Die erwartete Gegenleistung ist allerdings normalerweise der typische Zweck für die Eingehung eines Vertrages, und insofern entsprechen sich consideration und Motiv sehr oft (Corbin I 364 ff.); dagegen haben die individuellen Motive einer Vertragspartei für das Anstreben dieses Zweckes nichts mit consideration zu tun, Corbin I 364.

Ähnlich wie bei der causa neigt ein Teil der Rechtslehre auch bei der consideration dazu, diese über das Stadium des Vertragsabschlusses hinaus auf die Periode der Vertragserfüllung zu erstrecken. Der Wegfall (failure) der consideration dient dazu, bestimmte Folgen der Unmöglichkeit der Leistung zu rechtfertigen; *England:* Cheshire-Fifoot 480, 540; Anson-Guest 552; Chitty I no. 199. Die englische Rechtslehre nimmt an dieser Erstreckung der consideration keinen Anstoß, obwohl Lord Simon im Fibrosa-Fall, einem leading-case zur Unmöglichkeit, unterstrichen hat, daß hier unter consideration – anders als beim Vertragsschluß – nicht das Leistungsversprechen, sondern die Leistung als solche verstanden werde; Fibrosa Spolka Akcyjna v. Fairbairn Lawson Combe Barbour, Ltd., [1943] A.C. 32, 48 (H.L.). In den *USA* dagegen betont die Literatur, teilweise unter Hinweis auf die soeben erwähnte doppelte Bedeutung des Begriffes consideration (Corbin I 415; s. 274 Restatement of Contracts, Comment b), daß der für den Zeitpunkt des Vertragsschlusses erhebliche Mangel (lack) der consideration von einem später eintretenden Wegfall der consideration scharf unterschieden werden müsse; Corbin I s. 133; Williston-Jaeger I s. 119 A; die amerikanischen Gerichte halten sich freilich nicht immer an diese Unterscheidung; siehe auch s. 20–310 Code of Georgia. Die Parallele zu der Tendenz, den Anwendungsbereich der causa zeitlich zu erstrecken, ist unverkennbar. Der Wegfall der consideration wird, da es sich hierbei um Fragen der nachträglichen Unmöglichkeit handelt, aus den früher dargelegten Gründen (oben S. 193) hier nicht erörtert.

III. Praktische Funktionen des Vertragselementes „consideration"

Im Unterschied zu den „romanischen" Vertragselementen Objekt und causa liegt die Hauptbedeutung der consideration darin, alle Verträge, die nicht entgeltlich sind, grundsätzlich (soweit nicht insbesondere die Regeln über das seal eingreifen) unklagbar zu machen; diese wichtigste Funktion braucht hier nur kurz berührt zu werden, da der Kaufvertrag als typisches Rechtsgeschäft über einen Leistungsaustausch von diesem Aspekt der consideration im Prinzip nicht betroffen wird. – Daneben ist die consideration auch für entgeltliche Verträge nicht ohne Bedeutung; sie erfüllt hier – wohl erst infolge einer späteren Entwicklung – ähnliche Aufgaben wie Objekt und causa als allgemeine Voraussetzungen für die Gültigkeit von Verträgen im romanischen Rechtskreis: an die consideration knüpfen gewisse Ungültigkeitsgründe wie die anfängliche Unmöglichkeit und die Rechtswidrigkeit an. – An dritter Stelle sind einige Folgen der consideration zu nennen, die über die gewöhnlichen Ungültigkeitsgründe hinausgehen und zu einer Einschränkung der Vertragsfreiheit führen.

Die vorstehend entwickelte Einteilung der praktischen Funktionen der consideration kann sich zwar nicht auf die anglo-amerikanische Literatur stützen; ihr dürften sich jedoch alle wesentlichen praktischen Aspekte der consideration einordnen lassen, soweit sie für internationale Kaufverträge überhaupt von Bedeutung sein können. Da es in diesem Zusammenhang nur auf die Wirkung der consideration als Ungültigkeitsgrund ankommt, bleiben die zahlreichen Ausnahmen, die für bestimmte Fälle von dem Erfordernis der consideration gemacht werden, im folgenden außer Betracht.

1. Unterscheidung entgeltlicher Verträge und anderer Rechtsgeschäfte

Die zentrale Bedeutung der consideration liegt darin, entgeltliche Verträge und nur sie klagbar zu machen. Diese Funktion der consideration wird dadurch kenntlich, daß das Leistungsversprechen des Schuldners und die Leistung bzw. das Gegenversprechen der anderen Vertragspartei nicht irgendwie nebeneinander stehen dürfen, sondern durch einen bestimmten zeitlichen und ursächlichen Zusammenhang verbunden sein müssen: das Versprechen und der Gegenwert müssen im Rahmen eines „bargain", eines Geschäftes, vereinbart sein; *England:* Cheshire-Fifoot 62; Chitty I no. 103; Anson-Guest 78; *USA:* s. 75 Restatement of Contracts. Aus diesem Prinzip ergibt sich:

a) Die consideration muß *zur gleichen Zeit* wie das Versprechen gegeben sein, nicht dagegen früher (keine past consideration); auf Grund eines früher erhaltenen Gegenwertes (Leistung oder Leistungsversprechen) kann also ein neues Versprechen nicht bindend abgegeben werden; *England:* Chitty I nos. 113 ff.; Cheshire-Fifoot 62 ff.; Anson-Guest 81 ff.; *USA:* Williston-Jaeger I ss. 142 ff.; Corbin I ss. 210 ff., jeweils unter Angabe gewisser Ausnahmefälle.

b) Eine bestehende *moralische Verpflichtung* des Versprechenden ist grundsätzlich keine consideration für ein wirksames Versprechen; *England:* Chitty I nos. 108 f.; Cheshire-Fifoot 59; *USA:* Williston I ss. 147 ff.; einige Einzelstaaten erkennen allerdings in Grenzen eine „moral consideration" an; s. 20–303 Code of Georgia; s. 1606 California cc und die ihm folgenden Staaten im Nordwesten der USA; Artt. 1758, 1759 no. 2 Louisiana cc.

c) *Eine bestehende gesetzliche oder vertragliche Verpflichtung* des Versprechenden stellt keine consideration dar. Das Versprechen, eine solche Pflicht zu erfüllen oder sie anders zu erfüllen als ursprünglich vereinbart oder sie überhaupt nicht zu erfüllen, ist grundsätzlich nicht bindend; *England:* Cheshire-Fifoot 76 ff.; Chitty I nos. 126 ff.; *USA:* Williston-Jaeger I ss. 130 ff.; Corbin I ss. 171 ff.; ss. 76 (a), 84 (c) Restatement of Contracts. Wirtschaftlich bedeutungsvoll ist diese Regel, soweit sie Verträge berührt, durch die eine vertragliche Leistungspflicht der einen Vertragspartei abgeändert wird; dieser Gesichtspunkt wird unten noch gesondert erörtert werden (3 a, S. 200 ff.).

d) Die Unklagbarkeit unentgeltlicher Verträge berührt an einer Stelle auch das Kaufrecht: eine *Offerte* ist vor Annahme mangels consideration nicht bindend und daher widerruflich; *England:* Cheshire-Fifoot 45; Chity I no. 84; *USA:* Williston-Jaeger I s. 55. Diese Regel ist allerdings heftig kritisiert worden; *England:* Law Revision Committee, 6. Interim Report, 1937, 22 f.. Sie wird in den USA nunmehr durch den Uniform Commercial Code für das schriftliche, als bindend bezeichnete Vertragsangebot eines Kaufmanns aufgehoben; s. 2–205 UCC. Art. 5 des Einheitlichen Gesetzes über den Abschluß internationaler Kaufverträge von 1964 regelt bereits diese Frage, so daß sie hier nicht verfolgt zu werden braucht.

2. *Ungültigkeitsgründe bei entgeltlichen Verträgen*

Eine consideration muß, auch wenn sie – wie stets bei entgeltlichen Verträgen – vorliegt, gewisse Voraussetzungen erfüllen. Diese Voraussetzungen entsprechen teilweise denjenigen, die auch Objekt und causa eines Vertrages erfüllen müssen, und sie sind wahrscheinlich unter dem Einfluß der romanischen Doktrin eingeführt worden.

a) Die consideration muß bestimmt oder bestimmbar sein; *England:* Chitty I no. 121; Anson-Guest 90; *USA:* ss. 1610–1613 California cc und die entsprechenden Bestimmungen in den ihm folgenden Nordwest-Staaten der USA; ss. 80, 32 f. Restatement of Contracts. Die Frage der Bestimmtheit der Leistungen gehört zum Verfahren des Abschlusses von Verträgen und ist auch bei der Rechtsvereinheitlichung unter diesem Gesichtspunkt behandelt worden, wie früher bei der Frage der Bestimmtheit des Objekts dargelegt wurde (oben S. 186).

b) Die consideration muß *möglich* sein; *England:* Anson-Guest 90, 426; Chitty I nos. 122, 123; *USA:* s. 20–309 Code of Georgia. In England wird daneben eine anfängliche Unmöglichkeit der Leistung auch als common mistake erfaßt (oben Teil 2, S. 75). In den USA wird dagegen heute die Unmöglichkeit der Leistung völlig von der consideration getrennt und als eigenes Institut behandelt; Corbin VI s. 1326; Williston VI s. 1933; ss. 454 ff., 456 Restatement of Contracts; so im Ansatz in England auch Cheshire-Fifoot 177–184.

Bei einer einheitlichen Regelung dürfte es sich empfehlen, die anfängliche Unmöglichkeit selbständig zu erfassen (oben Teil 3 § 3 E IV, S. 183); soweit dies geschieht, ist – wie beim Objekt des Vertrages, oben S. 187 – keine Norm über die Möglichkeit der consideration erforderlich.

c) Die consideration muß *erlaubt* sein; *England:* Chitty I nos. 122, 123; *USA:* ss. 1607, 1608 California cc und die entsprechenden Bestimmungen in den ihm folgenden Nordweststaaten der USA; s. 80 Restatement of Contracts und Comments dazu.

Wie bei den anderen Elementen der consideration so besteht auch hier im angelsächsischen Rechtskreis selbst eine starke Tendenz, die Fragen der Rechtswidrigkeit von der consideration abzulösen und selbständig zu behandeln; *England:* Cheshire-Fifoot 251 ff.; Anson-

Guest 277 ff.; Chitty I nos. 771 ff.; *USA:* Corbin VI A 758; Williston VI ss. 1655 ff.; ss. 512 ff. Restatement of Contracts; s. 1607 California cc und die entsprechenden Bestimmungen in den ihm folgenden Staaten verweisen für die Rechtswidrigkeit der consideration ausdrücklich auf die allgemeinen Bestimmungen über die Rechtswidrigkeit von Verträgen.

Angesichts der Besonderheiten, welche die Rechtswidrigkeit bei einer Rechtsvereinheitlichung bietet (oben S. 143 ff.), wird auch in diesem Rahmen ihre Emanzipation von der consideration notwendig sein.

3. Sonstige Einschränkungen der Vertragsfreiheit

Das Erfordernis der consideration wird bei entgeltlichen Verträgen nicht nur mit einigen allgemein anerkannten Ungültigkeitsgründen in Verbindung gebracht, sondern führt in einigen Punkten zu Einschränkungen der Vertragsfreiheit, die mit den bisher in diesem Bericht behandelten Ungültigkeitsgründen nicht mehr zusammenhängen. Praktische Bedeutung für Kaufverträge haben namentlich zwei Folgen der consideration.

a) *Vertragliche Änderung und Aufhebung vertraglicher Verpflichtungen.* Ob die vertragliche Änderung oder Aufhebung von Pflichten der Parteien aus einem Kaufvertrag überhaupt zu den Voraussetzungen materieller Gültigkeit von Kaufverträgen zu zählen ist, kann zweifelhaft sein. Immerhin läßt sich sagen, daß ein Änderungsvertrag zu einem Kaufvertrag wirtschaftlich und rechtstheoretisch mit dem Kaufvertrag so eng verbunden ist, daß er wie ein Kaufvertrag behandelt werden muß.

Der Zweifel an der Wirksamkeit einer vertraglichen Änderung oder Aufhebung vertraglicher Verpflichtungen beruht auf dem bereits berührten Satz der consideration-Lehre, daß die Erfüllung einer bereits bestehenden Vertragspflicht nicht consideration ist; daher ist ein Versprechen, eine bestehende Vertragspflicht zu erfüllen, sie anders als ursprünglich vereinbart oder überhaupt nicht zu erfüllen, ohne Gegenleistung nicht bindend. Daraus folgt, daß ein Vertrag über die Abänderung oder die Aufhebung einer Vertragspflicht ungültig ist, soweit nicht auch die andere Seite einen irgendwie gearteten Gegenwert gibt. Die Gerichte sind bei der Feststellung eines derartigen Gegenwertes großzügig verfahren, indem sie z. B. eine Herabsetzung einer vertraglichen Geldzahlung als wirksam erklärten, wenn zusätzlich auch die Zahlungsfrist oder der Zahlungsort auf Verlangen des Gläubigers geändert wurde. Ist jedoch ein solcher Gegenwert nicht zu entdecken, so bleibt es grundsätzlich bei der Ungültigkeit der vertraglichen Vertragsänderung; *England:* Foakes v. Beer (1884), 9 A. C. 605 (H.L.); *USA:* Corbin I ss. 171 ff., 175; Williston-Jaeger I ss. 130–131; s. 84 (c) Restatement of Contracts.

Diese Regel ist sowohl in England als auch in den USA heftig kritisiert worden; hierbei wurde auch hervorgehoben, daß sie den Anschauungen des Handelsverkehrs widerspricht; *England:* Cheshire Fifoot 79 ff.; Anson-Guest 100f.; Law Revision Committee, 6. Interim Report (1937) 20f.; *USA:* Corbin I ss. 171 ff., 183. Rechtsprechung und Gesetzgebung haben daher in letzter Zeit die Regel stark ausgehöhlt. S. 2–209 (1) amerik. UCC erklärt Änderungsverträge zu Kaufverträgen auch ohne consideration für bindend. Die englischen Gerichte haben nach dem zweiten Weltkriege den Vertragspartner desjenigen, dessen ursprüngliche Vertragspflicht vertraglich herabgesetzt worden war, mit Hilfe des Gedankens des „equitable estoppel" daran gehindert, sich auf die Ungültigkeit dieses Änderungsvertrages zu berufen; siehe zusammenfassend Cheshire-Fifoot 86; Chitty I nos. 135 ff.

Angesichts der Kritik, welche die dem anglo-amerikanischen Rechtskreis eigentümliche Lehre von der Unwirksamkeit vertraglicher Vertragsänderungen erfahren hat, und der eindeutigen Tendenz zu ihrer Einschränkung oder Abschaffung verbietet es sich wohl für eine einheitliche Regelung, sie zu berücksichtigen. Es kann sich höchstens fragen, ob eine ausdrückliche Bestimmung ratsam ist, welche eine consideration in einem solchen Falle für überflüssig erklärt.

b) Auch für die Schwierigkeiten bei der Anerkennung des *Vertrages zugunsten Dritter* im anglo-amerikanischen Rechtskreis ist teilweise die consideration verantwortlich gemacht worden. Der Anerkennung dieser Vertragsart stehen danach zwei eng miteinander verbundene Hindernisse entgegen: einmal die Lehre, daß Rechte aus einem Vertrage nur in Anspruch nehmen darf, wer Partei des Vertrages ist (privity of contract); zum anderen das Erfordernis der consideration-Lehre, daß die consideration dem Versprechenden von seinem Vertragspartner gegeben worden sein muß, so daß ein Dritter keine Rechte aus den vertraglichen Leistungsversprechen herleiten kann (the consideration must move from the promisee – „privity of consideration"). Diese letzte Regel deckt sich meistens, aber nicht immer mit dem Gedanken der vertraglichen privity.

An den beiden Erfordernissen der privity of contract und der privity of consideration wird in *England* auch heute noch grundsätzlich in aller Strenge festgehalten; Cheshire-Fifoot 66 f.; Anson-Guest 86 f.; Chitty I no. 118; das hat kürzlich erst das House of Lords bestätigt; Scruttons, Ltd. v. Midland Silicones, Ltd., [1962] 1 All E.R. 1, unter energischem Widerspruch von Lord Denning 15 ff. Es wird allerdings anerkannt, daß es in erster Linie die privity of contract sei, die der Anerkennung des Vertrages zugunsten Dritter entgegensteht; Cheshire-Fifoot 67.

In den *USA* hat dagegen insbesondere Williston-Jaeger darauf hingewiesen, daß beim Vertrag zugunsten Dritter doch tatsächlich der Versprechensempfänger dem Versprechenden einen Gegenwert gebe; nur die unmittelbare Berechtigung des Dritten lasse sich schwer begründen; Williston-Jaeger I s. 114. Damit soll offenbar gesagt werden, daß promisee beim Vertrag zugunsten Dritter nicht der Dritte, sondern der Vertragspartner des Versprechenden sei. Das widerspricht jedoch dem allgemeinen Sprachgebrauch. Im allgemeinen wird vielmehr die privity of consideration völlig abgelehnt; damit ist das eigentliche Hindernis für die Anerkennung des Vertrages zugunsten Dritter beseitigt; Corbin I s. 124, IV s. 779 mit Nachweisen von Entscheidungen in Note 53; Williston-Jaeger II ss. 347 ff., 365 mit Nachweisen der Gesetzgebung; s. 75 (2) Satz 2 Restatement of Contracts; ss. 20–304, 20–306 Code of Georgia.

Im Rahmen einer einheitlichen Regelung der Ungültigkeitsgründe beim Kaufvertrag kann es freilich zweifelhaft sein, ob zu dem Streit über den Vertrag zugunsten Dritter überhaupt Stellung genommen werden soll. Das kann ohne eine Prüfung der anderen Rechtsordnungen, die jedoch die Grenzen dieses Berichtes überschreiten würde, nicht sinnvoll geschehen. Der Vertrag zugunsten Dritter dürfte auch bei Kaufverträgen nur eine sehr untergeordnete Rolle spielen.

D. Folgerungen

Die in diesem Teil behandelten drei Gültigkeitsvoraussetzungen des Vertrages – Objekt, causa und consideration – sind jeweils nur einem einzelnen Rechtskreis eigentümlich; sie stellen in ihrem jeweiligen Rechtskreis grundlegende Elemente des Vertrages dar; und sie enthalten zudem selbst eine Reihe recht unterschiedlicher Bestandteile. Obwohl aus diesen drei Gründen die erörterten Ungültigkeitsgründe einer Rechtsvereinheitlichung besondere Schwierigkeiten zu bereiten scheinen, haben sich diese Befürchtungen als gegenstandslos erwiesen.

Die Untersuchung hat vielmehr zu dem Ergebnis geführt, daß die sehr verschiedenen praktischen Funktionen, die Objekt, causa und consideration, jedenfalls im Bereich des Kaufrechtes, jeweils erfüllen, durch besondere Rechtsinstitute auch in den anderen Rechtsordnungen befriedigt werden. Der größere Teil dieser besonderen Rechtsinstitute ist früher bereits in diesem Bericht behandelt worden:

die *Möglichkeit* des Objektes und der consideration sowie die Existenz der causa unter dem Gesichtspunkt der anfänglichen Unmöglichkeit der Leistung;

der *Irrtum über die causa* unter den Gesichtspunkten der anfänglichen Unmöglichkeit und des Irrtums;

die *Erlaubtheit* von Objekt, causa und consideration unter dem Gesichtspunkt der Rechtswidrigkeit und der Sittenwidrigkeit;

gewisse Fehler der causa unter dem Gesichtspunkt des Mißverhältnisses der Leistungen unter Ausnutzung einer Notlage;

die *Echtheit* der causa unter dem Gesichtspunkt der Simulation;

die Folgen, die sich für die *Vertragsänderung* aus der consideration ergeben, haben unter keinem anderen Gesichtspunkt Bedenken in den anderen Rechtsordnungen hervorgerufen.

Andere Ersatzinstitute zu bestimmten Aspekten der hier erörterten Ungültigkeitsgründe sind bereits im Einheitlichen Kaufgesetz oder im Einheitlichen Gesetz über den Vertragsabschluß geregelt worden:

die *Bestimmtheit* oder Bestimmbarkeit des Objektes und der consideration;

die Zulassung des Kaufvertrages über *künftige Sachen;*

die bindende Wirkung der *Offerte.*

Es bleiben schließlich gewisse Elemente der allgemeinen Ungültigkeitsgründe außerhalb des Rahmens, der durch die Problemkreise Abschluß und Gültigkeit von Kaufverträgen bezeichnet ist:

Wegfall der causa und der consideration;

Verzicht auf ausdrückliche Erwähnung der causa;

das Moment der *Entgeltlichkeit* bei der consideration sowie die Folgen dieser Rechtsfigur für den *Vertrag zugunsten Dritter.*

Die zahlreichen Verwendungsformen von Objekt, causa und consideration finden also für den Bereich der Vertragsgültigkeit in den anderen Rechtsordnungen ausnahmslos Gegenstücke; diese Entsprechungen sind jedoch stets funktionell spezialisierte, selbständige Rechtsinstitute. Die anderen Rechtsordnungen haben also die Spezialisierung bewußt vorgenommen, zu der die Komplexität der drei Vertragselemente aus sich heraus drängt. Daraus ergibt sich, daß bestimmte Sachfragen sowohl unmittelbar geregelt werden können als auch auf dem Umweg über Generalbegriffe wie Objekt, causa oder consideration. Die verschiedenen Wege für die Problemstellung brauchen – wie dieser Bericht gezeigt hat – nicht zu abweichenden Ergebnissen zu führen.

Immerhin sprechen gegen die Zusammenfassung verschiedener Gültigkeitsvoraussetzungen unter einem der Hauptelemente des Vertrags insbesondere zwei Beobachtungen: eine Zusammenfassung erschwert es, die einzelnen Voraussetzungen in ihrer Eigenart zu erkennen und auseinanderzuhalten; ferner zwingt die Zusammenfassung dazu, jeden Mangel in einer Gültigkeitsvoraussetzung einheitlich mit der Nichtigkeit des Vertrags zu sanktionieren.

ANHANG

Frühere Vorschläge zur Regelung der Gültigkeitsvoraussetzungen

1. Vorschlag Gutzwiller vom 26. 3. 1953 (Dokument Nr. 58, S. 7):

   art. 8

   La vente n'oblige pas celle des parties qui, au moment de la conclure, était dans une erreur essentielle.
   L'erreur est essentielle, notamment lorsqu'elle porte sur des faits, connus de l'un et de l'autre des intéressés, que la loyauté commerciale permettrait, à celui qui se prévaut de son erreur, de considérer comme des éléments nécessaires du contrat.

   art. 9

   La partie induite à contracter par le dol de l'autre n'est pas obligée, même si son erreur n'est pas essentielle.

2. In dem Bericht des Unterkomitees für den Vertragsschluß vom 14. 4. 1954 wird erwähnt (Dokument Nr. 108, S. 2), daß neben dem Abschluß des Vertrages folgende Probleme der Gültigkeit zu regeln wären:

   a) der Irrtum über die Substanz der Sache,
   b) der Irrtum über die Personen und die Rechtsnatur des Kaufvertrages,
   c) das Verschulden von Zwischenpersonen.

3. In der 4. Sitzung der Sonderkommission im April 1954 in Rom werden zusätzlich noch folgende Fragen erwähnt (Dokument Nr. 146, S. 6):

   d) der Vertragsgegenstand,
   c) die cause,
   f) die Geschäftsfähigkeit der Parteien.

FSC
www.fsc.org
MIX
Papier | Fördert
gute Waldnutzung
FSC® C083411

Kolibri 360 GmbH
Ferdinand-Jühlke-Straße 7
99095 Erfurt, Deutschland
produktsicherheit@kolibri360.de